全国高等院校旅游专业规划教材

跨文化交流

王培英　编著

旅游教育出版社
·北京·

策划编辑:张瑞芳
责任编辑:魏志国

图书在版编目(CIP)数据

跨文化交流/王培英编著.—北京:旅游教育出版社,2007.8(2019.1重印)
全国高等院校旅游专业规划教材
ISBN 978-7-5637-1527-5

Ⅰ.跨… Ⅱ.王… Ⅲ.旅游—文化交流—高等学校—教材 Ⅳ.F590

中国版本图书馆 CIP 数据核字(2007)第 117291 号

全国高等院校旅游专业规划教材

跨文化交流

王培英 编著

出版单位	旅游教育出版社
地 址	北京市朝阳区定福庄南里1号
邮 编	100024
发行电话	(010)65778403 65728372 65767462(传真)
本社网址	www.tepcb.com
E-mail	tepfx@163.com
印刷单位	北京泰锐印刷有限责任公司
经销单位	新华书店
开 本	787×960 1/16
印 张	13.25
字 数	210千字
版 次	2007年9月第1版
印 次	2019年1月第5次印刷
定 价	20.00元

(图书如有装订差错请与发行部联系)

出版说明

为适应旅游业的发展要求，满足旅游高等教育的需要，我们根据高等院校旅游专业的课程设置、教学目标，在国家旅游局人事劳动教育司的主持下，集合国内旅游高等院校的众多专家学者，自20世纪90年代起，先后出版了系列旅游高等院校教材。该套教材出版以来，得到了广大院校师生和业界的普遍好评，至今仍是众多院校的首选教材，一版再版。迄今为止，该套教材不仅为众多院校广泛使用，而且是规模最大、品种最多的一套高等院校旅游专业教材。

但是我们深知，教材出版本身是一个不断完善的动态过程，需要产业的推动、研究的深化、时间的积淀，更需要广大师生的参与。本着这一目的，根据21世纪旅游业的发展要求与广大师生的殷切希望，我们根据教育部与国家旅游局对旅游学科的规划与行业要求，对本套教材进行了必要的增补与修订，以确保该系列教材的科学性、权威性。

与原教材相比，本版教材注意了课程设置与教材编写的科学性、针对性、规范性，使整套教材更适合学科教学和行业发展要求。在此基础上，本版教材强调了教材的研究含量，旨在倡导教材编写的严肃性、高等教育的研究性，避免教材编写中存在的简单雷同现象，体现了国家骨干教材应有的规范性与原创性。可以说，本版教材更加贴近了我国高等院校旅游专业教学实际，严格按照课程设置和教学目标设计安排教材内容，使高等教育教材的先进性与研究性得到充分保证。

在此次增补与修订中，我们始终强调教材编写应有的学术规范，无论从选题确定，乃至注释引文、参考文献，每一个细节都力求体现教材编写应有的学术规范。为了实现这样的目标，我们先后在全国广泛遴选作者，聘请在学科研究与教学领域有所建树的专家学者担任教材的编写工作。不少作者都有相关领域的专著成果作为教材写作的支撑，为本套教材的研究含量提供了必要保障。

作为国内唯一一家旅游教育专业出版社，我们始终得到广大旅游院校师生的关心与帮助，在新世纪，我们更期待着大家一如既往的呵护。我们希望将我们的教材建设成为一个开放式的园地，能始终站在学科研究与行业发展的前沿，随时反映旅游教育最新发展的动态。我们期待着教材使用者的意见和建议，更期待着潜在作者的新思路、新理念、新观点、新教学方式——我们定会"从善如流"，不断调整完善现有教材，不断吸纳新的作者、新的观点。

旅游教育出版社

前言

由于中西方文化植根于不同的历史、地域、观念、信仰……所以差异是必然的，也是不可避免的。不管哪种文化，都必然有一个自警、自省、自律、自嘲的发展创新过程。在跨文化交流的过程中，不同的文化之间需要互融、互济，力争做到个性中求融合、融合中保个性。所谓的跨文化交流，指的就是不同文化背景的人们之间的交流，也就是不同文化背景的人们之间所发生的相互作用。正因为中西方文化之间存在着种种差异，所以才会出现不同文化背景的人们在交流过程中存在各种各样的障碍的情况。

那么，如何才能在跨文化交流中立于不败之地、游刃有余地游历于两种不同的文化冲突中而不受到伤害并达到事半功倍的交流效果呢？这是本书编者正在进行的课题研究，也是每位从事跨文化交流的人所思索的问题。尤其是作为即将从事涉外旅游工作的人员，他们肩负着塑造国家形象的重担，在未来的工作中，必须具备一种全球化时代的跨文化视野。他们不仅要深刻理解本民族的文化内涵，还必须要有跨文化的知识结构和储备。他们只有充分了解中西方文化之间的差异和互动关系，做到在中西方对话中能够正确审视差异、科学而合理地进行双方的交流，才能在国际化趋势下更好地胜任和完成旅游工作。

对于文化的理解，可谓内涵丰富、范围广泛。而本书的写作是立足于高校旅游管理专业的学生，因此编者认为，在旅游领域内进行跨文化的交流，主要包括宗教、建筑、服饰、饮食、礼仪、民俗等方面的文化交流。本文的选材来源于实践，其成果必将作用于实践并指导实践。长期的旅游文化一线教学工作使编者深谙学生之所需，多年的涉外导游实践工作使编者熟知中西方文化交流之要领，本书正是基于这两点而写成。全书共分七章，内容丰富，涵盖面广。本书以中西方文化概况为前提，以旅游为载体，以文化概况、宗教文化、建筑文化、饮食文化、服饰文化、礼仪文化、民俗文化为章节，以"剖析差异、相互尊重、求同存异"的跨文化交流为目的，进行了全面的阐述、分析与总结。每章的第一、二节是基础、是前提，既进行了文化概述，又指出了文化与旅游的关系；第三、四节是提高、是升华，既分析了中西方文化的差异，透析了差异的深层原因，又指出了跨文化交流中对待中西方文化差异的正确态度。在每一章的后面，均附有复习思考题和案例分析。复习思考题，能让读者对各章节的主要内容一目了然。案例分析，是本书的点睛之笔。案例的编写，既源于实践，又紧密结合章节内容；既是理论的总结，又是实践的指导。通过对跨文化旅游接待中的点滴事例的分析可达到指导读者学以致用的目的，并起到抛砖引玉之功效。

  本书特点鲜明，突破以往跨文化交流教材编写的体系桎梏，不仅仅局限于中西方文化之概述，而是在比较中西方文化的差异的同时，重点强调如何审视这种差异。本书既可作为高等院校旅游管理专业的教材，也可作为跨文化交流人员的参考教材，更可作为广大涉外导游工作者的工作参考书。

编 者

目 录

第一章　文化概述 …………………………………………………………（1）
第一节　文化的概念 ……………………………………………………（1）
一、文化的定义 …………………………………………………………（1）
二、文化的实质与结构 …………………………………………………（2）
三、与文化相关的几个概念 ……………………………………………（3）
第二节　文化的形成及特征 ……………………………………………（4）
一、文化的形成 …………………………………………………………（4）
二、文化的特征 …………………………………………………………（7）
第三节　中西方文化差异 ………………………………………………（10）
一、中国文化的特点 ……………………………………………………（10）
二、西方文化形成中的特征 ……………………………………………（10）
三、中西方文化差异比较 ………………………………………………（11）
第四节　如何审视中西方文化差异 ……………………………………（16）
一、审视中西方文化差异的目的 ………………………………………（16）
二、审视中西方文化差异的意义 ………………………………………（17）
复习思考题 ………………………………………………………………（19）
案例分析：跨文化交流中的文化冲突 …………………………………（19）

第二章　宗教文化 …………………………………………………………（20）
第一节　宗教的基本理论 ………………………………………………（20）
一、宗教的产生和发展 …………………………………………………（20）
二、宗教发展过程中的历史形态 ………………………………………（20）
三、宗教的本质 …………………………………………………………（21）
第二节　中国宗教文化概述 ……………………………………………（22）
一、中国宗教文化的主要特征 …………………………………………（22）
二、中国的主要宗教教派 ………………………………………………（24）
三、中国宗教文化与旅游 ………………………………………………（30）
第三节　西方宗教文化概述 ……………………………………………（35）

一、基督教的创立 …………………………………………………………（35）
　　二、基督教教义 ……………………………………………………………（36）
　　三、基督教的主要教派 ……………………………………………………（37）
第四节　宗教对中西方文化的影响 ………………………………………………（40）
　　一、宗教对中国文化的影响 ………………………………………………（40）
　　二、宗教对西方文化的影响 ………………………………………………（41）
　　三、宗教禁忌对跨文化交流的影响 ………………………………………（43）
　　四、正确看待中西方宗教文化 ……………………………………………（44）
　　五、中西方宗教文化融合的见证——"澳门历史城区" …………………（45）
　复习思考题 …………………………………………………………………………（46）
　案例分析：对待宗教的正确态度 …………………………………………………（46）

第三章　建筑文化 …………………………………………………………………（48）
第一节　中国建筑文化概况 ………………………………………………………（48）
　　一、中国古代建筑的文化特色 ……………………………………………（48）
　　二、中国古代建筑文化的类型 ……………………………………………（49）
　　三、绚丽多彩的中国民居建筑文化 ………………………………………（54）
　　四、中国建筑文化与旅游 …………………………………………………（57）
第二节　西方建筑文化概况 ………………………………………………………（57）
　　一、古罗马建筑 ……………………………………………………………（58）
　　二、罗曼建筑 ………………………………………………………………（58）
　　三、哥特式建筑 ……………………………………………………………（58）
　　四、文艺复兴建筑 …………………………………………………………（59）
　　五、法国古典主义建筑 ……………………………………………………（60）
　　六、巴洛克建筑 ……………………………………………………………（60）
　　七、洛可可建筑 ……………………………………………………………（60）
　　八、古典复兴建筑 …………………………………………………………（61）
　　九、浪漫主义建筑 …………………………………………………………（61）
　　十、折中主义建筑 …………………………………………………………（61）
　　十一、功能主义建筑 ………………………………………………………（62）
　　十二、现代主义建筑 ………………………………………………………（62）
　　十三、后现代主义建筑 ……………………………………………………（62）
　　十四、有机建筑 ……………………………………………………………（63）
第三节　中西方建筑文化差异 ……………………………………………………（63）
　　一、中国古代建筑的特点 …………………………………………………（63）
　　二、西方建筑的特点 ………………………………………………………（66）

三、中西方建筑文化差异比较 …………………………………………（67）
　第四节　如何审视中西方建筑文化差异 ……………………………………（69）
　　一、中西方建筑文化差异透析 …………………………………………（69）
　　二、正确审视中西方建筑文化差异 ……………………………………（71）
　复习思考题 ……………………………………………………………………（73）
　案例分析：别具一格的研讨会 ………………………………………………（74）

第四章　饮食文化 …………………………………………………………………（76）
　第一节　中国饮食文化概况 …………………………………………………（76）
　　一、饮食文化的内涵 ……………………………………………………（76）
　　二、中国饮食文化的特点 ………………………………………………（76）
　　三、中国传统饮食文化 …………………………………………………（78）
　　四、中国烹饪文化 ………………………………………………………（81）
　　五、中国茶、酒文化 ……………………………………………………（86）
　　六、特色各异的民族饮食 ………………………………………………（88）
　　七、中国饮食文化与旅游 ………………………………………………（88）
　第二节　西方饮食文化概况 …………………………………………………（89）
　　一、西方饮食文化在不同国家的发展 …………………………………（89）
　　二、规矩繁多的西餐文化 ………………………………………………（90）
　　三、西方酒文化 …………………………………………………………（92）
　第三节　中西方饮食文化差异 ………………………………………………（93）
　　一、中西方饮食观念不同 ………………………………………………（93）
　　二、中西方饮食对象不同 ………………………………………………（94）
　　三、中西方饮食方式不同 ………………………………………………（94）
　　四、中西方饮食习俗不同 ………………………………………………（95）
　　五、中西方饮食礼仪不同 ………………………………………………（96）
　第四节　如何审视中西方饮食文化差异 ……………………………………（98）
　　一、中西方饮食文化差异透析 …………………………………………（98）
　　二、正确审视中西方饮食文化差异 ……………………………………（100）
　复习思考题 ……………………………………………………………………（103）
　案例分析：盛大的欢送晚宴 …………………………………………………（104）

第五章　服饰文化 …………………………………………………………………（106）
　第一节　中国服饰文化概况 …………………………………………………（106）
　　一、中国服饰文化的历史演进 …………………………………………（106）
　　二、中国不同民族的服饰 ………………………………………………（108）
　　三、中国少数民族服饰文化的特点 ……………………………………（110）

四、几种具有时代特征的典型中国服饰 (112)
　　五、中国服饰文化与旅游 (116)
　第二节　西方服饰文化概况 (117)
　　一、西方的传统服饰文化 (117)
　　二、西装文化 (119)
　　三、当代西方女性服饰文化 (122)
　第三节　中西方服饰文化差异 (122)
　　一、中国传统服饰的主要特征 (122)
　　二、西方服饰的主要特征 (124)
　　三、中西方服饰文化差异比较 (124)
　第四节　如何审视中西方服饰文化差异 (129)
　　一、中西方服饰文化差异透析 (129)
　　二、正确审视中西方服饰文化差异 (131)
　复习思考题 (133)
　案例分析：中西合璧的魅力 (133)

第六章　礼仪文化 (136)
　第一节　中国礼仪文化概况 (136)
　　一、礼仪的基本概念 (136)
　　二、中国礼仪文化的历史渊源 (138)
　　三、丰富多彩的中国礼仪文化 (140)
　　四、独树一帜的中国结婚礼仪 (143)
　第二节　西方礼仪文化概况 (145)
　　一、西方礼仪文化发展中的成果 (145)
　　二、西方社交礼仪文化 (146)
　　三、西方礼仪禁忌 (149)
　　四、西方结婚礼仪 (150)
　第三节　中西方礼仪文化差异 (151)
　　一、中国礼仪文化中折射出优良的中华文明 (151)
　　二、中西方礼仪文化差异比较 (153)
　第四节　如何审视中西方礼仪文化差异 (155)
　　一、中西方礼仪文化差异的必然性 (155)
　　二、正确审视中西方礼仪文化差异 (156)
　　三、涉外导游人员在中西方文化交流中应注意的礼仪问题 (158)
　复习思考题 (160)
　案例分析：微妙的礼仪 (161)

第七章 民俗文化 (162)

第一节 中国民俗文化概况 (162)
一、民俗文化的基本概念 (162)
二、中国主要民俗文化 (164)
三、中国民俗文化与旅游 (176)

第二节 西方民俗文化概况 (178)
一、古老绚丽的圣诞节 (178)
二、神秘多彩的复活节 (181)
三、激情澎湃的狂欢节 (181)
四、意义深远的感恩节 (182)
五、深情厚谊的母亲节 (183)
六、浪漫温馨的情人节 (184)

第三节 中西方民俗文化差异 (185)
一、中国民俗文化的主要特点 (185)
二、中西方民俗文化差异比较 (187)

第四节 如何审视中西方民俗文化差异 (191)
一、西方文化对中国民俗文化的影响 (191)
二、正确审视中西方民俗文化差异 (192)

复习思考题 (194)
案例分析：家的向往 (195)

参考文献 (197)
后记 (200)

第一章

文化概述

第一节 文化的概念

一、文化的定义

在中国典籍中,"文化"一词很早就已形成。《周礼》"观乎人文以化成天下";西汉刘向《说苑·指武》说:"凡武之兴,为不服也;文化不改,然后加诛。"中国古代所说的"文武之道,一张一弛"、"文治武功",实际上是把文化与武功相对应,并视其为统治国家的手段。把"文"和"化"意义的内涵合成后,其意义为人的后天修养与精神、物质的创造。修养属改造主观世界的范畴,创造属改造客观世界的范畴。这是"文化"概念的传统解释。

西方"文化"一词,词源是来自拉丁文的"CULTURA",原意是指耕作、培育、教育、发展出来的事物,是与自然存在的事物相对而言的。

可见,中西方文化的含义自古以来就有差异,这表现为分类不同和内涵不同,西方文化的含义比中国文化的含义更广。自近代以来,有关文化的定义很多,争议问题也随之产生,据人类学家统计有关文化的定义近200种。

对于"文化"一词的理解通常有广义和狭义的区别,一般大众所理解的狭义文化是指我们日常生活中所看得见的语言、文学、艺术等活动;而作为文化研究领域里所指的文化,则是广泛意义上的大文化,国内外的学者都曾先后从各自学科的角度出发提出了多种界定与解释。

(一)国外学者关于文化的定义

英国学者威廉斯曾说过,"文化"一词是英语语言中最复杂的两三个词之一。目前,世界上比较权威并系统归纳起来的定义源于《大英百科全书》引用的美国著名文化学专家克罗伯和克拉克著的《文化:一个概念定义的考评》一书,这本书共收集了166条文化的定义(162条为英文定义),这些定义分别由世界上著名的人类学家、社会学家、心理分析学家、哲学家、化学家、生物学家、经济学家、地理学家和政治学家所界定。

1．泰勒的描述性定义（1871年）

"文化或文明，就其广泛的民族学意义来讲，是一复合整体，包括知识、信仰、艺术、道德、法律、习俗以及作为一个社会成员的人所习得的其他一切能力和习惯。"

2．斯莫尔的心理性定义（1905年）

"'文化'是指某一特定时期的人们为试图达到他们的目的而使用的技术、机械、智力和精神才能的总和。'文化'包括人类为达到个人或社会目的所采用的方法手段。"

3．威斯勒的规范性定义（1929年）

"某个社会或部落所遵循的生活方式被称作文化，它包括所有标准化的社会传统行为。部落文化是该部落的人所遵循的共同信仰和传统行为的总和。"

4．亨廷顿的遗传性定义（1945年）

"我们所说的文化是指人类生产或创造的，而后传给其他人，特别是传给下一代人的每一件物品、习惯、观念、制度、思维模式和行为模式。"

目前，学术界公认的意见认为，被称为人类学之父的英国人类学家 E.B. 泰勒，是第一个在文化定义上具有重大影响的人。泰勒对文化所下的定义是经典性的，他在《原始文化》"关于文化的科学"一章中的这个定义，将文化解释为社会发展过程中人类创造物的总称，包括物质技术、社会规范和观念精神。

（二）国内流行的定义

庞朴（1986年）将文化划分为"物质的——制度的——心理的"三个层次，其中"文化的物质层面是最表层的；而审美趣味、价值观念、道德规范、宗教信仰、思维方式等心理层面是属于最深层的；介于二者之间的是种种制度和理论体系"。这一定义实际上是归纳了国外人类学有关文化的定义而成的。

司马云杰认为，"文化乃是人类创造的不同形态的特质所构成的复合体"。从人类社会学和民族学的角度出发，王宁主编的《中国文化概论》一书关于"文化"的定义给出了科学的界定。该书以人类与非人类为分野来作为文化定义的立论依据，认为文化是人类在长期的历史发展中共同创造并赖以生存的物质与精神存在的总和，是以人和人的精神活动为中心的概念，注重不同民族经历中传承累积凝聚的、共有的、成体系的人文精神。

二、文化的实质与结构

（一）文化的实质

文化的实质就是"人化"或者"人类化"。凡是超越本能的、人类有意识地作用于自然和社会的一切活动及其结果都属于文化，或者说自然的"人化"即文化。文化是人的创造而非自然物，是社会现象而非自然现象，但文化与自然又不是排斥的，只要是对原始的自然按人类的规则加工以后，自然也就有了文化；文化是人类社会活动所创造的，具有社会普遍性，而不包括专属个人思想和行为的某些特殊的东西；文化是人类智慧和劳动的创造，这种创造包括物质产品和精神产品。

（二）文化的结构

关于文化的结构，有物质文化与精神文化两分说；物质、制度、精神三层次说；物质、制度、风俗习惯、思想与价值四层次说，等等。

物态文化层，是由人类自然创制的各种器物，即"物化的知识力量"构成的。它是人类物质生产活动及其产品的总和，构成整个文化创造的基础。物态文化以满足人类最基本的生存需要——衣、食、住、行为目标，直接反映人与自然的关系，反映人类对自然界认识、把握、利用、改造的深入程度，反映社会生产力的发展水平。制度文化层，是由人类在社会实践中的各种社会规范构成，如经济、婚姻、家族、政法、宗教社团、教育、科技的相关制度及准则。行为文化层，是由人类在社会实践，尤其是在人际交往中约定俗成的习惯性定势构成的。它以社会行为、风尚习俗等形态出现，是见之于日常起居动作之中，具有鲜明的民族、地域特色的行为规范。心态文化层，是由人类在社会实践和意识活动中长期孕育出来的价值观念、审美情趣、思维方式等构成的。这是文化的核心部分。心态文化又可分为社会心理和社会意识形态，如文学、艺术、哲学、宗教等。

三、与文化相关的几个概念

（一）民族文化

民族文化的定义与文化的定义一样，也有许多不同的表述形式。但是，从总的方面来看，不外乎广义和狭义两类。

广义的民族文化定义即普遍意义上的民族文化定义，是指一个民族在长期的历史发展中共同创造并赖以生存的一切文明成果的总和。这一成果包括物质方面的、精神方面的和介于两者之间的制度方面的成果。其中，物质方面的成果实质上就是该民族在物质生产活动中创造的全部物质产品，以及创造这些物品的手段、工艺、方法等。精神方面的成果是观念性的东西，通常以心理、观念、理论的形态存在。制度方面的成果是精神成果的外显，是人们反映和确定一定的社会关系并对这些关系进行整合和调控而建立的一整套规范体系，包括政权体系、法律法规等。

狭义的民族文化专指民族的精神创造，它着重人的心态部分。狭义的民族文化可以说是民族人文文化，是民族在长期的历史发展过程中经传承积累而自然凝聚的共有的人文精神及其物质体现的总和，具体包括科学技术、文学、艺术、思想道德、价值观念、宗教信仰、语言文字、风俗习惯、民间工艺等。

（二）传统文化

传统文化，在中国是指以中华文化为源头的、中国境内各民族共同创造的、长期历史发展过程中所积淀的文化，它强调的是文化的本源和沿着这个本源传承下来的全部文化遗产，是迄今为止中华民族经过筛选、淘汰并不断丰富又不断发展的人文精神的总和。

（三）旅游文化

旅游文化并不是旅游和文化的简单相加，而是一种全新的文化形态，它是环绕旅游活动有机形成的物质文明和精神文明的总和。它以一般文化的内在价值为依据，以食、住、行、游、购、娱六大要素为依托，以旅游主体、旅游客体、旅游中介间的相互关系为基础，以传统文化和现代文明的综合为内容，始终作用于旅游活动的整个过程。旅游最本质的特征就是旅游者变换原有的文化环境，探奇求知，变换生活节律，汲取异域文化，归根结底，旅游活动都是为了满足文化精神的需求。

旅游与文化有着不可分割的关系，而旅游本身就是一种大规模的文化交流，从原始文化到现代文化都可以成为吸引游客的因素。游客不仅汲取游览地的文化，而且同时也把所在国（地区）的文化带到游览地，使地区间的文化差别日益缩小。文化是旅游的灵魂，作为构成对旅游者核心吸引力因素的旅游资源里有相当一部分都属于文化的范畴，如宗教、建筑、饮食、服饰、礼仪、民俗等，这些都构成了旅游文化传承交流的载体。实践证明，旅游文化在现代旅游业中的地位和作用是显而易见的，旅游业要取得大的发展，必须注重旅游文化的开发和建设，只有这样，才能在激烈的国际竞争中立于不败之地。旅游经营者和旅游从业者作为文化的传递者，应该利用好这些载体使旅游者在异域文化和本土文化的冲突中得到很好的调和，从而体验到异域文化给自己带来的乐趣。

第二节　文化的形成及特征

一、文化的形成

（一）文化的形成离不开社会、民族的发展

文化的本质是"人化"的自然，它的形成必然离不开人类社会和民族。民族作为一个历史范畴，是人类社会发展到一定阶段的产物，有其产生、发展和消亡的客观规律。马克思主义认为，民族是人类在原始社会末期伴随着私有制、阶级和国家的出现而产生的。在原始社会后期，随着生产力发展、剩余产品的日益增多，掠夺财富和奴隶的战争不断扩大。为了加强实力，亲属部落或邻近部落结成地域联盟，对立的阶级与国家逐步形成。在这一长期演进过程中，以血缘关系为纽带的氏族、部落，逐步发展成以地缘关系结合的人们共同体，于是民族就产生了。同样，文化作为一个历史范畴，是人类社会在适应和改造自然环境的过程中，思想意识外化为物质、精神和行为方式的结果。

从文化的外在表现和内在本质来看，其外在表现，即是人类社会和民族实践活动中创造的全部物质成果和精神成果。一个民族最基本的社会实践活动就是物质生产活动和精神生产活动，这是民族为了生存和发展所进行的必不可少的活动方式。正是这一基本活动，创造了民族自己的物质文化和精神文化。文化的内在本质，正如许多学者指出的："文化就是人化。"世界上凡经过人加工改造并经过人化的非自然物，都囊括在文化领域之内。客观世界只有渗入了人的意识，才能称之为文化，离开了人，就无所谓文化。因此，是人、人类社会和民族创造和发展了文化。人类社会和民族在历史发展中创造了文明，形成了自己的文化；与此同时，文化在人类社会和民族的发展中又发挥着重要作用。当文化与人类社会和民族的发展相适应时，文化就推动其发展；反之，则阻碍其发展，这时，人类社会和民族又会创造新的文明、新的文化。

（二）中华文化的形成

中华文化，是在一定的地域空间下受人们主动的道德选择而形成的。中华文化在先秦时期已经形成轮廓，但在不同的历史时代曾经发生大幅度的演变。中华民族的历史演进过程在世界历史中独树一帜。中华文化的产生过程非常久远，而中华文化确立的时代则相对较近，大致是周代。春秋战国时期，则是中华文化的定型期。

1. 地域广袤为中华文化的形成提供了前提条件

中华文明的主要发祥地，是黄河流域的汾河谷地、渭河平原和黄淮海大平原，总面积超过30万平方公里。在古代由于人口稀少，所以土地非常宽裕，在农耕时代人地矛盾不突出，无疑为人们和谐相处、互谅互让创造了非常有利的客观条件。中华文明的发祥地和其他主要文明发祥地形成了鲜明的对比，古埃及和古巴比伦是狭小的绿洲地域，而希腊则是多山少地的半岛。我国由于当时处在农耕社会中，而土地又几乎无限，所以作为劳动力的个人无疑就是第一位的财富，以人为本是中华文化的主要特色。

2. 道德选择为中华文化的形成提供了精神保障

据史书记载，周人居于渭河平原时期，就已经是"耕者让畔、行者让路"，走路的人相互让个路没有什么了不起，但是"让畔"意义十分重大。"让畔"意即种地到地头边界处就不种庄稼了，让给邻人种，邻人也照此办理，所以形成了"畔"——空地，这样的空地自然就是一条天然的利益分界线。正是这样一条分界线，使得在古代农耕社会中，人们相互之间最主要的利益就清楚地划分出来了，从而减少了许多无谓的争执，也使得道德主义的文化遗产能够为人们所接受并传播，这大概也是孔孟之道，能够在中国农耕社会中流传两千多年的主要原因。

(三) 中国旅游文化的形成

中国旅游文化，是伴随着旅游的发展而逐渐形成和完善的。关于旅游的记载自古有之，《山海经》、《淮南子》、《诗经》、《水经注》等一系列的古典书籍中都有记载。旅游，在中国先秦典籍中称为"观光"。"旅游"一词，最早见于南朝梁沈约的《悲哉行》一诗："旅游媚年春，年春媚游人。"从沈诗看，旅游在当时已含有外出旅行游览的意思了。从这个意义上说，旅游的历史和人类的历史相始终。从原始社会人们为了争取最佳生存空间所进行的被迫迁徙活动，到奴隶社会奴隶主阶级的享乐旅游，到春秋战国时期的政治游说，到封建社会秦汉时期的帝王巡游、商务及公务旅行，到魏晋南北朝时期的宗教旅游、旅游文学，到隋唐时期的士人漫游、宗教旅游、旅游文学，到宋元时期的士人漫游、旅游文学，再到明清时期的航海旅游、科学考察等，无不留下中国古代人类旅游的足迹。19世纪中叶，中国进入近代旅游阶段，受西方经济和文化入侵的影响，中国的近代旅游带有半殖民地、半封建的性质，从中也反映了中国人民强烈的爱国主义和民族主义热情，但此时的旅游活动出现了崭新的面貌，旅游业逐渐成为一项新兴产业并得到蓬勃发展。特别是第二次世界大战结束后，由于现代化喷气式飞机的应用和国际航线的增加，世界范围内的旅游获得了突飞猛进的发展。旅游，作为人们的一种时尚生活方式，已经成为人们日常生活的重要组成部分。

综观旅游发展史，虽然各个时期都有自己独特的表现形式，但在本质上却有许多共同之处，即旅游者在旅游活动中所追求的文化享受。文化，作为旅游的灵魂，始终蕴涵在旅游活动中，并表现出极大的魅力。而人类的旅游活动，就是各种文化相互交流、相互结合的运动。旅游文化最早伴随着旅游活动而产生，但它形成之后，就相对独立于社会文化的各个领域，显露出自己的个性，作为一种独立的文化形态，旅游文化有自己特定的内容。它覆盖和包罗了与旅游业相关的一切文化事业、文化研究和文化环境；此外，它还肩负着为旅游业服务、提高旅游品位和格调的任务，这主要通过食、住、行、游、购、娱六大旅游要素来体现，如目不暇接的饮食文化、古色古香的古建文化、绚丽多彩的服饰文化、有容乃大的宗教文化、丰富多彩的民俗文化、亘古至今的礼仪文化等。对旅游者来说，旅游环境的文化氛围直接影响着他们的旅游活动。与旅游有关的文化载体，如机场、车站、餐馆、市场、导游人员等，都能通过不同的角度和多种方式给游客以文化的熏陶和启迪。因此，旅游组织者对旅游文化的重视程度和开发水平，往往成为旅游活动成败的关键。

中国的旅游文化，是在继承五千年悠久历史文明的基础上发展起来的，它扎根于中国的土地，具有自己的特点。中华文明源远流长，民俗风情丰富多彩，工艺美术异彩纷呈。中国自古以来就是礼仪之邦，加之旅游自然资源、人文资源丰富，中国正逐步成为世人瞩目的旅游目的地。发展中国的旅游事业，必然要建设具有中国特色的旅游文化。对于中国优秀的传统文化，我们应当努力挖掘、充分利用、发扬光大。但是，我们要摒弃各种各样的糟粕，防止消极颓废的东西充斥到旅游文化中来。

二、文化的特征

（一）文化的一般特征

1. 文化的创造性

文化是人类的创造，是在人类进化过程中衍生出来或创造出来的。自然存在物不是文化，只有经过人的加工修饰、利用改造，才是文化。

2. 文化的习得性

文化通过载体是可以传递的。文化是人经过学习得到的知识和经验，不是与生俱来的人的遗传本能，是后天学习得到的，先天性的行为方式是不属于文化范畴的。人的行为可以分为本能的和学习的。那些作为社会文化部分的行为是经过后天的训练而学到的，这构成了人类行为的大部分。从某种意义上来讲，人类天生不完善。一个人要成为社会中独立的一员，不仅需要一个长期的身体适应的时期，而且需要一个长期的学习如何思维和如何举动的训练时期。换句话说，就是进行文化方面的训练。

3. 文化的多层次性

从文化的定义我们可以看出，文化的内容广泛，既包括物质层面的，也包括精神层面的，如前文所述文化的四层次说，包括物态文化层、制度文化层、行为文化层、心态文化层。

4. 文化的规范性

文化不仅包括行为方式，而且也包括思维方式。通过文化，我们赋予行为以特殊意义，我们能够做出有意义的行为，并且知道如何去响应它们。而文化又有差异，因此在不同的社会里人们对同一行为就会有不同的理解。例如，一夫多妻制，在封建社会是合情合理的，而在现代文明社会里，它不仅不合理，而且还是违法的。相反，也有很多不同的行为在同一文化里却能得到同样的解释。文化是造成对世界上的行为有多种多样理解的原因，因此文化是一种规范。规范是外在化的价值观，是标准化的行为模式。

5. 文化的变迁性

文化不是与生俱来的，是人类创造的，是随着社会发展而发展的，新的文化是在继承旧的文化的基础上融入新的内容而形成的。社会的变迁导致了文化的变迁。例如，在对待男女关系上，中国已从封建社会的男尊女卑演变成了现今社会主义社会的男女平等。

6. 文化的民族性

世界上不同的民族在形成过程中存在着很大的差异性，每个民族都形成了自己相对封闭的生活空间和相对独立的观念信仰。因此，表现在文化上自然就形成了民族差异性。以中国的民族服饰为例，北方民族，无论是古代的匈奴、突厥、契丹，还是现代的蒙古、鄂伦春、柯尔克孜等民族，大都穿适于防寒的长袍形服装，靴帽完备。以傣族为代表的南方民族，大都穿短小单薄的服装——无领或小领的短上衣，通风散热的筒裙，对鞋帽的要求不高，冬季也可跣足露顶，爱用可以遮阳的斗笠。山区民族有打绑腿的习惯，可以防止腿部被荆棘刺划、被虫蛇叮咬；穿勾尖鞋上山爬坡，可以减少阻力，并防止脚趾受伤。住在大小凉山的彝族，男女都用披毡，可以适应高山多变的气候，冷时披紧防寒、热时脱去降温，白天当衣、晚上当被，也可蹲裹而息。

7. 文化的区域性

文化是历史发展的沉淀，是在特定的自然环境中凝聚形成的。在文化中，可以看到历史的痕迹，可以看到自然环境的痕迹。因此，文化是有强烈区域性的。东方文化与西方文化不一样，在一个国家内部，各地区、各城市的文化也有差异。例如，迪斯尼是美国文化的代表。长城、故宫、孔庙、敦煌石窟、云南石林等是中国文化的代表。特定的区域赋予了文化特定的内涵，离开这个区域，文化便失去了它存在的价值。比如，美国佛罗里达州奥兰多市"锦绣中华"运作的失败就是一个惨痛的教训。

(二) 中国旅游文化的特征

作为一种独立的文化形态，中国旅游文化除了具有文化的共同特征以外，还具有自己鲜明的特征。

1. 历史继承性

中国旅游文化经过漫长的发展历史，逐渐形成了自己的独特的风格。而在这种风格中，我们可以看到历史的车轮留给我们的痕迹。独特的古建形式、多彩的民族风情、古朴的传统节日等，无不构成当今中国旅游文化的主旋律。中国的旅游资源主要是文化旅游资源，这也是中国始终以文化观光旅游为主要旅游形式的原因之一。历史成就了中国旅游文化的丰富内涵，中国旅游文化也在继承历史的基础上走出了自己的特色。

2. 文化再创性

中国旅游文化并不是各种文化简单的大杂烩，而是在传统文化和新兴行业结合上的一种创造。对旅游文化来说，其他各种文化都是"原材料"，只有经过设计、加工、组织后，才能开发成新的旅游文化，并形成专门的旅游产品供旅游者享用。例如，中国境内有许多少数民族，他们都有自己的民族文化，但这并不构成旅游文化；当旅游经营者们对这些传统文化进行挖掘、把这些文化编排成节目和活动、配备了相应的建筑设施和场景并汇成一个有机的整体后，他们才成为专题的旅游文化。中国文化资源丰富，这绝不意味着我们在发展旅游文化时可以坐享其成，我们必须汲取这些文化的精华，刻意创新，只有这样才能吸引游客。因此，旅游文化在创造中必须不断丰富和完善，以更加适应旅游业发展的需要。

3. 主体服务性

服务是中国现代旅游业的核心内容。从旅游文化的内容来看，强调和突出这种服务性尤为重要。机场、车站、宾馆、市场等是直接为游客服务的。旅游中介——旅游经营者的主要作用就在于为旅游主体——旅游者提供一系列的服务，并帮助旅游者达到旅游的目的。旅游者在接受服务的同时，将获得一种独特的感染、熏陶和享受。旅游从业者应该通过文化的双向传播，使旅游主体在不同文化的碰撞中享受异域文化的乐趣。

4. 时空差异性

中国幅员辽阔、环境多样、民族众多，各地区、各民族的风俗习惯、生活方式都存在着差异，旅游文化受其影响而呈现出地域性、多样性的特征。在全国范围内，南北差异是文化区域差异的主旋律。南北文化差异表现在许多方面：语言上南繁北齐（南方语言比较婉转，北方语言比较直率）；佛学上南顿北渐（南方佛学禅宗有顿悟说，北方佛学禅宗讲渐修说）；思想上南老北孔（南方是老庄学说发源地，北方是孔孟学说发源地）；文学上南骚北风（南方文学以浪漫色彩的《离骚》为首篇，北方文学以现实主义的《诗经》为首篇）；戏曲音乐上南柔北刚（杏花春雨江南，南曲如抽丝；古道西风冀北，北曲如抡枪）；武术上南拳北腿；饮食上南米北面，南甜北咸，南细北粗；建筑上南敞北封（园林建筑南方多敞口，北方多封闭严实）……旅游是一种文化消费，旅游者外出旅游的目的，正是为了体验不同地域异彩纷呈的文化；同时，旅游文化还有较强的时间差异性，这一特点决定了旅游文化适应性强、稳定性差。不同时期的人们的价值观念、审美标准等的变化，直接影响着旅游文化的内容和形式。正是由于这个原因，旅游才能吸引回头客，旅游文化才能不断推陈出新。

5. 地域交融性

中国旅游文化和传统文化一样是源远流长的，这不仅包括时间上的传承，也包括地域上的多元、交融和互补。例如，内陆地区文化、沿海地区文化、城市文化、乡村文化、企业文化、校园文化、汉族文化、藏族文化、京派文化、海派文化，还有老北京文化、新北京文化，等等。实际上文化之间的内涵和外延都有融合和交叉，从而呈现出你中有我、我中有你、相互影响、相互渗透的现象。吴文化和越文化之间，齐文化和鲁文化之间，楚文化和汉文化之间的交流都是潜移默化的，正是在相互的交流、互补中，保持了区域文化的传统特色，又孕育出新的文化因素、新的文化特征。历史上南北文化的多次交流，今日的东部沿海和西北开发的互相配合支持，以及改革开放后中外交流的加强，都从政治、经济、文化、风俗、语言等多方面取长补短、共同前进，而旅游当属促进这种文化融合的好方式。

第三节 中西方文化差异

一、中国文化的特点

中国疆域广袤、历史悠久、民族众多，古代文明与现代文明交相辉映，在世界大家庭里可以说独树一帜。中国文化博大精深，独具特色。首先，中国文化历史悠久，从未中断。中国文化传统自起源发展至今，从未被割断。中国文化的发展绵延不绝，连续而未曾中断，与包括拉美文化在内的其他任何古老的文明相比都是不同的。其次，中国文化兼容并蓄，多元发展。中国文化与中华民族起源，具有鲜明的多元起源、多区域不平衡发展的特点。中国文化的起源有多个中心，长江、黄河都是中国文化的发祥地。另外，中国文化又是兼容并蓄的，是一种"和合"的文化，故其是"内聚"和"外兼"的对立统一体。中国文化具有很强的兼容性。第三，中国文化民族特色鲜明。中国民族众多，一统思想由来已久，这使中华民族形成"你中有我，我中有你"的结构，也使中国文化丰富多彩并具有长久的生命力。

二、西方文化形成中的特征

首先，"分子论"标志着西方文化的成熟。如果说东方文化是偏精神的，那么西方文化相对是偏物质的，这里称之为"西方物质文化"。西方文化的发展远比东方文化的发展要简单得多，它的内容变化是由神学到哲学，最后到科学。西方的神学与东方的神学不同。东方的神学是建立在深刻的经学之上，具有很强的精神理念上的指导，而西方的神学却没有很深刻的思想，只是以敬仰美好的神来净化心灵。西方神学与东方神学的最大区别在于：西方神学不排斥物质，东方神学极力排斥物质。这种文化内涵上的差异，导致西方物质文化的产生，由此也带来了西方工业生产和经济发展意识。

其次，工业经济使西方文化达到鼎盛。西方的物质文化对于促进人类对物质世界的认识起到了积极的作用，科学技术的发展向人类展示了物质境界的光华，使神学中对物质境界的描述成为人类社会中的现实，并向东方文化展示和证实了物质运动的力量。工业经济创造的物质奇迹、显示的物质力量，使西方的物质文化达到了鼎盛。

三、中西方文化差异比较

随着中国对外开放程度的逐渐深入，西方社会的人和事物越来越多地走进了我们的视野。特别是随着国际旅游业的深入发展，这种跨地域、跨民族、跨文化的交流与日俱增，更是为我们提供了许多与西方人接触和交往的机会。但与此同时，我们也越发意识到，在与外国友人交往的过程中不可避免地会出现种种文化差异的现象。那么，造成这种中西文化差异的原因是什么呢？我们认为，中西双方有着不同的历史背景，不同的民族又有着自己区别于其他民族的特殊的文化心理素质、思维方式、价值尺度、道德规范和情感取向，这必然会带来人们思想、行为等多方面的差异，甚至是冲突。

（一）中西方的价值观、人生观、世界观不同

中西方价值观、人生观的不同表现在社会生活的各个层面。

1. 中西方的人生价值取向不同

儒家思想所赋予中国人的价值观念是一种根深蒂固的人生信念，认为生命的意义在于社会的作为，这是一种积极入世的思想。在专制社会中权力就是一切，因此人的作为最大者莫过于实现从政的抱负。"齐家、治国、平天下"是中国文人一生的宏伟理想。受这种"一元化"人生价值观的影响，多数人不愿问津自然科学，致使科学被困于萌芽状态。由于人的智慧才能都集中到了政治权术上，所以创造了一个世界上独一无二的、变幻莫测而实质又超稳固的政治、文化模式。在这种特殊的模式中，产生了中国独有的历史现象：当官不成，求当圣人；报国不得，则退做隐士，或吟诗饮酒自得风浪，于是道教、佛教随之兴起，重生的自去修道，出世的不妨念佛。

西方文化中人生价值观呈多元化。从政也是人生价值的实现，经商也被认为相当有价值。在西方人眼中，最好的职业莫过于律师、医生。价值观念是文化的核心。西方人重个人价值，强调自我意识，为人处事、言语行为无须别人认可，也不追求与人一致。而中国人群体意识较强，独立意识较弱。西方人认为，当别人未求助时主动给予帮助是一种施舍行为，是对他人能力的轻视，甚至是对他人人格的侮辱。

2. 中西方的世界观不同

所谓世界观，就是人们对待世界的根本看法，包括人在宇宙中的位置、人与大自然的关系等诸多哲学方面的概念。仅从人与大自然的关系来看，东西方文化就有着截然不同的看法。

西方文化认为，人应该主宰自然，自然是人的征服对象，人类可以利用不断提高的科学技术改造自然、战胜自然，人是万物之中心。

与此对应，以中国为代表的东方文化认为，人与自然是一种协调关系，人与自然紧密相关，人类不是改造自然，而是适应自然，利用自然的条件为人类服务。

3．中西方的本位思想不同

受传统思想的影响，在中国人的心目中轻个人、重集体，而西方恰恰相反，重个人、轻集体。中西方对人生本位的认识，就出现了集体本位主义和个人本位主义的差别。

西方人崇拜个人奋斗，尤其为个人取得的成就而自豪，从来不掩饰自己的自信心、荣誉感以及在获得成就后的狂喜。相反，中国文化却不主张炫耀个人荣誉，提倡谦虚谨慎。一般来说，中国人大多反对或蔑视王婆卖瓜式的自吹自擂，然而中国式的自我谦虚或自我否定却常常使西方人大为不满。

西方人重个人价值，强调自我和独立意识。首先，他们认为在充满竞争力的社会里，每个人生存方式及生存质量都取决于自己的能力，因此，每个人都必须自我奋斗，依靠自己的能力去实现个人利益，并且认为个人利益至高无上；其次，他们不习惯关心他人、帮助他人。因为在西方人看来，主动帮助别人不仅会被认为是干涉别人的私事，而且还会被看做是一种施舍行为。中国人的行为准则是"个人的价值是在奉献中体现出来的"，"我为人人，人人为我"。中国文化推崇一种高尚的情操———无私奉献。在中国，主动关心别人、给人以无微不至的体贴是一种美德，因此，中国人不论别人的大事小事、家事私事都愿主动关心，而这在西方则会被视为"多管闲事"。

西方人十分珍视个人自由，喜欢随心所欲，独往独行，不愿受到限制。而中国人追求随遇而安，不喜欢争强好胜，群体意识强，独立意识较弱，所以中国文化更多地强调集体主义，主张个人利益服从集体利益，主张同甘共苦、团结合作、共创和谐。

4．中西方的时间观念不同

西方人的时间观和金钱观是联系在一起的，"时间就是金钱"的观念根深蒂固，所以他们非常珍惜时间，在生活中往往对时间都做了精心的安排和计划，并养成了按时赴约的好习惯。在西方，要拜访某人，必须事先通知或约定，并说明拜访的目的、时间和地点，经商定后方可进行。

而中国人在时间的使用上具有很大的随意性，一般不会像西方人那样严格地按照计划进行，西方人对此往往感到不适应。时间观念的不同还表现在很多方面。比如，西方人不会像中国人一样花很长的时间去准备一顿晚餐，更不会花很长的时间来享受这顿晚餐。

（二）中西方的思维方式不同

文化背景会影响人们对外界事物的看法和认识，不同的国家存在不同的文化背景，因此在思维方式方面必然存在差异。中西方民族各自具有独特的文化背景和社会心理结构，生产活动方式和发展水平不同，反映在思维、认识方式和风格上就存在着很大的差异。

1. 西方重唯理、思辨，中方重经验、直觉

希腊哲学是西方哲学的源头，古希腊人对自然有着浓厚的兴趣，他们关心世界本源、主客体关系、事物如何发展变化等。虽然他们在简单仪器下的观察和实践缺乏逻辑连贯性，理性的方式并不系统，但他们的这种直接观察总是弥漫着理性思维的色彩，抽象思辨是西方思维的特征。而作为东方民族典型代表的中国传统思维方式，则以直觉和经验为特征。中国古代科学和哲学的各种概念和范畴是靠向内思维得到的，是将各种经验现象酝酿体会豁然贯通而提出来的。这些概念和范畴的理解与西方向外思维逻辑演绎所得到的不同，理解只能意会而难以言传。例如，对中医医理和气功的理解；又如，对一幅书法作品、一幅国画的欣赏，只能向内领会，才能领略作者神韵之所在。

2. 西方重细节分析，中方重整体综合

西方文化结构以细节分析居优，东方文化结构则以整体综合见长。例如，在姓氏排列中，中国姓氏先是宗姓、辈分，其次才是自己的名字，突出的是氏族整体；西方国家则先是自己的名字，再是父名，然后才是族姓，突出的是自己。又如，在时间、地址的书写表达顺序上，中国人习惯以年、月、日从大到小依次为序，地址则是按省、市、县到门牌号码排序，突出的是从整体到个别的析出关系；西方人则与中国人的顺序表达恰好相反，突出的是个别到整体的合成关系。可见，在中华民族的精神文化和意识结构中，从整体出发的综合观占突出地位，而这种整体综合观在考察事物时，通常忽略细节和成分分析，往往提供的是关于对象的模糊整体的图景。

3. 西方讲究创造才能，中方讲究思维能力

西方人的思维是物质思维，以"分子论"为基石，注重对事物内部构成的发现，掌握事物内部与外部的关系，优点是宜于根据事物结构创造新事物和新功能，讲究创造才能；中国人的思维是物性思维，以"阴阳论"为基石，注重对事物属性及其功能的分析，优点是宜于看到物质与精神的运动共性，掌握事物运动与人之间的关系，根据这种关系做出预测和运筹，借势运力，寻找最佳决策，讲究思维能力。

(三) 中西方的行为规范不同

行为规范的具体含义就是指被社会所共同接受的道德标准和行为准则，简单地说，就是告诉人们该做什么和不该做什么的一种规范。不同文化背景的人们在交流时，经常出现的一个现象就是套用自身所在社会的行为规范来判定对方行为的合理性，由于双方的行为规范存在差异，常常会产生误解、不快甚至更坏的结

果。比如说，中国人轻拍小孩子的头部表示一种友好；而在西方国家，这是一种极不尊重小孩子的做法，父母会对此非常愤怒。所以说，在跨文化交流中是否能够正确地识别和运用行为规范是保证跨文化交流顺利进行的重要因素。要保障跨文化交际的顺利进行，就必须理解对方的行为规范，尤其是对方禁止的行为，而入乡随俗不失为一个绝好的办法。

（四）中西方对待人与自然的关系不同

杜维民教授认为："中国文化关注的对象是人。"人与人的关系是中国文化关心的核心问题，人们立足于现实人生，所以政治伦理学相当发达。而西方文化较多关注的是自然，人与自然的关系是古希腊注重的中心问题，由此衍生出理智和科技。

中国的哲学，无论儒、道、佛学，都是一种人生哲学。儒学求作为，道学求长生，佛学求悟觉。儒学以孔子思想为正宗，孔子思想的核心是"仁"。何者为"仁"？孔子曰："仁者爱人！"可见，儒学研究的核心是怎样做人的学问，兴趣在阐发君臣、父子等一套人与人之间的伦理关系，修身养性的目的即实现自己从政的抱负——"齐家、治国、平天下"。纯科学的研究及所有的自然科学都成为多数人不屑选择的行为和兴趣。中国文化在人与自然的关系上也有着自己的执著，中国文化的一个重要特征就是"天人合一"，把自然人格化，追求人的精神消融于自然界之中、人与自然共呼吸的和谐状态。

西方古代科学寓于对自然的探索之中，因此西方很早就出现了毕达哥拉斯、阿基米德这样一些名垂千古的专业科学家。在人与自然的关系上，西方文化认为天人处于对立的斗争状态，因而产生了与中国文化不同的对自然的态度，即人应征服、控制自然，强调人与自然的对立，把自然看成敌对力量。《荷马史诗》纯以海外遇险、征服自然为题材，书中的主人公们都是在大自然的风浪中锻炼成长的人物。西方人也讲人与人之间的关系，但首先关注的不是伦理而是竞争，因而出现了"优胜劣汰"的规律。

（五）语用迁移造成中西方语义理解的不同

人们对遇到的现象、事物和行为的评价和解释是建立在本身文化的基础之上的，在跨文化交流中也同样如此，因此往往会造成交流的障碍，其根源就在于忽略了语用的迁移。文化不同，语言的使用规则就会不同，一种文化的标准规范只能在自身中按其特定条件加以解释，而不能以此为规范来描述另一种文化，否则必然会导致跨文化交流的失败，其深层原因就在于人们缺乏对社会语言差异的敏感性，会无意识地进行语用迁移，而这种后果有时会很严重，甚至会招致巨大的经济损失。

（六）中西方语言交流方面的差异

由于生活在不同的文化背景中，各民族人逐步形成了不同的社会心态，即使对同一事物也往往有不同的好恶。西方人怕老、惧老的心理使他们忌讳使用 old、aged 等词。为此，西方人费尽心机地创造了许多称呼老人的新表达，如 the advanced in age（上了年纪的人），the mature the longer living（生活经历长的人）；美国有个永不老合唱团，译为"never young"而不是"never old"，等等。

平常打招呼，中国人大多使用"吃了吗"、"上哪呢"、"最近忙什么"等，这体现了人与人之间的一种亲切感。但对西方人来说，这种打招呼的方式却令对方感到很突然、尴尬甚至不快，因为西方人会把这种问话理解成为一种"盘问"，感到对方在询问他们的私生活。在西方，日常打招呼一般只说一声"Hello"或按时间来分说声"早上好"、"下午好"、"晚上好"就可以了。西方人在道别时说："再见"；而中国人习惯于说"慢走"、"走好"之类的话，这类话常被西方人误解为，"我身体很好，为什么要慢走"，似乎有点瞧不起他的意思。

中西语言中有多种不同的告别语。例如，在和病人告别时，中国人常说"多喝点开水"、"多穿点衣服"、"早点休息"之类的话，表示对病人的关怀；但西方人绝不会说"多喝水"之类的话，因为这样说会被认为有指手画脚之嫌，他们常会说"多保重"或"希望你早日康复"等。

（七）中西方人际关系方面的差异

西方国家受自由思想的影响，在对待人际关系上有两条原则：一是女士优先；二是人人平等。西方国家可以说把"女士优先"这一原则落实得无微不至，大到国家礼节，小到日常生活的每一个极小的细节。"人人平等"的观念在西方国家也是深入人心，无论男女老幼，一律平等，晚辈对长辈，下属对上司，都可直呼其名，平民跟总统也都是完全平等的关系。在中国，由于受传统思想的影响，男尊女卑的意识特别是在广大农村仍然有相当的群众基础。家族和家长制度仍根深蒂固地留在人们的头脑中。尊老爱幼是中国的传统美德，对长辈、对领导要心存敬畏，所以在一些场合中很少直呼其名。

（八）中西方客套用语方面的差异

中国人注重谦虚、内蕴，在与人交流时，讲求"卑己尊人"，并将此看做一种美德，这是一种富有中国文化特色的礼貌现象。一般情况下，中国人在得到别人的赞扬时，往往会自贬一番，以表谦虚有礼；而西方人在受到赞扬时，总会很高兴地说一声"Thank you"表示接受。在中国人看来，西方人过于自信，毫不谦虚；而当西方人听到中国人否定别人对自己的赞扬或者听到他们自己否定自己的成就甚至把自己贬得一文不值时，会感到非常惊讶，认为中国人不诚实。比如，别人夸你，"你很棒"，你为了表现谦虚，回答说，"哪里哪里，我还差得很远"，这在中国人看来当然是一种谦虚的说法；而在西方人看来，这样不仅否定了自己，还否定了赞扬者的鉴赏力。

（九）中西方个人隐私方面的差异

中国人热情好客，在交往中饱含热情，问寒问暖，似乎没有什么可保留的，对于了解有关年龄、职业、收入、婚姻状况、子女等问题，觉得都理所当然，可以说隐私观念比较薄弱；而在西方国家中，特别重视对方的隐私权，凡是涉及个人隐私的都不能直接过问，西方人一般不愿意干涉别人的私生活和个人隐私，也不愿意被别人干涉。比如，中国人会直接询问别人所买物品的价格，因为在中国人看来，物品的贵贱只是表示该物品的质量；而在西方人眼里，如果你直接询问别人所购物品的价格，就可能是在探问对方的经济条件。

（十）中西方旅游审美方面的差异

不同文化背景中的旅游者对同一景观的审美感受是大不相同的。中西旅游审美文化差异很大，体现在以下几个方面：中国人特别关注山水景观所附载的人文美，而西方则关注山水景观本身的自然美；中国人的旅游审美集中于抒情印象重现，而西方人的旅游审美集中于风景的对象描写；中国人的风景审美的目的在于舒适精神、怡乐性情，而西方人的目的在于追求形式美的享受以及光感、色彩、空间感的真实性；古代中国人注重审美感受和道德修养，重视审美主体与客体的交融，而不像当时西方人那样注重对外部世界的科学考察；中国古人注重对祖国山河的歌颂，对故土家园的怀恋，表达"安土重迁"、"故土难离"的情感，而不像当时西方人那样，渴求走向外部世界、走向海外世界……

在中西跨文化交流中会出现的文化差异有很多种，涉及人们的食、住、行、游、购、娱等各个方面，这些差异主要体现在宗教、建筑、饮食、服饰、民俗、礼仪等方面，内容广泛，涉及面宽。例如，中西方饮食要求、工具、方式方面的差异，中西方服饰对人体美的展现方面的差异，中西方传统节日习俗的差异，以及各种社交礼仪方面的差异，等等。

第四节 如何审视中西方文化差异

一、审视中西方文化差异的目的

本书在前面已经比较详细地阐述了中西方文化存在的差异，并深刻地透析了差异的原因，作者的主要意图是引导读者，特别是引导旅游经营者、旅游从业者、旅游者，通过了解差异、分析原因，来正确审视这个问题。

"入世"、"申奥"等一系列国际性的壮举使中国在世界强国之林名声大噪、地位显赫，真正的东方巨龙——中国，以较强的综合实力向世界展示了她的魅力。然而，接踵而来的是国际化的交流，中西方文化的差异给这种交流设置了种种障碍。如何在交流中立于不败之地、游刃有余地游历于两种不同的文化冲突中而不受伤害，并达到事半功倍的交流效果是每个进行跨文化交流人的心愿，这也是我们正确审视中西方文化差异的根本目的。

何谓跨文化交流？"跨文化交流"（intercultural communication），指的是不同文化背景的个人之间的交流，也就是不同文化背景的人之间所发生的相互作用。要进行正确的跨文化交流，必须做到以下几点：

首先，对不同的文化持积极理解的态度。文化是有差异的，通过发现对方的不同点，反过来加深对我们自身文化的理解，从而做到客观地把握各自的文化特性。在发现差异的过程中，也要注意不可忽视大量的共同之处。

其次，提高跨文化交流的适应能力。初次与不同的文化接触时，难免会受到文化冲击（culture shock），从而产生某种不适应；要使交流得以继续下去，必须设法减缓冲击、提高适应能力。

第三，掌握跨文化交流的技能。随着对外开放的进一步扩大，走出国门或留在国内参与跨文化交流的人越来越多，他们都需要学习、掌握与不同文化背景的人打交道时的实际技能。

第四，深刻理解、正确把握跨文化交流的内容。我们只有了解不同地域、不同国家、不同民族之间不同的世界观、人生观、价值观、言语行为、非语言行为、物质表象等内容，才能很好地进行跨文化交流。在跨文化交流中，我们不但要理解自身的文化，更要知道对方的文化，无论是建筑、饮食、服饰还是宗教信仰、礼仪民俗，都是我们学习掌握的对象。我们既要理解差异，更要清楚原因，而且还必须持有正确的态度。

二、审视中西方文化差异的意义

（一）端正态度

审视中西方文化之差异，特别是在跨文化交流中，我们必须保持清醒的头脑，进行客观的分析。任何一个国家都有其优秀的文化传统，当然也会有落后的文化根源，取其精华、弃其糟粕是文化交流应该坚持的原则；保持最先进文化的发展方向是文化交流的最终目标；继承传统、群采博览、兼容并蓄是文化发展交流的必由之路。实际上，中国文化的演化进程从未被外来文化阻断过，相反在保持中华民族原生文化的同时，不断吸收外国先进文化的精华，既把中国文化东传西播，也吮吸国外文化的甘甜乳汁，使中国文化成为世界文化的重要组成部分，这是作为一个跨文化交流的人应该担起的责任。涉外旅游从业人员作为文化（特别是旅游文化）的直接传递者，应该深谙中西方文化差异，在两种不同文化的交流与融合中很好地发挥桥梁作用。差异的客观存在要求涉外旅游从业人员既要拥有中华文化的扎实功底，又要兼备西方文化的广泛知识，根据西方游客的心理需要和行为方式，有针对性地采取有效方法进行文化传播、沟通与交流。

（二）回顾历史

中国作为世界四大文明古国之一，有过辉煌的历史，取得过硕果累累的成就，一度成为世界瞩目的焦点，对西方文化产生了深刻影响。美国B.肯尼迪评价说："在近现代以前的所有文明中，没有一个国家的文明比中国文明更发达、更先进。"

自西汉时代张骞出使西域开辟"丝绸之路"以后的几千年里，中国的古代发明、茶文化、陶瓷技术等都为人类的生产生活带来了巨大贡献，同时中国的儒家思想对欧洲乃至世界的哲学产生了深远影响，这些都大大促进了中西方文化、经济的交流。

中国古代向欧亚大陆传播了许多发明，其中有据可查的就达到35种之多，最早的可以追溯到1800多年前。被世界誉为中国"四大发明"的是造纸术、印刷术、火药和指南针。陶瓷，曾被称为中国的第五大发明。欧洲人一见到瓷器就想到中国，一提到中国就想到瓷器，甚至把瓷器当作中国的代名词。英国人称中国为China，原意就是瓷器。

（三）把握现实

中国地大物博、历史悠久、民族众多，几千年的文明源远流长，这是我们值得骄傲的。但我们也应该清醒地认识到：中国古代的科学技术成就非常伟大，但是为什么到了近代就突然落后了。追根究底，还是受一些传统文化的影响，主要体现在以下几个方面：第一，儒家文化重文章、轻技艺、轻商贸；第二，明清时期的科举对有志之士的创造精神进行了束缚与限制；第三，辽阔富饶的疆域、安逸富庶的生活磨平了中国人的冒险精神，与外界交往始终持一种"傲视蛮夷、泱泱大国舍我其谁"的态度。因此，学习先进文化，取长补短，这是中国与世界接轨的重要条件。但是我们也不能舍本求末，还应立足于传统文化的保护、立足于我们自己的东方文化的保护。只有这样才能在世界范围内保存我们民族的差异性、保存我们文化的差异性。如果这种差异性哪一天被同化了，那说明我们的民族、我们的文化已经在世界上消失了。越是民族的才越是世界的，越是民族的才使这个世界成为一个多彩的世界，越是民族的才能够使我们成为世界关注和向往的旅游目的地。

文化只有在交流中相互渗透、相互融合才会发展，文化发展的轨迹应该是继承发扬、推陈出新。在中国5000多年的文化发展历程中，与境外文化的交流、碰撞和融合从来没有间断过。当前，正面临着全球化文化的交融，我们更应该弘扬优秀文化传统，吸收其他民族的优秀文化，丰富本民族的传统文化，让中国文化走向世界，让世界文化走向中国！

复习思考题

1. 什么是文化？文化的实质是什么？文化有哪几种结构说法？
2. 什么是民族文化？旅游文化的内涵是什么？
3. 文化形成的主要影响因素是什么？中国旅游文化是怎样形成的？
4. 文化的一般特征是什么？中国旅游文化的主要特征体现在哪些方面？
5. 中国文化的特点是什么？西方文化在形成中有什么特征？中西方文化的差异主要体现在哪些方面？造成这些差异的深层原因是什么？
6. 审视中西方文化差异的目的和意义是什么？

案例分析：跨文化交流中的文化冲突

中西方文化背景的不同，孕育了两种截然不同的文化。人们的一言一行无不渗透着文化的差异性。文化的差异，为跨文化交流设置了障碍、增加了难度。深入了解、正确对待中西方文化之间的差异，是每一个跨文化交流者的必修课。在国际旅游迅速发展的今天，国内部分涉外导游员因忽视、混淆中西方文化之间的差异所带来的尴尬场面俯拾皆是。

李×系某国际旅行社的外语导游员，其扎实的外语功底令人称赞，但对中西方文化差异的了解却只及皮毛。

某年年底，应旅行社的指派，李×接了一个英国团。接站时，李×的热情给外国友人留下了良好的印象，但一句"大家都吃了吗"却弄得很多人莫明其妙。上车后，李×用流利的英语进行精彩的讲解，赢来一阵阵掌声和喝彩声。有几个游客禁不住夸起了李×："李小姐，你的英语讲得很棒，令人佩服。"李×一听自然高兴，忙回应道："哪里哪里，大家高抬我了，我说得一点都不好，比起你们，我还差十万八千里呢！"李×话音刚落，游客们的表情就出现了些许变化，现场气氛有点异样。共进晚餐时，外国游客用餐时的安静与李×的侃侃而谈形成了鲜明的对比。李×不仅主动向游客介绍了自己的婚姻状况，而且还不断地向客人提问，以了解他们的家庭生活以及工作收入等情况，弄得客人很尴尬，甚至让一些外国友人感到十分不悦。

送走了英国旅游团，或许李×自认为是圆满成功地完成了接待任务，但对于英国游客来说，却对其有着各自不同的评价。

案例思考题：

1. 李×与英国游客的交流反映了中西方文化的哪些冲突？
2. 在跨文化交流中，一名合格导游员的标准是什么？

第二章

宗教文化

第一节 宗教的基本理论

一、宗教的产生和发展

宗教，是人类发展到一定阶段的产物，是人类历史上长期存在的社会现象，有其产生、发展和消亡的过程。宗教在原始社会发展到一定时期就已产生了，那时人们在与自然作斗争的过程中，对于大自然千变万化的现象感到神秘莫测，对于人类自身的生老病死及梦幻、孕育感到恐惧不安。于是，人们就认为世间的万事万物都由神灵支配，它可以给人带来幸福，也可以给人带来灾祸。由此，人们就企图用符咒、巫术、祷告去影响它，这样就形成了原始的宗教——多神教。

随着社会发展，宗教也由多神教发展成为一神教，认为有一个全能的"神灵"在创造一切、支配一切、决定一切。人类进入阶级社会，形成了阶级和阶级压迫，人们对残酷的社会现象感到无能为力。被剥削的人们在找不到解脱痛苦的出路时，便把希望寄托在宗教信仰上，而剥削阶级则尽量利用和发展宗教来维护自己的统治。自阶级产生以来，宗教的功能主要有两个：一是以"君权神授论"对地上的王权进行神化；二是用"来世拯救论"对绝望的人们进行精神安慰。历史上，宗教有时也被人民用来作为团结自己、反抗压迫的旗帜。

二、宗教发展过程中的历史形态

根据马克思和恩格斯关于宗教的经典论述，宗教有四种历史形态：原始宗教、国家宗教、民间宗教和世界宗教。

原始宗教，是对原始社会氏族部落生活的幻想反映，又称为氏族宗教或部落宗教，是最早产生的宗教形态。原始宗教包括自然崇拜、生殖崇拜、鬼魂崇拜、图腾崇拜、祖先崇拜和天神崇拜、行业神崇拜等内容，其崇拜方式主要是巫术、禁忌和献祭。原始宗教具有自发性、氏族性、质朴性等特点，其数量是很多的。

原始宗教的崇拜活动一般由族长、酋长和部落联盟首领主持，他们是原始宗教的天然祭司长。

国家宗教，是伴随着民族国家的产生而形成的，它是原始宗教民族国家化的结果，是对民族国家社会生活的幻想反映。最初的国家宗教也是多神教，但是有一位至上神统领诸神。国家宗教具有人为性、国家性和阶级性等特点，其实质是神化本民族和国家政权，所以常把君主的权威说成是神灵的赐予，君主自己及其家族则自称是神的儿子或后裔。历史上比较重要的早期国家宗教有：古代印度宗教（婆罗门教和印度教）、古代中国宗教（商周宗教和儒教）、古代以色列宗教（摩西教和犹太教）、古代波斯宗教（琐罗亚斯德教）、古代日本宗教（神道教）等。

民间宗教，是作为国家宗教的异端而出现的新型宗教，一般由个人创立。古代奴隶和农民的生活极其悲惨，在用物质手段无法拯救自己的情况下，他们会幻想出超自然的精神手段；或者在现世拯救无望的情况下，他们会寄希望于来世。新创的民间宗教拥有比较先进的社会思想，如主张阶级种姓平等、人人都有亲近神并获拯救的权利等，因此对下层人民极富吸引力。历史上流传下来的民间宗教，除三大世界宗教外，主要有犹太教、摩尼教、耆那教、道教、锡克教等。19世纪中叶以来，在各种"传统宗教"基础上创立的"新兴宗教"，如巴哈伊教、摩门教、圆佛教等，也属于民间宗教。

世界宗教是民间宗教进一步发展的结果。在古代文明核心区，不同的国家和民族之间征战不断，最终导致幅员辽阔的世界性帝国的产生。正如民族国家的产生需要相应的民族国家宗教一样，跨地区、跨文化的世界性帝国的产生也需要相应的世界宗教。历史证明，把传统的国家宗教改造为世界宗教是不可能的，世界宗教只能由新创的民间宗教发展而来。一个民间宗教如果能经受住历史考验而存活下来并发展壮大，它就可能被统治者改造利用而成为最初的世界宗教——世界性帝国的国教。早期世界性帝国的国教能否发展为真正的世界宗教，受许多因素制约。只有古印度帝国孔雀王朝的（准）国教（佛教）、罗马帝国的国教（基督教）、阿拉伯帝国的国教（伊斯兰教），才最终发展为世界宗教。19世纪中叶以后形成的巴哈伊教，由于其普世化的教义和组织系统，正在成为一个新的世界宗教。

三、宗教的本质

马克思在《〈黑格尔哲学批判〉导言》中说："宗教是那些还没有获得自己或是再度丧失自己的人的自我意识和自我感觉。但人并不是抽象地栖息在世界以外的东西。人就是人的世界，就是国家、社会。"恩格斯也在《反杜林论》中指出："一切宗教都不过是支配着人们日常生活的外部力量在人们头脑中的幻想的反映，在这种反映中，人间的力量采取了超人间的力量的形式。"这两个精辟的论断高度地概括和深刻地揭示了宗教的本质，包含着非常丰富的内容。宗教有它赖以生存的社会根源、认识根源，但它们都是集中在人身上的。宗教就是感到不能掌握自己命运的人们的自我意识和自我感觉。这是宗教在各个世代的共性，即宗教的本质。

第二节　中国宗教文化概述

中国宗教文化是整个中国传统文化的有机组成部分，且有自身的特点，历史上一直影响着人们的精神生活。在漫长的历史长河中，构成中国宗教文化的有儒家文化、佛教文化、道教文化、伊斯兰教文化、基督教文化（含天主教文化）和少数民族地区的原始宗教文化（如萨满教文化等），诸多的宗教文化错综复杂、交相辉映，成为中国传统文化的一道亮丽的风景线。

一、中国宗教文化的主要特征

（一）多样性和包容性

中华民族是多民族融合共存的共同体，中国宗教文化也是在多样性文化不断碰撞和交融中发展的，经过多源汇聚的过程并形成多元一体的结构。在秦汉时期，由百家争鸣演变为儒道两家思想共存，汉末以后有儒佛道三家的鼎立和互补，其后又有景教、伊斯兰教、摩尼教、祆教、犹太教和近代西方天主教、基督教（新教）等的传入以及更多的亚文化体系之间的融会与共存，从而使中国宗教形成兼收并蓄的传统。

中国社会对各种不同的宗教信仰，包括外来宗教，都相当宽容；各种宗教及其分支教派都能在中国相互和平共处，人们可以兼信两教或三教，这在西方是不可想象的。许多外国宗教以和平方式、通过正常的文化交流途径传入中国，其中以印度佛教的传入最为成功。在中国，各教之间虽也常发生矛盾和争执，但在多数情况下，还是能容忍和支持各教的合法存在。各宗教之间未曾发生过大规模的武力流血冲突，更没有西方宗教史上那样残酷的长期的宗教战争。

在中国，各种宗教地位平等、和谐共处，未发生过宗教纷争。这既是由于源远流长的中国传统思想文化中兼容、宽容等精神的影响，更是因为中华人民共和国成立后，我国政府制定和实施了宗教信仰自由政策，建立起了符合国情的政教关系。

宗教上的多样性和宽容性，使中国社会思想文化形成丰富多彩、百花齐放的富有生命力的局面。目前，中国社会的五大宗教，除道教为本土宗教外，其他四大宗教（佛教、天主教、基督教新教、伊斯兰教）都是从国外传入而后成为中国人重要信仰的。

（二）民族性与群众性

民族性，主要是指佛教、伊斯兰教在许多民族中有着广泛的信仰。全国有16个少数民族中的大部分或一部分信仰藏语系佛教或巴利语系佛教，有10个少数民族大多数群众信仰伊斯兰教。宗教对这些少数民族的生产、生活和社会活动的各个方面有着深刻的影响。民族与宗教是两个不同的范畴，但在一些少数民族中，宗教问题往往又与民族问题交织在一起。如果宗教问题处理不妥当，就会直接影响到民族的团结、国家的统一和边防的巩固。因此，在处理宗教问题时，要着眼于民族的发展和进步，着眼于把各民族的信教群众和不信教群众紧密地团结起来，共同致力于中国现代化建设事业。

群众性是指中国有多种宗教并存，每种宗教都拥有相当多的信教群众。对于大多数群众信仰某一种宗教的民族来说，随着民族人口增加，信教群众人数也将相应增加。在中国总人口中，尽管信仰宗教的人所占比重不大，但绝对数字不小，具有一定的群众性。

（三）复杂性和长期性

宗教是由共同的信仰、宗教感情、宗教道德、宗教仪式、宗教组织等诸多要素构成的，它本身就是一个复杂的社会现象。宗教在人们之间起着一种纽带作用，把他们联系在一起，并形成一种势力；同时，宗教又与社会生活的许多方面有着密切联系，互相影响，呈现出复杂的状况。宗教的复杂性，还在于国内仍然存在一定范围的阶级斗争和复杂的国际环境，必然要影响到宗教。因此，宗教不仅是一种思想信仰，还涉及社会政治问题、群众关系、民族关系和国际关系。

宗教是人类社会发展到一定阶段的历史现象，它的存在有其深刻的社会根源和认识根源。在中国社会主义社会中，随着剥削制度和剥削阶级的消灭，宗教存在的阶级根源已经基本消失，但是宗教还有得以存在的社会根源和认识根源。宗教作为一种意识形态，有着较强的适应性；同时，当今世界是一个日益开放的国际社会，中国宗教的存在不可能不受到外国宗教的影响。因此，中国的宗教不仅会长期存在，而且还将按照自身的规律和特点，继续对社会发生一定的影响。对此，必须要有充分的、清醒的认识，那种认为随着社会主义制度的建立和经济文化在一定程度的发展，宗教就会很快消亡的想法，是不现实的，也是非常有害的。

（四）国际性（或世界性）

中国的佛教、伊斯兰教、天主教、基督教（新教）都是由外国传入的，这些宗教都是世界性宗教，在国际上占有重要地位，在许多国家和地区有着众多的信徒，其中有的宗教在一些国家中被奉为国教。中华人民共和国成立后，宗教方面的对外交往不断发展，特别是中国实行对外开放后，宗教方面的国际交往日益增多，这有利于团结世界上爱好和平进步的力量，有利于开展经济、科技和文化交流，从而加快我国社会主义现代化建设；同时，国外敌对势力也会利用宗教进行渗透，作为对中国推行"和平演变"战略的一个重要手段，因此我们也应保持高度的警惕性。

二、中国的主要宗教教派

中国是一个多种宗教共存的国家，宗教徒信奉的教派主要有佛教、道教、伊斯兰教、天主教、基督教（新教）五种。此外，在一些少数民族中还保持着原始的自然崇拜和多种信仰。

（一）佛教

1. 佛教的创立

佛教产生于公元前6～前5世纪的古印度。创始人是古印度迦毗罗卫国净饭王的太子名悉达多·乔达摩。他29岁时离家修行，6年后成道，被尊称为"释迦牟尼"，又一尊称为"佛陀"，意为觉悟者，简称"佛"，所传宗教被称为"佛教"。

其教义，一是"无常"、"无我"，形成"空"的哲学观念。"无常"——世界万事万物变化无常。"无我"——一切现象都是因缘和合，没有独立的实体或主宰者。二是"四谛"，谛是真理。苦谛，就是认为社会、人生等一切本性皆苦，并以此判断为真理。在佛教看来，人生有"生、老、病、死、怨憎会、爱别离、求不得、五蕴取"八苦。集谛，是对造成世间人生痛苦与烦恼原因的分析，不在天、不在地，而在人的主观上的"业"（造作之意）、"惑"（烦恼的总称）。灭谛，灭尽造成烦恼痛苦的原因，达到"涅槃"寂灭境界，亦称"解脱"。道谛，消灭痛苦，通向涅槃境界的办法和途径，即坚持"戒、定、慧"三学，只有"无相"（灭众欲）、"无作"（灭造作）才能得以理想的解脱。所以"四谛"实际上是以苦谛为核心的求解脱的真谛。三是以"十二因缘"为核心的因果报应论和三世两重因果。"因缘"即为原因和条件，有无明（痴）、行、识、名色、六处（六入）、触、受、爱、取、有、生、老死"十二因缘"，说明众生生死流传的因果联系，宣扬善有善报、恶有恶报，这便是因果报应论，即过去世的因，造成现在世的果，现在世的因，又可造成未来世的果，这便是三世两重因果。这种思想一直保存在佛教经典中。

佛教经典为"经藏"——释迦牟尼说法的言论集；"律藏"——佛教戒律和规章制度的汇集；"论藏"——释迦牟尼后来大弟子对其理论、思想的阐述汇集，故称"三藏经"，或称"大藏经"、"佛藏"、"一切经"。

2. 中国佛教的产生与发展

佛陀去世后的数百年间，佛教传遍印度次大陆。原始佛教内部由于对教义的理解不同，发生分裂，进入部派佛教时期，主要分为上座部和大众部。南传佛教,主要是上座部诸派,盛行于斯里兰卡,并传遍东南亚地区,后传入中国云南。佛教传入中国的具体时间和年代,现在很难考证。据说在公元前2年,大月支国(原居中国北方的一个强盛的少数民族西迁中亚后建立的国家)的使者伊存到了当时中国的长安即今西安,他口授佛经给一个名叫景卢的博士弟子。这是中国史书上关于佛教传入中国的最早记录。佛教大约在公元1世纪前后传入中国,公元4世纪后开始广为流传,并逐渐成为在中国影响最大的宗教。

从南北朝开始,中国佛教进入兴盛发展阶段。南北朝时佛教已遍布全国,出家、在家佛教徒数量增加很快,如北方的长安僧尼过万、南方的建业(今南京)有佛寺数百座等。隋唐时期是中国佛教鼎盛之时,隋朝皇室崇信佛教;唐朝皇帝崇信道教,但对佛教等其他诸多宗教都采取宽容、保护政策,这使中国佛学逐步发展成熟。封建社会后期,汉地佛教衰落,戒律废弛,丛林破败,僧人无知,迷信盛行。晚清以来,在杨文会(1837—1911)等一批佛教界有识之士的带动下,佛教在各个方面得到一定的发展。

中华人民共和国成立后,汉传佛教界首先与全国人民一道参加了土地改革运动,废除了封建地主所有制及其他各种剥削制度,佛教事业日益发展。1952年11月,中国佛教协会筹备处成立。1953年6月3日,中国佛教协会在北京成立,圆瑛法师当选会长。中国佛教协会是中国各民族佛教徒的联合组织。其宗旨和任务是:协助发挥中国共产党和人民政府联系各民族各地区佛教徒的桥梁作用,协助人民政府贯彻宗教政策,团结全国各族佛教徒,发扬佛教优良传统,培养佛教人才,研究佛教历史和教理,保护和整理佛教文物,维护名山大寺,开展各国佛教徒的友好往来与文化交流,为开创佛教徒为四化建设、祖国统一与维护世界和平事业服务。其最高机构为全国代表会议。中国实行改革开放以来,中国佛教获得新的发展。

3. 中国佛教的主要派别

佛教自印度传入中国以来已有2000多年的历史,主要有汉传佛教、藏传佛教和南传佛教三大派别,即按语系可划分为汉语系佛教、藏语系佛教(俗称喇嘛教)、巴利语系佛教(即南传佛教),这三大语系的出家僧侣有20余万人。佛教在中国藏族、蒙古族、傣族等少数民族中,几乎是全民族信仰的宗教,教徒上千万人。目前,中国有开放的佛教寺院1.3万多座(其中世界闻名的少林寺就是其中一座),有佛教院校30多座,有佛教类出版刊物近50余种。

藏传佛教属于中国佛教的一支,主要流行于西藏、云南、四川、青海、新疆、甘肃、内蒙古等省、自治区;藏族、蒙古族、裕固族、门巴族、珞巴族、土族群众普遍信仰,人口700多万。中国南传佛教即上座部佛教,主要分布在我国西南部云南省的西双版纳傣族自治州、德宏傣族景颇族自治州、思茅地区、临沧地区、保山地区等,傣族、布朗族、阿昌族、佤族的大多数人信仰南传佛教,目前信徒有100多万人。汉传佛教的信仰者以汉族为主，分布在全国各地。

4. 中国佛教的地位

中国佛教大、小乘并存，显（宗）密（宗）同在。严格地说，佛教起始于印度，发展在中国，又远传于日本、韩国。而佛教在印度本土由于受到印度教及后来传入印度的伊斯兰教的排挤，约在公元12世纪末至13世纪初，在印度本土消失。而能保留佛教并发展佛教的中国就成了当今世界佛教的真正故乡。中国佛教以"大众部佛教"为主，中国西南与"上座部佛教"盛行国家相邻的云南则是传承着与泰国一样的"上座部佛教"。中国内地汉族居住地则主要信奉"大众部佛教"。中国西北部地区少数民族则主要信奉密传佛教。中国佛教界的一些高僧根据一些佛经内容，创立了各自的宗派，其中包括天台宗、华严宗（贤首宗）、三论宗、法相宗（慈恩宗）、净土宗、律宗、禅宗和密宗（真言宗）八大宗派。

（二）道教

1. 道教的产生

道教是中国土生土长的宗教。东汉末年，沛国丰县人张道陵，对方术和神仙家思想核心进行总结，以老子为教祖，以《道德经》等为主要经典，撰《老子想尔注》（一说为其孙张鲁撰），招聚门人，组成五斗米道（因信徒入教必须交五斗米，故名之）。因道教徒尊张道陵为"天师"，故又名"天师道"。五斗米道和太平道为早期道教的两大教派，它们的创立标志着道教的正式形成。

道教的产生是有其历史条件和社会思想渊源的，它是经过长期的酝酿和积累逐步演变而成的。

西汉末年，由于封建国家和地主阶级对广大农民的剥削及压迫日益加重，造成阶级矛盾和社会矛盾急剧尖锐。与此同时，农民对地主阶级的反抗暴动也愈演愈烈。在这种情况下，统治阶级为尽快摆脱严重的社会危机、加强和巩固自己的统治，开始极力企图利用宗教来麻痹人民的反抗意志，宣扬君权神授，同时也希望宗教成为他们统治的有力武器，祈求达到"长治久安"的目的。另外，广大农民也渴望早日摆脱苦难，幻想有一种超人间的力量来伸张正义、帮助他们改善恶劣的处境，于是就把希望寄托在神灵的庇护上。这就为道教的产生提供了客观的社会条件。

道教的思想渊源于古代的巫术和秦汉之际的神仙方术、阴阳五行术、谶纬神学、道家思想、墨家思想等。

道教于公元2世纪开始，至今已有1 800多年的历史。道教承袭中国古代的自然崇拜和祖先崇拜，历史上教派很多，后来逐渐演变为全真道和正一道两大教派。道教在汉族地区和一些少数民族地区的农村中有较大的影响，道教以八卦太极图为标志。由于道教没有严格的入教仪式和规定，信教人数难以统计。中国现有道教宫观1 500余座，乾道、坤道（指在道观的男、女道士）2.5万余人。

2. 道教的发展

东晋时，葛洪于建武元年（公元317年）撰《抱朴子·内篇》，整理并阐述了道术与理论。

南北朝时期，经过葛洪、寇谦之、陆修静、陶弘景等人的努力和改革，道教成为与佛教并列的中国正统宗教之一。

唐宋时期，道教受到统治阶级的推崇而得到进一步发展，并形成了多种流派。元以后，逐步形成全真派和正一派两大流派。自唐代以后，道教曾远渡重洋，流传于朝鲜、日本、越南和东南亚一带。道教经籍也远传欧美，影响甚远。

明代，道教走向衰落，对统治阶级的影响远逊于唐宋时期。

到了清代，皇室尊崇藏传佛教，对道教采取严厉限制的方针，道教更加衰落，其宗教活动主要在民间。

鸦片战争以来，中国沦为半封建半殖民地的社会，道教亦受到帝国主义的压迫和西方思想的冲击，从而更加走向衰败。中华人民共和国建国之初，道教界配合土地改革，开展了宗教制度民主改革运动。经过民主改革，中国道教徒加强了联系和团结，在中国道教各宗派人士和道教学者的倡议及政府的支持下，中国道教协会于1957年4月12日在北京成立，由岳崇岱任第一届理事会会长，这是道教徒的全国性组织。中国道教进入一个新的发展时期。1980年5月13日，中国道教协会第三届代表会议修订的该会章程规定，协会的宗旨是："团结全国道教徒，继承和发扬道教的优良传统；在人民政府领导下，积极参加祖国社会主义现代化建设；协助政府贯彻宗教信仰自由政策；推动和开展道教研究工作；反对霸权主义，维护世界和平。"中国道教协会充分发挥爱国宗教组织的作用，研究道教史料、道教教理，维护和维修道教宫观和文物。中国道教协会还开办了中国道教学院。

3. 道教教义

道教将"道"作为教义的核心，认为宇宙万物都是由"道"所化生的。道教把道说成"神异之物，灵而有性"，"造化之根，神明之本，天地之源"。"道"是道教的最高崇拜对象。此外，道教对"神仙"也十分崇拜。道教信奉的主要神灵有尊神、俗神、仙人。尊神，主要有"三清"和"四御"。道教将"道"人格化为三清尊神（玉清元始天尊、上清灵宝天尊和太清道德天尊），并将其尊奉为最高神。道教认为"三清"是"道"在人间的形象，以此宣扬得道成仙的思想。"四御"指地位仅次于三清尊神的四位天帝，即"昊天金阙至尊玉皇大帝"、"中天紫微北极太皇大帝"、"勾陈上宫南极天皇大帝"、"承天效法厚德光大后土皇地祇"。另外，还有日月五星神、四方之神（青龙、朱雀、白虎、玄武四神）等。俗神有雷公、门神、财神、土地神、文昌帝君等。仙人是道教理想中的修身得道、神通广大的长生不老者。传说中的道教八位神仙，有李铁拐（亦称铁拐李）、汉钟离（也称钟离权）、张果老、何仙姑、蓝采和、吕洞宾、韩湘子、曹国舅。

道教认为，任何人都可以通过自身的修炼，修道成仙，达到"长生不死"、"肉体飞升"，以登清虚三境。道教主张"入世"，强调以生为乐、乐人世的积极的人生态度。另外，道教还十分信奉因果报应。

（三）伊斯兰教

1. 伊斯兰教的创立

伊斯兰为阿拉伯语的音译，本意为"顺服"，即顺服唯一的安拉。伊斯兰教在中国称"清真教"、"天方教"、"回教"。其教徒称穆斯林，也是阿拉伯语的音译，本意为"顺从者"，即顺服安拉和先知意志的人。该宗教创始于7世纪初，创始人为穆罕默德。他生于阿拉伯半岛的麦加，是一位宗教家、思想家、政治家和军事家。

伊斯兰教的教义由三部分组成：伊玛尼、仪巴达特、伊赫桑。

一是伊玛尼，即信仰，可概括为六大信仰：信安拉（真主），即信安拉是创造和主宰宇宙万物的唯一的神；信先知，即信仰穆罕默德是安拉在人间的使者，负责传达神意，拯救世人；信天使（天神），即相信神界存在许多天神，根据安拉的旨意，各司其职，人们的一言一行都受到天神的监视和汇报；信经典，即相信《古兰经》是安拉降示的天经，是伊斯兰教的根本大典，同时也是人们道德规范、立法、思想学说的依据和基础；信前定，即相信当今世间的一切都是安拉预定了的，人的现世命运早已由安拉安排预定；信后世，即相信人死后至世界末日来临时，将要复活，人死后要受"末日审判"，因此，生前行善者可进天堂享乐，作恶者将下地狱受苦难，并永世不得翻身。

二是仪巴达特，即为五功：念功，念诵"万物非主，唯有真主，穆罕默德是主的使者"；礼功，一日五次礼拜，即晨拜、晌拜、晡拜、昏拜、宵拜，礼拜必须面向沙特阿拉伯境内的圣城麦加；斋功，每年伊斯兰教历九月全月斋戒，昼间禁止饮食，并禁房事；课功，缴纳定量课税，以救济旁人；朝功，凡身体健康、旅途方便并有经济能力的穆斯林，一生中至少应去麦加朝拜一次，也可由别人代为朝拜。

三是伊赫桑，即善行，指穆斯林必须遵守的道德规范。

可见，"伊玛尼"属于世界观、理论和思想方面；"仪巴达特"、"伊赫桑"则属于实践和行为方面。两者结合构成该教的基本教义。

伊斯兰教的经典为《古兰经》。"古兰"是阿拉伯语译音，意为"诵读"、"读本"，包括该教的基本信仰、宗教制度、社会状况分析、社会主张、道德伦理规范、早期制定的各项政策，穆罕默德及其传教活动，历史传说、寓言、神话、谚语等。另一本是《圣训》，为穆罕默德的言行录，是《古兰经》的补充和注释。伊斯兰教的标记为新月。

2. 伊斯兰教在中国的传播与发展

唐永徽二年（公元651年），伊斯兰教传入中国，一沿陆路——丝绸之路，从大食（阿拉伯），经波斯（伊朗），过天山南北，穿河西走廊进入中原；二沿海路——香料之路，即从大食，经印度洋，到天竺（印度）经马六甲海峡，到东南沿海广州和泉州等地。伊斯兰教于公元7世纪从阿拉伯传入中国，至今已有1 300多年历史。在中国，穆斯林大多数聚居在新疆维吾尔自治区、宁夏回族自治区以及甘肃、青海、云南等省（区），其他各省、市也有分布。伊斯兰教为回、维吾尔、哈萨克、乌孜别克、柯尔克孜、塔吉克、塔塔尔、东乡、保安、撒拉等民族中的大多数民众所信仰。这10个民族的总人口1 800多万人，全国有伊玛目和阿訇4万余人，清真寺3万余座。

作为伊斯兰教界的全国性组织，中国伊斯兰教协会于1953年5月11日成立。其宗旨和任务是：协助人民政府贯彻宗教信仰自由政策，发扬伊斯兰教优良传统，爱护祖国，团结伊斯兰教人士和各民族穆斯林群众积极参加祖国社会主义建设，发展同各国穆斯林的友好联系和友好往来，维护世界和平，搜集整理伊斯兰教史料等。其最高机构为全国代表会议。伊斯兰教协会在全国创办有伊斯兰教经学院9所。

（四）天主教

天主教传入中国较早，自公元7世纪起几度传入中国，在1840年鸦片战争后得到较大发展。目前，中国天主教会有100个教区，教徒近500万人，开放的教堂、会所近5 000处，教职人员4 000余人。天主教开办的神哲学院有12所，修女院11所。近20多年来，中国天主教会培养、祝圣的年轻神甫有1 500余位，其中已有100余名青年神甫被教会派往海外深造。另外，中国天主教会已有发初愿的青年修女3 000余位，有200余位修女发了终身愿。中国天主教每年约有5万余人领洗，共印刷《圣经》300多万册。

天主教的全国性组织有中国天主教爱国会和中国天主教主教团。

中国天主教爱国会，是由中国天主教神长教友组成的爱国爱教的群众团体，1957年7月在北京成立。原名中国天主教教友爱国会，后改今称。其宗旨是团结全国神长教友，在中国共产党和人民政府领导下，发扬爱国主义精神，遵守国家政策法令，积极参加祖国社会主义现代化建设，促进与国际天主教人士的友好往来，反对帝国主义、霸权主义，保卫世界和平，并协助政府贯彻宗教信仰自由政策。其最高机构为中国天主教爱国会代表会议，全国会议每四年召开一次。

中国天主教主教团，由各教区正权主教组成，设于北京。其任务是：研究、阐明当信当行的教义、教规，交流传教经验，开展对外友好活动。

中国天主教教务委员会，是中国天主教全国性的教务机构，1980年6月2日在上海正式成立。其宗旨是：引导神长教友、恪守天主诫命，坚持独立自主和民主管理的原则,商讨并决定重大教务问题,办好中国天主教。1992年9月,中国天主教第五届代表会议通过决议,决定将原有的3个组织调整为中国天主教主教团和中国天主教爱国会,中国天主教教务委员会撤销。

(五) 基督教(新教)

基督教在中国是指基督教新教,19世纪初传入中国,鸦片战争后,基督教在华的传教活动大大增加,建立了大批传教机构。1950年,基督教开展了"三自"运动,号召基督教界肃清帝国主义的影响,培养爱国主义精神,为实现中国基督教自治、自养、自传而努力。据教会统计,中国现有基督教徒近1 200万人,教、牧传道人员1.8万余人,教堂1.2万余座,简易活动场所(聚会点)2.5万余处。而新中国成立初期,基督教信教徒仅有70万人。此外,基督教在全国还开办有13所基督教神学院。

基督教的全国性组织,有中国基督教三自爱国运动委员会和中国基督教协会。这两个组织统称"基督教两会",有分工合作的关系,并定期联合召开两会最高机构的中国基督教全国会议。

中国基督教三自爱国运动委员会的前身,是于1951年成立的"中国基督教抗美援朝三自革新运动筹备委员会"。1954年8月,在北京正式成立中国基督教三自爱国运动委员会,它是中国基督教徒爱国爱教的全国性组织,会址现设在上海。

中国基督教协会,是中国基督教的全国性教务组织,1980年10月在南京成立,会址设在上海。其宗旨是:"团结全国所有信奉天父、承认耶稣基督为救主的基督徒,遵守国家宪法、法律、法规与政策,在圣灵的引领下,遵照圣经,同心协力,办好中国独立自主、自治、自养、自传的教会。"中国基督教协会是世界基督教会联合会成员。

三、中国宗教文化与旅游

中国宗教文化绚丽多彩,造就了众多闻名于世的旅游圣地,成为世界各地旅游者朝拜、旅游的好去处。宗教文化的发扬与光大,为中国旅游业的腾飞注入了新的活力;同时,中国旅游业的发展也为世界友人了解中国、了解中国宗教文化提供了一个交流的窗口。下面就中国有代表性的宗教旅游圣地做一简单介绍。

(一) 四大佛教名山

"金色世界"五台山、"银色世界"峨眉山、"琉璃世界"普陀山、"莲花世界"九华山,这四大佛教名山是世界游人梦幻之旅、朝圣之旅、缘满之旅的最佳佛教旅游目的地。据传说,山西五台山,是文殊师利菩萨的道场;四川峨眉山,是普贤菩萨的道场,浙江普陀山,是观世音菩萨的道场,安徽九华山,是地藏王菩萨的道场,故称之为"佛教四大名山"。明代起就有"金五台、银普陀、铜峨眉、铁九华"之说。这四大名山融观光游览、佛教建筑参观、休闲度假为一体。丰富的旅游资源、厚重的佛教文化、优美的自然风光、舒适的旅游环境、极富个性的世界级旅游景区，正是四大名山的魅力所在，是中华文明的结晶，也是中国独一无二的充满诱惑的朝圣之地。

1. 五台山

五台山历史悠久，是中国佛教著名的活动场所，位列"四大名山"之首，位于山西省五台县境内，南距太原市230公里。五台山是中国古代建筑的稀世宝库，文物荟萃，珍品云集。五台山由东西南北中五峰组成，环基250公里。寺院分为青庙和黄庙两种，青庙住和尚，黄庙（藏传佛教寺院）住喇嘛。五台山过去有360座寺庙，到1956年时还有124座，其中青庙99座，黄庙25座。菩萨顶，是传说中的文殊菩萨居住处，为五台山黄庙之首。全山现有各种寺庙50余座，定为国家级重点文物保护的有4座，定为省级重点文物保护的有20余座。中国保存下来的木结构建筑，最早的是唐代遗物，全国仅有2座，皆在五台山。

五台山是文殊菩萨的道场，台怀镇是寺庙最集中的地方，寺院一个挨着一个，显通寺、塔院寺、菩萨顶、殊像寺和罗睺寺并称为五台山五大禅林。五台山是国务院公布的第一批国家级风景名胜区之一。其层峦叠嶂，山岳交错，形如虎踞，势若龙盘；山上奇峰怪石，峭崖秀洞，清泉碧池，滴水涓流，随处皆是，而洞旁树盛，泉边花浓，满山遍岭，都是葱绿，俨然一座高山公园。全山植物品种多达600余种，其中优质牧草近400种，有观赏价值的开花植物达200多种。

2. 普陀山

普陀山是中国四大佛教名山之一，同时也是著名的海岛风景旅游胜地。如此美丽，又有如此众多文物古迹的小岛，在中国可以说是绝无仅有。普陀山，位于浙江省杭州湾以东约100海里处，是舟山群岛中的一个小岛。全岛面积12.5平方公里，呈狭长形，南北最长处为4.3公里，东西最宽处3.5公里。最高处佛顶山，海拔约300米。普陀山作为佛教圣地，最盛时有82座寺庵，128处茅棚，僧尼达4 000余人。作为观音菩萨的道场，每逢观音菩萨的节日，来自国内和国外的佛教徒很多，成为中国佛教最大的国际性道场。来此旅游的人，在岛上的小径间漫步，经常可以遇到身穿袈裟的僧人。美丽的自然风景和浓郁的佛都气氛，使它蒙上一层神秘的色彩，而这种色彩，也正是它对游人有较强吸引力之所在。普陀山既以海天壮阔取胜，又以山林深邃见长。登山览胜，眺望碧海，一座座海岛浮在海面上，点点白帆行驶其间，景色极为动人。前人对普陀山做了这样高的评价："以山而兼湖之胜，则推西湖；以山而兼海之胜，当推普陀。"

普陀山的风景名胜游览点很多，主要有普济、法雨、慧济三大寺，这是现今保存的20多所寺庵中最大的。普济禅寺始建于宋，为山中供奉观音的主刹，建筑总面积约1.1万多平方米。法雨禅寺始建于明，依山凭险，层层叠建，周围古木参天,极为幽静。慧济禅寺建于佛顶山上,又名佛顶山寺。山上奇岩怪石众多,著名的有磐陀石、二龟听法石、海天佛国石等20余处。在山海相接之处有许多石洞胜景,最著名的是潮音洞和梵音洞。岛的四周有许多沙滩,但主要的是百步沙和千步沙。千步沙是一个弧形沙滩,长约1.5公里,沙细坡缓,沙面宽坦柔软,是一个优良的海水浴场。岛上树木葱郁,林幽壑美,有樟树、罗汉松、银杏、合欢树等。大樟树有1 000余株,其中,有一千年古樟,树围达6米,荫数亩。还有一株"鹅耳枥",是中国少见的珍贵树种,被列为国家二等保护植物。

3. 峨眉山

峨眉山,是中国四大佛教名山之一,国家级风景名胜区。位于四川盆地西南峨眉山市西南7公里处,距成都约160公里。因山势逶迤、"如螓首蛾眉,细而长,美而艳"而得名。高出五岳,秀甲天下,在中国的游览名山中,峨眉山可以说是最高的一个,最高峰万佛顶海拔3 099米。山体南北方向延伸,绵延23公里,面积115平方公里。她古雅神奇,巍峨媚丽,山脉绵亘曲折、千岩万壑、瀑布溪流、奇秀清雅,以其雄、秀、奇、幻著称于世,故有"峨眉天下秀"之美称。1996年12月6日,峨眉山被联合国教科文组织列入《世界自然与文化遗产名录》。

峨眉山平畴突起,巍峨、秀丽、古老、神奇。她以优美的自然风光、悠久的佛教文化、丰富的动植物资源、独特的地质地貌而著称于世,被人们称之为"仙山佛国"、"植物王国"、"动物乐园"、"地质博物馆"等。唐代诗人李白诗曰:"蜀国多仙山,峨眉邈难匹";明代诗人周洪谟赞道:"三峨之秀甲天下,何须涉海寻蓬莱";当代文豪郭沫若题书峨眉山为:"天下名山"。古往今来,峨眉山就是人们礼佛朝拜、游览观光、科学考察和休闲疗养的胜地。峨眉山千百年来香火旺盛、游人不绝,永葆魅力。

峨眉山也是一座佛教名山,相传是释迦牟尼身旁的普贤大菩萨显灵说法的道场。峨眉山原为佛道两教并存的宗教重地,东汉之初,山间便有了第一座以药农舍宅为寺庙的"初殿"。后来历经晋、唐、宋续建和明、清两代的发展,连绵百里的山峦,先后兴建佛寺200多处,僧众达数千人。随着佛教兴盛和道教的衰微与绝迹,峨眉山遂成为以"菩萨信仰"为中心的佛教圣地。由于历史变迁,现在峨眉山景区内尚存10余处古寺,如报国寺、万年寺、仙峰寺、洗象池、金顶等,寺院内的佛教徒依然保持着正常的宗教生活。峨眉山动植物资源丰富,由于山上山下气温悬殊较大,从山下到山顶气温相差约15℃。这种自然环境为各种植物的生长提供了良好的条件,景区内生长着5 000多种植物,数目远远超过了欧洲大陆的所有植物种属。其中,被誉为"花中西施"的杜鹃花就有29个品种。还有古老的观赏树种"中国鸽子树"珙桐。景区内野生动物达2 300余种,像枯叶蝶、小熊猫、蜂鹰、牛羚、白鹇鸟等,尤其山林中顽皮的猴群,常常向游人乞食或嬉戏，惹人注目。

4. 九华山

九华山是中国佛教四大名山之一。初名九子山。在安徽青阳县西南 20 公里处。相传为地藏菩萨应化的道场。因此山奇秀，高出云表，峰峦异状，其数有九，故名九子山。唐李白有"昔在九江上，遥望九华峰"诗句，后遂更名为九华山。佛教传说，释迦牟尼逝世后 1 500 年，地藏菩萨降生于新罗王族，姓金名乔觉，于唐开元间（一说永徽间）渡海至此，见山明水秀，于此修行。唐至德三年（公元 757 年），构筑禅宇，不几年成大伽蓝。唐建中二年（公元 781 年），唐德宗赐名化城寺，为九华山第一座寺庙。唐贞元十年（公元 794 年，一说贞元十九年）七月金乔觉圆寂，信徒因他是地藏菩萨化身，称他为金地藏，遂建塔纪念。此后每年农历七月底前后，朝九华山者日以万数。九华山寺宇林立，香烟缭绕，鼎盛时期，寺庵一百五、僧尼三四千，是善男信女朝拜的圣地；九华山风光旖旎，气候宜人，是旅游避暑的胜境。在中国佛教四大名山中，九华山独领风骚，以"香火甲天下"、"东南第一山"的双重桂冠而闻名于海内外。

（二）四大道教名山

1. 湖北武当山

武当山又名太和山，位于鄂西北的丹江口市境内，是中国的道教名山，列中国"四大道教名山"之首，又是武当武术的发源地。其主峰天柱峰海拔 1 612 米。武当山山势奇特，雄浑壮阔。她有 72 峰、36 岩、24 涧、3 潭、9 泉，构成了"七十二峰朝大顶，二十四涧水长流"的秀丽画境。山间道观总数达 2 万余间，其规模宏大，建筑考究、文物丰富的道观建筑群在 1994 年已被列入《世界遗产名录》。山间主要景点有金殿、紫霄宫、遇真宫、复真观、天乙真庆宫等近百处。

2. 四川青城山

青城山古称丈人山，又名赤城山，位于都江堰市西南 15 公里处，海拔 1 600 米，其 36 座山峰，如苍翠四合的城郭，故名青城山。这里林木青翠，峰峦多姿，向有"青城天下幽"之誉。青城为中国道教发祥地之一，相传东汉张道陵（张天师）曾在此创立五斗米道，因此，历代宫观林立，至今尚存 38 处，著名的有建福宫、天师洞、上清宫等，并有经雨亭、天然阁、凝翠桥等胜景。青城山和都江堰一起，在 2000 年被评为世界文化和自然双重遗产。

3. 江西龙虎山

龙虎山，位于贵溪市西南郊 20 公里处，为国家级风景名胜区。源远流长的道教文化、独具特色的碧水丹山以及现今所知历史最悠久、规模最大、出土文物最多的崖墓群，构成了这里自然、人文景观的"三绝"。龙虎山的著名景点有天师府、上清宫、龙虎山、悬棺遗址和仙水岩等。

4. 安徽齐云山

齐云山又称白岳，位于徽州盆地、黄山脚下，休宁县城西15公里处，皖赣铁路在齐云山脚经过，因其"一石插天，与云并齐"，故名齐云山。它是一处以道教文化和丹霞地貌为特色的山岳风景名胜区，历史上有"黄山白岳甲江南"之称，为国家重点风景名胜区。齐云山海拔高度为585米，有36奇峰、72怪岩、24飞洞，加之境内河、湖、泉、潭、瀑构成了一幅山清水秀、峭拔明丽的自然图画。白岳的特点是峰峦怪谲，且多为圆锥体，远远望去，一个个面目各异的圆丘，自成一格。其主要景观有：洞天福地、真仙洞府、月华街、太素宫、香炉峰、小壶天、玉虚宫、方腊寨、五青峰、云岩湖等。齐云山碑铭石刻星罗棋布，素有"江南第一名山"之誉。该山道教始于唐乾元年间（公元758～760年），至明代道教盛行，香火旺盛，成为中国四大道教名山之一。

（三）石窟艺术

中国的石窟创始于4世纪，历时千年，是世界上无与伦比的艺术博物馆。它是由建筑、雕塑、壁画三大类组成。建筑是载体，它包括木结构窟檐和建筑绘画；壁画是石窟的装饰，面积广大，内容比较简单；雕塑是佛教供奉的主要神灵，是石窟艺术的主体，由于内容丰富，它的重要性远远超过其他，因此石窟以雕塑著称于世。石窟艺术是宣扬佛教思想的艺术，所涉及的人物还包括皇室、官吏、佛教社团等。故事内容不仅反映极乐世界各种各样的美好事物，而且还有歌功颂德、镇灾祈福、护佑先人的意义。在石窟中任何一尊塑像、一幅壁画，都表现一定时期的主题思想。例如，最受崇敬的观音菩萨，表现一种怜爱众生的慈悲之心；而观音救苦救难的各种想象的事迹被罗列于两侧，更是为了加强主题思想，从而增强宗教信仰的艺术感染力及福佑四方的寓意。中国石窟艺术以简练概括的造型，表现了中国人内在的精神和理想的美。这些优美、生动、朴实、敦厚的雕塑形象历经千年而始终具有艺术的魅力。

中国石窟艺术博大精深，石窟建筑众多，其中最著名的是敦煌莫高窟、云冈石窟、龙门石窟、麦积山石窟，被称为"中国四大石窟"。敦煌莫高窟，是甘肃省敦煌市境内的莫高窟、西千佛洞的总称，是中国著名的四大石窟之一，也是世界上现存规模最宏大、保存最完好的佛教艺术宝库。麦积山，位于甘肃省天水市东南约45公里处，是中国秦岭山脉西端小陇山中的一座奇峰，山高只有142米，但山的形状奇特，孤峰崛起，犹如麦垛，人们便称之为麦积山。山峰的西南面为悬崖峭壁，石窟就开凿在峭壁上，有的距山基二三十米，有的达七八十米。在如此陡峻的悬崖上开凿成百上千的洞窟和佛像，在中国的石窟中是罕见的。龙门石窟，位于河南省洛阳市南13公里处，它同甘肃的敦煌石窟、山西大同的云冈石窟并称中国古代佛教石窟艺术的三大宝库。龙门石窟凿于北魏孝文帝迁都洛阳之时（公元494年），直至北宋，现存佛像10万余尊，窟龛2 300多个。云冈石窟，位于山西大同市西16公里的武周山麓、武州川的北岸。石窟依山开凿，东西绵延1公里。现存主要洞窟45个，计1 100多个小龛，大小造像5.1万余尊，它是中国规模最大的石窟群之一，也是世界闻名的艺术宝库。它于1961年被国务院公布为第一批全国重点文物保护单位。

宗教文化给当今旅游业留下的精神财富和文化遗产不胜枚举，远远不止以上所介绍，但从佛教文化旅游来讲已经是让人目不暇接了。例如，中国古代建筑保存最多的是佛教寺塔，现存的有：河南嵩山嵩岳寺砖塔、山西五台山南禅寺、佛光寺的唐代木构建筑，应县大木塔，福建泉州开元寺的石造东西塔等。又如，中国的著名佛教旅游线路：唐僧取经线，将西安大雁塔、小雁塔、法门寺，甘肃麦积山石窟，兰州拉卜楞寺，青海塔尔寺，敦煌莫高窟，新疆火焰山等景观串联成线，对日本、欧美旅游者很有魅力；鉴真和尚东渡线，将南京栖霞山，扬州大明寺、鉴真纪念堂，镇江金山寺，常州天宁寺，日本鹿儿岛、奈良东大寺、唐招提寺连成一线，在日本很受欢迎。总之，宗教文化的传播孕育并丰富了中国现代旅游业的发展，旅游业的健康发展在一定程度上保护和保证了宗教文化的发展与传承，两者相辅相成、相得益彰。

第三节 西方宗教文化概述

欧洲各国以基督教立国，并以基督教作为宗教信仰，封基督教为其国教。以欧美为核心的西方国家力求在上帝或人间——而非人自身——找到善和幸福。本节主要就西方的这一宗教文化进行寻根溯源。

一、基督教的创立

基督教，产生于公元1世纪中期的巴勒斯坦地区，相传为犹太的拿撒勒人耶稣所创，尔后逐渐向世界各地传播。

基督教，是信奉耶稣基督为救世主的各教派的通称。教徒以信仰坚定为人生乐事。基督教（Christianity）包括天主教（The Western Church，亦称"公教"、"罗马公教"、"旧教"）、东正教（The Eastern Orthodox，亦称"正教"）、新教（Protestantism，亦称"耶稣教"、"更正教"）和其他一些较小教派。在中国"基督教"单指新教。

基督教的经典是《圣经》，即《旧约圣经》和《新约圣经》的总称。基督教标志是十字架，因耶稣是上帝的独生子、所派遣的救世主，为替世人赎罪而被钉于十字架而死，故基督教各教派都尊十字架为信仰标记，以示信仰耶稣的主张和学说。基督教的节日以复活节和圣诞节最为重要。复活节以纪念耶稣"复活"，从4世纪起定于每年春分月圆后第一个星期日（在3月21日至4月25日之间）。

东正教等的复活节，在具体日期上常比天主教和新教迟两个星期。圣诞节为纪念耶稣的诞生，教会规定每年12月25日为圣诞节。

二、基督教教义

基督教教义存在于《圣经》和《信经》之中。尽管基督教各派强调的重点不同，但其基本教义为各派所共同承认和遵守。

（一）"三位一体"上帝说

基督教认为，世界和宇宙中存在一种超自然和超社会的力量，这种力量就是上帝。他是独一无二、无所不能、创造有形和无形万物的神。由于他具有三个位格：圣父、圣子、圣灵，所以称他为"三位一体"的上帝。因圣父在天，故称他为天父，他被认为是至高无上、主宰一切的力量，他是"三位一体"中的第一位；圣子为耶稣基督，受圣父的派遣降临人间，以自己在十字架上的流血牺牲拯救世人的苦难，他是"三位一体"中的第二位；圣灵是上帝与人之间的中介，启迪人的智慧和信仰，使人弃恶从善，他是"三位一体"中的第三位。这三个位格不是各自独立的三个神，而是同一本体，三者组成上帝的统一整体。

（二）上帝创世说

基督教认为，宇宙万物（包括人类）都是上帝创造的。《旧约·创世记》中记载：上帝用五天时间创造出了自然界万物，第六天造人，第七天歇息。上帝创世说是基督教的核心学说。因为上帝创造一切，他才被说成是至高无上、全能全知、无所不在的唯一真神，是宇宙的最高主宰。

（三）原罪说

基督教认为，人本性有罪，宣扬上帝造了人类的始祖亚当和夏娃，他们被安置在伊甸园，过着无忧无虑的生活。后来夏娃在魔鬼的引诱下，怂恿亚当偷吃了伊甸园内能知善恶树上的果子，即禁果（智慧果），因而触怒了上帝，被驱逐出乐园，"下放"到地上劳动。亚当和夏娃的罪一直传到他们所有的后代，并成为人类苦难的根源，即整个人类的原始罪过。即便是刚出世即死去的婴儿，虽未犯何罪，但因其有与生俱来的原罪，仍是罪人。

（四）救赎说

基督教认为，人类既然有了原罪，又无法自救，于是上帝派遣其独生子耶稣降世人间，为人类的罪代受死亡，流出鲜血，以赎人类的原罪。只有相信和依靠一个救世主耶稣为人类赎罪，人才能求得死后永生。

（五）天堂地狱说

基督教认为，人世间充满了罪恶，将来基督会从天降临、审判地上的活人和死人，信基督者将进入天国获永生，不信基督者将被抛入地狱受永罚。基督教会把天堂描绘成一个极乐世界。它是"黄金铺地、宝石盖屋"，"眼看美景、耳听音乐"，"口尝美味，每一感官都能有相称的福乐"。地狱则到处是不灭之火，蛇蝎遍地，可怕到了极点。

（六）忍耐顺从说

基督教号召人们做到忍耐、顺从、听话，不反抗。《新约·马太福音》说：要爱你们的仇敌，不要与恶人作对；有人打你的右脸，连左脸也转过来由他打；有人拿你的内衣，连外衣也由他拿去。《新约·罗马人书》讲：要人们顺从掌权者，因为权是神给的。因此，抗拒掌权的就是抗拒神的命令，抗拒的必自取刑罚。《新约·彼得前书》又说：你们做仆人的，凡事要忍耐，顺从主人，不但要顺从那善良温和的，就是那厉害的也要顺从。

三、基督教的主要教派

（一）天主教

天主教，是基督教的三大教派之一。天主教亦称"公教"。公教一词源于希腊文 Catholic，意思是"普世的"、"大公的"，所以被称为公教。因为它以罗马帝国为中心，所以又称"罗马公教"。Catholic 一词按音译，又称"加特力教"，有时也被称为"旧教"，以区别于基督新教。天主教传入中国后，信徒们称所信奉的神为"天主"（取自《史记·封禅书》），意为至高至上的主宰，所以被称为"天主教"。

天主教相信天主三位一体（圣父、圣子、圣灵），也相信圣母玛丽亚。其基本教义是：宣扬圣父（天主）创造天地和人类。圣子降生成人，为救赎人类被钉在十字架上受难、复活、升天，将来再次降临，审判世界。圣灵来自圣父和圣子，是赋予生命之神。宣称教会为耶稣基督所创立，是唯一、至圣、至公、从宗徒传下来的教会，有权赦免世人的罪。宣传诸圣相通功、人的肉身可复活和永生。还说善人得享永福、恶人要受永苦等。天主教会组织有一套严格的教阶体制，主要反映在神品方面。天主教的神品分为七品：司门员（一品）、诵经员（二品）、驱魔员（三品）、襄礼员（四品）、副助祭（五品）、助祭（六品）、司祭（七品）。前四品为低级神品（亦称小品），后三品为高级神品（亦称大品）。随着教会发展的需要，主教品位又分为主教、大主教、宗主教、枢机主教（红衣主教）。

中世纪时，天主教在西欧各国占绝对统治地位。它把一切学科都置于自己的控制之下，特别是把哲学作为"神学的婢女"。16世纪宗教改革运动以后，天主教势力在欧洲一些国家里逐渐削弱，于是天主教会加强对海外的传教活动，鼓吹"在欧洲失去的要在海外补进来"，向拉丁美洲和东方一些国家派遣大批传教士。天主教教徒主要分布在意大利、法国、比利时、西班牙、葡萄牙、波兰、匈牙利、美国、立陶宛、拉丁美洲和菲律宾等地。天主教领导中心设在梵蒂冈，首脑是教皇,实行集权制,教皇掌管除中国以外的世界各地的传教事业,有权任命各地的主教,是大部分天主教徒的精神领袖。据教会统计,目前全世界共有天主教徒9亿多人,占世界人口总数的18%强,其中欧洲2亿多人,拉丁美洲3亿多人,北美洲1亿多人,亚洲8 000多万人,非洲9 000多万人,大洋洲700多万人。"二战"后,由于世界力量对比的变化和科学的进步,导致天主教的危机。20世纪60年代以来,天主教会为了克服危机,召开了第二届梵蒂冈大公会议,开始在教义、礼仪、组织和政治等方面进行革新。

(二) 东正教

东正教,是基督教三大教派之一。基督教出现后不久,就逐渐分化成以希腊语地区为中心的东派教会和以拉丁语地区为中心的西派教会。1054年,东、西两派正式分裂,以君士坦丁堡为中心的大部分东派教会自称"正教",意为保有正统教义的正宗教会。因为地处东方,故又称"东正教"。因为宗教仪式使用希腊语,故又称"希腊正教"。

公元9~11世纪,东正教在拜占庭提出了其神学教义,当时传播范围主要在东欧和近东一带。该教最初是拜占庭帝国的国教,深深打上帝国历史发展的烙印。这一点既反映在东正教会的教义中,也反映在其组织方面。《圣经》和《圣传》是东正教教义的基础。东正教宣扬三位一体的上帝、来世、死后报应、天堂、地狱、末日审判,还相信耶稣基督可以救赎人类,认为教会能起上帝和人之间的中介作用。

基督教的七件圣事在东正教仪式中占有重要地位。这七件圣事是:受洗礼、坚振礼、祝圣礼、告解礼、婚配礼、敷油礼和圣餐礼。节日和斋戒在东正教中也有重要意义。东正教不接受天主教的某些教条。例如,关于圣灵不仅来自圣父,且也来自圣子之说;炼狱、童贞女玛利亚贞洁受孕和其肉体升天的教理;反对罗马教皇永无谬误说,不承认其至尊地位,只承认他是罗马的主教和西部教会的首脑。东正教与天主教不同,没有统一的宗教领导中心,也无统一的教会首脑。东正教举行仪式时,除使用希腊语外,也可使用地方民族语言。除主教外,一般神职人员可以结婚。它有一套教阶体制,实行牧首制。神品分为黑、白两种:黑神品有修士、修士辅祭、修士大辅祭、修士司祭、修士大司祭、主教、大主教、督主教(牧首派驻国外教区的代表)、都主教、牧首;白神品有诵经士、副辅祭、辅祭、大辅祭、司祭、大司祭、司祭长等。

东正教在历史上形成了五个中心:亚历山大里亚教区、耶路撒冷教区、安提阿教区、君士坦丁堡教区和莫斯科教区。中世纪时,它直接受拜占庭帝国的控制、领导,并成为其国教。16世纪末,俄罗斯东正教会脱离君士坦丁堡教区牧首的领导而独立自主,并使其宗教成为使用斯拉夫语的俄罗斯正教,受沙皇政府的控制并成为国教。18世纪以后,东欧一些国家的东正教会陆续脱离君士坦丁堡教区牧首的管辖而宣称行政上的独立自主。东正教在其发展过程中逐渐形成了15个独立自主教会和两个自治教会,但在名义上仍共同承认君士坦丁堡教区牧首的首席地位。它们尊重各自所在国家的政治立场和观点。虽然对当代国际迫切问题持不同态度,但它们都同意互相接触,参加基督教合一运动,出席全东正教国际会议,讨论共同关心的问题。

东正教比较拘泥于古代基督教会的教义和礼仪,强调与神交通的神秘意义和礼拜活动的神圣气氛。其教士穿着打扮十分引人注目,教堂布置得庄严、华丽,挂满了圣徒像,尤其在举行宗教仪式时堂内烛光万点,更显得隆重肃穆,而圣乐团的演奏和信众的合唱,也常使参加者陶醉在圣乐和圣歌之中,宗教气氛之浓,是天主教和新教无法比拟的。

东正教最初盛行于巴尔干半岛、西亚和北非,后传入俄罗斯、东欧、中国、朝鲜、日本等国,再后传播到西欧、北美、澳大利亚等地。据教会统计,现在全世界约有东正教徒1.6亿人,其中仅俄罗斯就有几千万人。

(三) 基督教新教

基督教新教,是基督教三大教派之一。又称"更正教"、"抗罗宗",在中国称为"耶稣教",通常又把"基督教"作为"新教"的专有名称。1517年,马丁·路德因反对罗马教廷兜售"赎罪券"而发起宗教改革运动,产生了脱离罗马天主教的新宗派——路德宗,即所谓"新教",从而使德意志帝国封建诸侯分成旧教诸侯与新教诸侯两派。1529年,罗马帝国议会在德国斯拜耶召开会议,旧教诸侯人多势众,强行通过决议恢复天主教会的特权,新教诸侯联合提出抗议书,维护新教权益,被称为"抗议者"(后来,新教各派统称"抗议宗"或"抗罗宗"),结果引起德国内战。1555年,德皇查理五世战败,双方缔结《奥格斯堡和约》,承认路德宗为合法新教派,并根据"教随国定"原则,承认各国诸侯有权选择新教为其国教。于是,新教正式成为合法的教派了。最初脱离天主教的新教派为路德宗、加尔文宗、安立甘宗,后来又从这些宗派中陆续分化出更多的宗派。这些宗派统称"新教"。

新教教义来源于《新约圣经》,认为它是信仰的最高权威。新教的特点是:不承认罗马教皇的绝对权威,不接受罗马教廷的统一领导,反对天主教复杂的教阶制度,主张教会制度多样化,认为教牧人员与信徒之间没有根本的对立,信徒可直接与上帝交通而无须教会与神父做中介,主张简化宗教仪式和圣礼,废除禁止神职人员婚娶的规定,取消隐修制。不培训修道士,强调社会服务,不承认玛利亚为天主之母及存在"炼狱",没有崇拜圣母、圣徒、天使、圣像、圣物的礼仪,圣事只有两项:受洗礼和圣餐礼。

新教内宗派繁多,主要有六大教派:路德宗(信义宗)、加尔文宗(长老宗)、安立甘宗(圣公宗)、公理宗、浸礼宗、卫斯理宗(循道宗)。此外,还有一些小教派与教会,如教友派、五旬节派、奋兴派、基督复临派、救世军等。总之,除天主教和东正教外,可以把基督教中其他一切教派都划归"新教"。

19~20世纪,一些新教教派主张宗教和科学"调和",对《圣经》作纯理性解释,传播没有上帝的宗教。"一战"后,新教教会发起普世教会运动,号召全世界基督教各派大联合。新教主要分布在英、美、德、荷兰、瑞士、北欧各国、澳大利亚、新西兰、加拿大和爱沙尼亚、拉脱维亚等地。据教会统计,现在全世界有新教徒44 985余万人,其中三分之二集中在欧洲和北美洲。

第四节 宗教对中西方文化的影响

一、宗教对中国文化的影响

(一) 道教对中国文化的影响

道教是植根于中国本土、发源于中国古代传统文化的宗教。它诞生之后,就对中国文化直接产生巨大而深远的影响,特别是在封建社会的后期,中国文化随处可见道教影响的印记。

在文学方面,道教的影响极为广泛。许多收入《道藏》的神仙传记,如汉代刘向的《列仙传》、晋代葛洪的《神仙传》等,都是文笔优美的散文,具有独特风格和较高的文学艺术价值。道教还深刻地影响到民间文学和文人的创作。中国著名的几部古典小说,如《西游记》的人物有以如来佛和玉皇大帝为首的佛、道两个系统;《红楼梦》有形影相随的一僧一道……无不反映出道教的影响。道教还对中国文学理论和文学家艺术想象力的发展起了推动作用,李白诗作中那种瞬息万变的丰富想象力,就同他对神仙世界的向往有着密切的关系。

在艺术方面,道教音乐广泛吸收各地民间音乐乃至西域音乐的营养,保存了《玉音法事》、《大明御制玄教乐章》等许多乐谱,使之成为中国民族音乐的宝贵遗产。

在科学技术方面,许多炼丹家往往兼攻化学、药物学和医学,如晋代葛洪不仅著有《抱朴子·内篇》,记载了他对炼丹过程中所观察到的化学变化的认识,还撰有《金匮药方》、《肘后备急方》、《神仙服食药方》等多种医药书籍。孙思邈对医药的研究更为精深,被后人尊为"药王"。中国四大发明之一的火药,就是道教方士在炼制丹药中发明的。不少道士还精通天文历算,据说祖冲之就可能是道家信徒。道教讲究养生之道,保存并发展了气功,也对中国的人体科学做出了贡献。此外,一些道士还发展了中国的拳术,如北宋张三丰就是武当内家拳的创造者。

在建筑方面,道教的传播形成了美名远扬的中国四大道教名山、丰富多彩的道教建筑——道观。

(二) 佛教对中国文化的影响

佛教于公元前6~前5世纪由印度的悉达多·乔达摩（释迦牟尼）创立，公元1世纪前后由印度传入中国。东汉明帝时，佛教开始受到了统治阶级的重视。佛教的教义反对把人分成等级，反对不平等的现象，同情不幸的人。同时，佛教还宣扬因果报应，主张逃避严酷的现实，用自我解脱的方法消除烦恼，否定斗争。这是佛教消极的一面。中国历代的统治者正是因为这一点而广泛宣扬佛教。

魏晋南北朝时期，佛教在中国盛极一时，影响触及各个阶层。它作为一种外来文化，开始以一种融和的姿态进入中国文化的主体。佛教逐渐由"外来方术"变成了一支很有影响的意识形态和社会力量，并引起代表中国传统文化的儒、道两教的关注。在不断的冲突当中，三教相互渗透，它们冲突的过程也正是融合的过程。在北魏时期，全国的佛寺即从东晋时的1700余所上升为3万余所。佛教徒还开凿了云冈、龙门、敦煌、麦积山等十几座著名石窟，雕塑的佛像和绘制的壁画不计其数。这些石窟的开凿使得中国的雕塑和绘画艺术得到很大推动。与此同时，南朝梁武帝也对佛教大肆推崇。《南史·郭祖深传》载："时帝（梁武帝）大弘释典，将以易俗，故祖深尤言其事，为都下佛寺五百余所，僧尼十余万，资产丰沃。所在郡县，不可胜言。"杜牧诗云："南朝四百八十寺，多少楼台烟雨中"，也印证了这一点。有趣的是梁武帝晚年时自己竟出家做了和尚，使得梁朝大臣们花去四万万钱将其四次赎回，由此可见当时佛教在中国的地位了。

隋唐时期，中国佛教达到鼎盛时期，此后的一千余年中，佛教一直都占据着中国宗教的顶级地位。在当今的中华大地上，代表佛教文化的景观随处可见。例如，佛教四大圣地——普陀山、峨眉山、九华山、五台山；另外，还有西安的大小雁塔、嵩山少林寺、洛阳白马寺、藏传佛教的布达拉宫、塔尔寺等。这些代表佛教文化的自然景观和人文资源都是中国乃至世界文化的遗产。

二、宗教对西方文化的影响

(一) 基督教对西方文化的影响

在西方传统中，人们习惯称西方文化为"基督教文化"或"基督教文明"。

基督教宣扬原罪论，认为人生来即有罪，只有相信上帝，用一生去忏悔、赎罪，死后方能进天堂；否则就会下地狱。这一点也决定着基督教信徒同佛教信徒一样要具有对世间万物的宽容和忍耐；而同样也由于这一点，基督教逐渐受到西方统治阶级的认可和操纵，并成为了体现统治阶级意志的工具。

基督教在西方社会地位的巩固始于公元4世纪，罗马帝国统治者开始大力扶植基督教，并使之变成罗马帝国国教。基督教在罗马最终获得成功，既与统治者的扶持相关，又与罗马帝国当时内忧外患、局势动荡的现实相连：一方面，统治阶级积极投身宗教以求得心灵上的慰藉；另一方面，也为即将倒塌的帝国大厦寻求强大的思想支柱。由此可见，基督教的崛起是有其丰厚的土壤的。从此，基督教一步步地迈上了西方社会统治的最高峰。直至中世纪早期，欧洲封建社会逐步形成了一套森严的等级制度，而天主教会（基督教的一支）及上层神职人员则位居"等级金字塔"的塔尖。教会成为当时最大的封建集团，凌驾于各国君主之上。教会不仅拥有至高无上的政治地位，同时还掌握着大片土地、封建庄园，是欧洲历史上最大的封建主。

中世纪的基督教早已背离了最初的意志，成为压迫民众、聚敛财富的赤裸裸的统治者。历经2个世纪，多达8次的十字军东征便是这个时期教会疯狂掠夺土地和财富发展到顶峰的产物。正是由于中世纪的基督教被赋予统治阶级的本性，此后欧洲的每次重大变革都与教会有着紧密的联系。首先是文艺复兴。这是一次古希腊和古罗马文化的复兴，它在倡导人文主义的同时，无疑是对钳制和禁锢一切进步思潮的教会的沉重一击。如果说文艺复兴仅是在文化上对教会进行了反抗，那么随之而来的宗教改革便是彻底结束了天主教会一统西欧的时代，这次宗教改革成为西欧封建时代的一个重要的终结者。

基督教在其近两千年的发展历程中，留下了众多不朽的艺术作品。例如，音乐、诗歌、建筑、雕塑和绘画等方面的作品：巴黎圣母院、罗马圣彼得大教堂都是欧洲建筑杰出的代表；文艺复兴时期，达·芬奇《最后的晚餐》，米开朗琪罗《最后的审判》和拉斐尔《西斯廷圣母》更是将欧洲绘画艺术推至顶峰。

（二）儒、道思想对西方文化的影响

战国时期中国伟大的思想家孔子创立"儒家"学说。作为中国传统文化主导思想的儒家学说，在中国历史上流传最广、影响最大。不仅如此，它对西方国家也产生了一定的影响。儒家思想最早经过朝鲜传入日本，后又传入越南等近邻。直至17至18世纪，欧洲资产阶级思想家发动并领导了一场反封建、反宗教神学的思想文化运动，为资产阶级革命做好了思想准备，这就是著名的启蒙运动。启蒙思想家发现了中国，并从中国儒家思想中汲取了营养。法国是启蒙运动的中心，这场运动的倡导者、资产阶级进步思想家伏尔泰（Voltaire, 1694 - 1778）把孔子称为宣扬伦理道德的圣人，把中国文化看成是最合乎理性的、人道的文化，他说孔子的"己所不欲，勿施于人"应该成为人们的处世原则。

中国固有的道教对世界文化也产生了很大的影响，除了亚非各国以外，其影响远及欧美国家。特别是改革开放以来，随着与道教信仰有关的气功和武术在国内外的宣传和影响，吸引了许多国内外人士对道教的兴趣，在世界上一些地区和国家掀起了"中国道教热"，许多人开始对道教的经典、戒律和修炼进行研究，在法国、加拿大和美国等国家，还建立了道教研究机构，并举行了一些国际会议，使道教在世界范围内得到传播和发展。

三、宗教禁忌对跨文化交流的影响

尊重和保护各国人民宗教信仰的自由，是保持和谐稳定的人际关系与民族团结的一个重要条件。在跨文化交流的过程中，人们应该特别注意尊重宗教禁忌，不要出现触犯宗教禁忌的内容以及对宗教禁忌妄加评论的现象；否则，会引起伤害彼此感情的事件，严重时甚至会导致发生强烈的冲突和抗议，从而造成很不好的影响。

（一）佛教禁忌

中国汉传佛教在饮食方面有些禁忌。其中素食是最基本的一条。素食的概念包括不吃"荤"和"腥"。"荤"是指有恶臭和异味的蔬菜，如大蒜、大葱、韭菜等。所谓"腥"是指肉食，即是各种动物的肉，甚至蛋。吸烟也是佛教的禁忌之一。所以，同出家人共处时，不宜向僧人敬烟；同桌就餐时，不宜将素菜荤叫，不宜对僧人敬酒、劝酒或者劝吃肉，也不宜提议同僧人干杯（如茶、饮料等）。

（二）道教禁忌

道教禁忌，是在中国古代民间禁忌和原始道教信仰的基础上逐渐形成的。无论参访道门或是旅游观光，均应注意道门礼仪和其中的禁忌。烧香敬神，是道教的一种信仰行为。道教烧香禁忌主要有：忌戊日烧香；忌双香祀神，道教祭神一般多以三炷香为准；忌用右手捻香，须左手持香、右手护香；忌以口啮香，也就是不能用嘴叼香；烧香忌回顾，要心神专一；忌用灶中火燃香。

道门内部具有浓郁的神圣氛围和宗教色彩，衣有衣的要求、食有食的讲究，都不能够随心所欲、我行我素。在饮食方面，道教养生之道的一个很重要的内容就是饮食禁忌。道教特别强调对于酒、肉及五辛之菜等的禁绝。

参访宫观时，也有一些礼仪应该注意：一是和道士"招呼"的礼仪。同道士打招呼，不能用佛教的"合十"礼仪，而要用"拱手"礼仪。拱手就是两手抱拳。二是见了道士不得问寿，即不得问道士的年龄。三是烧香的礼仪。各地道观习俗不同。有的地区，可以在神坛前燃烛烧香和焚化纸制"元宝"等；有的地区，只能在道观指定的蜡台、香炉和焚炉中燃烛、烧香、焚纸；有的地区，则只允许烧香祀神，而没有燃烛等其他习俗。四是叩首的礼仪。重大的道教醮仪，主祭道士都用中国传统的三跪九叩仪。如果入门问禁，入乡随俗，可以在神坛前行鞠躬礼。

道教宫观是道士生活、修道和举行各种道教活动的重要场所，无论道内道外，都要保持道观的清静、整洁和庄严，切忌有任何不合禁戒的言行。如进入道观，应当衣冠整齐，注重形仪，不可光身赤脚，也不可高声喧哗。

（三）伊斯兰教禁忌

伊斯兰教在饮食、服装、卫生、婚姻、丧葬、商业等方面有许多禁忌，如在饮食方面的禁忌有如下四种东西：自死物、血液、猪肉和"非诵安拉之名而宰杀的动物"。《古兰经》除了在肉食方面提出了禁忌要求之外，还要求教徒禁止饮酒、赌博、求签等。伊斯兰教在饮食方面的禁忌已成为信仰该教的各民族的传统生活习惯。

（四）基督教（新教）的禁忌

在基督教的信仰中，禁忌并不是重要的内容，它并没有一整套烦琐的从外在约束规范信徒信仰生活的清规戒律。在基督教信徒的生活中，有一个比较明显的禁忌就是不能把动物的血作为食物吃。另外，看相、算命、占卜和占星术（星象学）等类也为基督教所禁止，因为这些迷信除了相信一种上帝之外的干预人生的神秘力量外，还有一种宿命论倾向。

（五）天主教的禁忌

天主教会有禁止婚姻离异和堕胎的禁忌，但是教会不反对计划生育。另外，教堂是天主教会的标记，更是上主临在的殿宇，它不仅仅是教友祈祷、敬礼的场所，还是一处最神圣的地方。为此，凡进入教堂的信友，都会自觉以严肃的态度进入，对于衣着不整或穿拖鞋、短裤入堂者是绝对禁忌的；同时，也禁止在堂内来回乱串、大声喧哗、交头接耳、东张西望、打情骂俏、争抢座位等，更不允许在堂内吃东西、抽烟。因此，非教徒进入教堂时一定要遵守教堂规则，不要影响其他人。

对于上述的各种宗教礼仪禁忌，只要我们自觉地采取"入乡随俗"、"客随主便"的恰当做法，就能够从容不迫地解决宗教文化交流过程中的难题。

四、正确看待中西方宗教文化

无论是中国宗教，还是西方宗教，它们在最初出现时，都是以救世主的形象出现于民众的情感空虚之时，并且盛极于统治阶级的推崇与利用之下，而后，又在人类社会迅速的进步之中得以转变，成为一种纯粹的文化代表而不再是政治力量，可以说，它们对中西方历史乃至现代社会的影响都是具有深远意义的。

由于中西方所处地域环境与历史背景的差异，造就了两种截然不同的宗教文化，但我们应对任何一种宗教及其产生的文化都应给予尊重。只有这样，才可避免由于宗教问题所引发的冲突，从而推动世界和平事业的发展。基督教（新教）、天主教是西方大众文化中一个全民的宗教，是联络民众情感精神的核心，也是导致近代西方强大的重要因素之一。中国的盛唐时代，儒、释、道文化也是其重要的依托。这充分说明世界许多民族的传统文化中，都含有一定的宗教因素，而且宗教都发挥了一定的社会文化功能。

中西宗教文化的相互影响由来已久，但更多的是西方宗教对中国的渗透。在全球化浪潮中，宗教亦呈增长趋势。面对西方的基督教（新教）、天主教的引入，越来越多的人成为西方宗教的信徒,这是一个事实。但中国是一个包容的国度,除了传统的佛、道教以外,我们也允许其他教派的存在。即便是外来宗教,也已经在悠悠历史长河中被中国化了,现在中国存在的宗教都是具有中国特色的宗教,是应该予以保护的。在主张和谐社会建设的今天,我们既应该进一步梳理、挖掘佛、道教文化中积极健康的文化资源,又不能全盘否定外来宗教,以便吸收其科学合理的哲学思想。中国是一个多民族的国家,不同的民族存在着不同的宗教信仰。维护民族团结,尊重不同民族的宗教信仰,既是中华民族富强和谐的前提,又是在跨文化交流中走向世界、融入世界的基本保障。

五、中西方宗教文化融合的见证——"澳门历史城区"

2005年7月15日下午4点10分,在南非举行的第二十九届世界遗产大会宣布:"澳门历史建筑群"成功列入世界遗产,并重新命名为"澳门历史城区"("The Historic Centre of Macao")。"澳门历史城区"是2005年中国申报的唯一的世界遗产项目。这个街区以澳门旧城区为核心,通过相邻的广场和街道连为一体,包括20多个古建筑,是中国境内现存年代最远、规模最大、保存最完整和最集中的中西建筑相互辉映的历史城区,是中西方宗教融合的见证。

"澳门历史城区"包括:妈阁庙、港务局大楼、郑家大屋、圣老楞佐教堂、圣若瑟修道院及圣堂、岗顶剧院、何东图书馆、圣奥斯汀教堂、民政总署大楼、三街会馆(关帝庙)、仁慈堂大楼、大堂、卢家大屋、玫瑰堂、大三巴牌坊、哪吒庙、旧城墙遗址、大炮台、圣安多尼教堂、东方基金会会址、基督教坟场、东望洋炮台(含东望洋灯塔及圣母雪地殿圣堂)等超过20处的历史建筑,以及同分散建筑紧密相连的妈阁庙前地、阿婆井前地、岗顶前地、议事亭前地、板樟堂前地、耶稣会纪念广场、白鸽巢前地7个广场空间。

"澳门历史城区"是中国现存最古老的西式建筑遗产,是东西方建筑艺术的综合体现。"澳门历史城区"见证了西方宗教文化在中国及至远东地区的发展,也见证了向西方传播中国民间宗教的历史渊源。"澳门历史城区"是中西文化多元共存的独特反映,是中国历史城市中极具特色的组合。"澳门历史城区"保存了澳门400多年中西文化交流的历史精髓。

16世纪中叶,因应中外贸易的新形势,明朝政府划出澳门半岛西南部一片地段,供以葡萄牙人为主的外国商人居住及进行贸易,澳门由此发展成19世纪前中国主要的对外港口,也是亚洲地区重要的国际港口。贸易活动的兴盛吸引了世界各地的人前来,一个融合欧、亚、非、美四洲人民的"华洋杂居"的国际城市由此诞生。葡萄牙人将这个用城墙围起的城市命名为"天主圣名之城",我们今天的"澳门历史城区"就是它的核心。明末清初,大量天主教传教士以澳门为传教基地,积极从事远东地区的传教工作,并由此创造出中西文化交流的辉煌篇章。这些传教士来自不同的修会,他们为中国带来了西方近代的科学技术及人文艺术,又向西方介绍了中国的文化成就。而作为基地的澳门,在各修会的努力建设下,开创了许多"中国第一"的事业。

复习思考题

1. 宗教是如何产生和发展的?其发展中的历史形态有哪些?如何理解宗教的实质?
2. 中国宗教文化的主要特征是什么?中国有哪些主要宗教教派?
3. 佛教的主要教义是什么?中国有哪些佛教教派?中国佛教的地位是什么?
4. 结合实例,阐述中国宗教文化与旅游的关系。
5. 西方基督教是如何创立的?其基本教义和主要教派有哪些?
6. 基督教对西方文化的影响是什么?
7. 请举例说明,各宗教禁忌对跨文化交流有何影响。
8. 如何正确看待中西方宗教文化?"澳门历史城区"给我们的启示是什么?

案例分析:对待宗教的正确态度

无论任何国家、民族、个人,其宗教信仰都是神圣不可侵犯的。这种信仰里不仅凝聚着他们根深蒂固的传统文化,更蕴涵着他们对美好事物的憧憬与愿望。伤害别人,就等于伤害自己;相反,尊重别人的同时也为自己赢得了尊重。在跨文化交流中,尊重别人、尊重他人的宗教信仰具有举足轻重的作用。

在旅行社接团的过程中,有很多导游人员认为,接待宗教旅游团比较难。原因很简单,宗教旅游团员多是以宗教信徒组成的旅游者群体,他们非常重视自己信仰中的教义教规,而且禁忌也不少。所以,在旅游接待过程中稍一不留神就有可能触犯其教义教规,轻者遭其非议,重者受到攻击,这给旅游接待设置了种种障碍。

导游员小王是北京某国际旅行社的导游。去年春天,社里给她派了一个法国旅游团,负责他们在北京的观光旅游接待工作。开始小王欣然接受,但当她得知这些旅游者80%都是天主教徒时,顿时流露出担心和怯懦的神情,因为同事小肖的经历让她余悸犹存。那是半年前,同事小肖接了一个宗教团。在旅游车到达景点后,小肖催游客下车,但整车的游客无动于衷,嘴里念念有词,在祈祷着什么。小肖性子急,上车扯着嗓子喊:"你们都嘟哝什么呢?赶快下车吧!"这一说不要紧,游客们个个满脸怒色,有几个游客还恶狠狠地盯着他,让小肖感到十分恐惧。事后小肖才知道,他们是在做祷告,自己应尊重他们,不应该去打扰。有了这个前车之鉴,小王丝毫不敢懈怠,接团前,小王做了充足的宗教知识准备。

第二天一大早，小王精神饱满地来机场接站。在致欢迎辞时，她特意最后补充了一句："愿天主保佑我们在北京一切顺利！"游客听后，非常兴奋，不约而同地高声道："愿天主保佑。"

巧妙的开场白拉近了小王和宗教团员之间的关系，同时也让小王信心倍增。在接下来的游览过程中，小王事事注意、处处小心，在实践中充分学习宗教礼仪方面的知识。在游览天安门—故宫—王府井一线时，小王特意安排了半个小时去王府井的天主教堂，法国游客感到非常高兴。其中一位游客问小王："你信天主教吗？"小王回应道："我不信教，但我尊重你们的信仰，我们中国的天主教徒也有很多。"紧接着，小王与游客的交流气氛更加轻松愉快。几个对中国比较了解的法国游客说："我们很喜欢中国，特别是中国文化。孔子的处事原则、待人接物的态度我们很赞成。我们也喜欢中国的气功和武术，太极所蕴涵的思想也让我们陶醉。"听到游客这么说，小王赶紧回应道："谢谢你们，我也十分喜欢浪漫的法国，喜欢巴黎圣母院，喜欢法国的建筑、雕塑和绘画。"

几天的北京之行，对法国游客来说是轻松的、愉快的、充实的，而对小王来说也有了一次了解和熟悉宗教文化交流的实践机会。

案例思考题：
1. 你认为，在这次接待宗教旅游团中小王表现得如何？
2. 中西方宗教文化交流中正确态度是什么？

第三章

建筑文化

第一节 中国建筑文化概况

一、中国古代建筑的文化特色

中国古代建筑,长期在中国古代传统文化大土壤中生成、发展,并形成了自己鲜明的民族文化特色。

(一) 寓意深刻

中国古代的建筑比之外国建筑多了一些人文色彩。虽然建筑的形式语言很抽象,我们常用雄伟、高大、轻巧、秀丽等来形容它们。但是,中国古代建筑的政治伦理内容,要求它表现出鲜明的性格和特定的象征含义,最重要的是利用环境渲染出不同情调和气氛,使人从中获得多种审美感受。比如,不同的建筑体量、色彩、式样、装饰等象征着不同的社会意义、等级制度等;不同的屋顶、匾额、楹联、碑文等揭示建筑不同的性格和内容;同时,不同的建筑,如宫殿、坛庙、寺观等,还有特定的象征主题。例如,秦始皇营造咸阳,以宫殿象征紫微宫,渭水象征天汉,上林苑掘池象征东海蓬莱;清康熙营造的避暑山庄和承德外八庙,模拟全国重要建筑和名胜,象征宇内一统;明堂上圆下方,五室十二堂,象征天地万物;某些喇嘛寺的构图象征须弥山佛国世界,等等。

(二) 外隐内现

外国建筑大多讲究形式外观,而中国古代建筑看上去虽外形简单,比如四合院,进院后却发现它不论是在视觉上还是心理感受上,都表现出极为丰富的内涵。又如,苏州园林,也是曲折回转,别有洞天。中国的建筑追求的是渐入佳境、曲径通幽、豁然开朗、欲扬先抑的文化艺术效果。

(三) 一脉相承

中国古代建筑是在历经千百年的发展而形成的,它在不断发展、推陈出新的同时,也做到了承前启后、一脉相承,并保持了这一建筑体系的独立性和延续性。

（四）师法《易经》

中国古代人们的思维方式多数受到了《易经》的影响，表现在建筑上，也是如此。比如说，中国古代建筑为何喜用木构而不用石材，这并不是技术问题，而是一种社会文化现象。"金、木、水、火、土"中，"木"象征春天、绿色、生命，用于给生者建造房屋；而"土"即是砖、石，"此生归无，可再生"，多用于为死者修建陵墓、墓室。八卦、阴阳五行、风水等对中国古代建筑都有诸多影响。

二、中国古代建筑文化的类型

中国古代建筑的类型很多，主要有名城古镇、宫殿坛庙、寺观窟塔、各地民居、园林建筑、陵墓建筑等。其中，宫殿建筑与园林建筑的成就最为突出。

（一）宫殿建筑文化

古代建筑是中国传统文化的重要组成部分，而宫殿建筑则是其中最瑰丽的奇葩。不论在结构上，还是在形式上，它们都显示了皇家的尊严和富丽堂皇的气派，从而区别于其他类型的建筑。几千年来，历代封建王朝帝王们都不惜以大量人力、物力修建象征帝王权威的皇宫，在都城建造规模宏大、巍峨壮丽、金碧辉煌的宫殿，以满足自己穷奢极欲的享受，并在精神上给人们造成一种无比威严的感觉，以巩固他们的政权，从而造就了完整的宫殿建筑体系。

宫殿是中国古代建筑艺术精华之所在，其明显的特点是等级森严。宫殿建筑的规模、用材的考究、院落的多少、屋顶的造型、色彩的运用、彩画的描绘、建筑小品的布置、室内的装饰、数量的重视等都体现出了古建筑的最高等级，其艺术价值在中国古建筑中无与伦比。

中国在历史上出现过许多著名的宫殿建筑，如汉朝在长安的三大宫殿——长乐宫、未央宫和建章宫；唐代建都长安后，兴建了大明宫、太极宫和兴庆宫……可惜这些宫殿皆已不存在了。留存到现在的只有明、清两代的宫殿了，其中保存得最完好而且规模最宏伟、最有代表性的宫殿是北京故宫，俗称"紫禁城"。

宏伟壮丽的紫禁城是明、清两代的皇宫，东西长 760 米，南北长 960 米，占地 72 万平方米，建筑面积 15 万平方米。整个建筑群按南北中轴线对称布局，层次分明。周围有 10 多米高的宫墙和 50 多米宽的护城河环绕。宫墙的四角矗立着造型精巧、风格绮丽的角楼。所谓"九梁十八柱"，外貌层层叠叠，异常美观。南面正门是中轴线的起点——午门。外朝以三大殿——太和殿、中和殿、保和殿为主。进午门，过金水桥，两侧是一间间重复出现的朝房。穿太和门走过东西宽 200 米、南北深 190 米的庭园，便是紫禁城中的主体建筑——太和殿，即民间所说的"金銮殿"。这是举行最隆重的朝会大典的地方。该殿建于 8 米高三层重叠汉白玉石殿基之上，每层殿基都有汉白玉雕刻的栏杆围绕并有三层石雕"御路"。御路和栏杆上的雕刻、檐下彩画与图案使用龙凤题材。色彩中用了大量的金色。太和殿高居众宫殿之上，仰望宏伟的殿宇，背后是广阔无垠的蓝天，更加威严无比，造成一种威慑天下、唯我独尊的气势，使依次增强的空间序列达到了最高潮。"后三宫"——乾清宫、交泰宫、坤宁宫，比三大殿略小，整体布局很相似，又依次列于中轴线上。东西两侧是供嫔妃们居住的东六宫和西六宫，即民间所说的"三宫六院"。坤宁宫后是御花园。御花园中"弯曲的甬道，玲珑的叠石和秀丽的亭台，加上栏中花木"，造成舒缓、和谐并富有生活情趣的空间氛围，突出了皇帝穷奢极欲的享乐生活。出紫禁城北门即是神武门，可以看到远处矗立着50米高的景山，形成山环水抱之势。

故宫总体布局的指导思想，就是要突出帝王至高无上的绝对权威，从而达到巩固其政权的目的。其主要建筑物置于中轴线上，并注意左右对称的建筑布局。这种严谨对称、有主有从的布局，表现出一种庄严肃穆、唯帝王独尊的威严气魄。宫殿建筑充分体现了封建帝王对物质和精神的双重追求。

（二）中国古典园林文化

中国古典园林艺术，是人类文明的重要遗产。它被举世公认为世界园林之母、世界艺术之奇观。其造园手法已被西方国家所推崇和模仿，在西方国家掀起了一股"中国园林热"。中国的造园艺术，以追求自然精神境界为最终和最高目的，从而达到"虽由人作，宛自天开"的审美旨趣。它深浸着中国文化的内蕴，是中国五千年文化史造就的艺术珍品，是世界的艺术宝藏。

1. 中国古典园林的主要类型

中国古典园林的分类，从不同角度看，可以有不同的分类方法。一般有两种分类法。

第一，按占有者身份可分为皇家园林和私家园林。

皇家园林是专供帝王休息享乐的园林。古人讲普天之下莫非王土，在统治阶级看来，国家的山河都是属于皇家所有的。所以其特点是规模宏大、建筑体型高大；以真山真水为造园要素；园中建筑色彩富丽堂皇，皇家气象十足；景点更多，景区范围更大，景观也更丰富；功能内容和活动规模都比私家园林丰富和盛大得多。现存的著名皇家园林有：北京的颐和园、北京的北海公园、河北承德的避暑山庄等。

私家园林是供皇家的宗室外戚、王公官吏、富商大贾等休闲的园林。其特点是规模较小，所以常用假山流水，建筑小巧玲珑，表现其淡雅素净的色彩。现存的私家园林，如北京的恭王府，苏州的拙政园、留园、沧浪亭、网师园，上海的豫园等。

第二，按园林所处地理位置可分为北方园林、江南园林和岭南园林。

北方园林，因地域宽广，所以范围较大；又因大多为府治所在地，所以建筑富丽堂皇。北方园林因自然气象条件所限，河川湖泊、园石和常绿树木都较少。北方园林由于风格粗犷，所以秀丽媚美则显不足。北方园林的代表大多集中于北京、西安、洛阳、开封，其中尤以北京为代表。北方园林的特色在皇家、寺观、私家园林中都有表现，主要表现于一池三山、仿景缩景、障景漏景等方面；从内容的布局特点上看，主要表现为儒、道、佛三家对园林的渗透。

江南园林因南方人口较密集，所以园林地域范围小；又因河湖、园石、常绿树木较多，所以园林景致较细腻、精美。其特点为明媚秀丽、淡雅朴素、曲折幽深，但毕竟面积小，略感局促。南方园林的代表大多集中于南京、上海、无锡、苏州、杭州、扬州等地，其中尤以苏州为代表。

苏州园林是城市中充满自然意趣的"城市山林"，身居闹市的人们一进入园林，便可享受到大自然的"山水林泉之乐"。在这个浓缩的"自然界"中，"一勺代水，一拳代山"，园内的四季晨昏变化和春秋草木枯荣以及山水花木的季相变化，使人们可以"不出城郭而获山林之怡，身居闹市而有林泉之乐"。

苏州园林是文化意蕴深厚的"文人写意山水园"。古代的造园者都有很高的文化修养，能诗善画，造园时多以画为本、以诗为题，通过凿池堆山、栽花种树，创造出具有诗情画意的景观，被称为是"无声的诗，立体的画"。

苏州园林虽小，但古代造园家通过各种艺术手法，独具匠心地创造出丰富多样的景致，在园中行游，或见"庭院深深深几许"，或见"柳暗花明又一村"，或见小桥流水、粉墙黛瓦，或见曲径通幽、峰回路转，或是步移景易、变幻无穷。至于那些形式各异、图案精致的花窗，那些如锦缎般的在脚下延伸不尽的铺路，那些似不经意散落在各个墙角的小品等，更使人观之不尽、回味无穷。

苏州园林吸收了江南园林建筑艺术之精华，是中国优秀的文化遗产，理所当然被联合国列为人类与自然文化遗产。苏州园林善于把有限空间巧妙地组成变幻多端的景致，结构上以小巧玲珑取胜。网师园、狮子林、拙政园、留园统称"苏州四大名园"，素有"江南园林甲天下，苏州园林甲江南"之誉。苏州园林代表了中国私家园林的风格和艺术水平，是不可多得的旅游胜地。

岭南园林因为其地处亚热带，终年常绿，又多河川，所以造园条件比北方、南方都好。其明显的特点是具有热带风光，建筑物都较高而宽敞。现存岭南类型园林，有著名的广东顺德的清晖园、东莞的可园、番禺的馀荫山房等。

2. 中国古典园林的造园要素

中国古典园林的造园要素包括筑山、理池、植物、建筑、书画等。

筑山，在表现自然上发挥了重要作用。从秦汉时的上林苑，到宋徽宗时的艮岳，再到乾隆时的万寿山……无不留下古人造园时筑山的足迹。现存的苏州拙政园、上海的豫园、北京的颐和园等都是明清时代园林造山的佳作。

理池，也是造园中师法自然的重要举措。不论哪一种类型的园林，水是最富有生气的因素，无水不活。古代园林理水之法，可概括为三个字：掩、隔、破。所谓的"掩"，是指以建筑和绿化，将曲折的池岸加以掩映。所谓"隔"，是指或筑堤横断于水面，或架曲折的石板小桥，或涉水点以步石。所谓"破"，是指水面很小时，如曲溪绝涧、清泉小池等，可用乱石为岸，怪石纵横、犬牙交错，并植配以细竹野藤、朱鱼翠藻，那么虽是一洼水池，也令人似有深邃山野风致的审美感觉。

植物，是造山理池不可或缺的因素。花木犹如山峦之发，水景如果离开花木就没有美感。自然式园林着意表现自然美，对花木的选择标准，一讲姿美，二讲色美，三讲味香。花木既衬托园林山石景观，又传达园主的精神境界。

建筑，在园林中有十分重要的作用。它可满足人们生活享受和观赏风景的愿望。中国自然式园林，其建筑一方面要可行、可观、可居、可游；另一方面起着点景、隔景的作用，使园林移步换景、渐入佳境、以小见大，也使园林显得自然、淡泊、恬静、含蓄。

书画，能使中国古典园林在幽静典雅当中显出物华文茂。"无文景不意，有景景不情"，书画墨迹在造园中有润饰景色、揭示意境的作用。

3. 中国古典园林的构景方法

在人和自然的关系上，中国早在步入春秋战国时代，就进入和亲协调的阶段，所以在造园构景中运用多种手段来表现自然，以求得渐入佳境、小中见大、步移景异的理想境界，从而取得自然、淡泊、恬静、含蓄的艺术效果。构景手段很多，比如讲究造园目的、园林的起名、园林的立意、园林的布局、园林中的微观处理等。在微观处理中，通常有以下几种造景手段，也可作为观赏手段：

（1）抑景。中国传统艺术历来讲究含蓄，所以园林造景也绝不会让人一走进门口就看到最好的景色，最好的景色往往藏在后面，这叫做"先藏后露"、"欲扬先抑"、"山重水复疑无路，柳暗花明又一村"，只有采取抑景的办法，才能使园林显得有艺术魅力。例如，园林入口处常迎门挡以假山，这种处理叫做山抑。

（2）添景。当风景点在远方，或自然的山，或人文的塔，如没有其他景点在中间、近处作过渡，就显得虚空而没有层次；如果在中间、近处有乔木、花卉作中间、近处的过渡景，景色就显得有层次美，这中间的乔木和近处的花卉，便叫做添景。例如，当人们站在北京颐和园昆明湖南岸的垂柳下观赏万寿山远景时，万寿山因有倒挂的柳丝作为装饰而生动起来。

（3）夹景。当风景点在远方，或自然的山，或人文的建筑（如塔、桥等），它们本身都很有审美价值，如果视线的两侧大而无当，就显得单调乏味；如果两侧用建筑物或树木花卉屏障起来，该风景点就更显得有诗情画意了，这种构景手法即为夹景。例如，在颐和园后山的苏州河中划船，远方的苏州桥主景，为两岸起伏的土山和美丽的林带所夹峙，从而构成了明媚动人的景色。

（4）对景。在园林中，或登上亭、台、楼、阁、榭，可观赏堂、山、桥、树木；或在堂、桥、廊等处可观赏亭、台、楼、阁、榭，这种从甲观赏点观赏乙观赏点，从乙观赏点观赏甲观赏点的方法（或构景方法），叫对景。

（5）框景。园林中的建筑的门、窗、洞，或乔木树枝抱合成的景框，往往把远处的山水美景或人文景观包含其中，这便是框景。

（6）漏景。园林的围墙上，或走廊（单廊或复廊）一侧或两侧的墙上，常常设以漏窗，或雕以带有民族特色的各种几何图形，或雕以民间喜闻乐见的葡萄、石榴、老梅、修竹等植物，或雕以鹿、鹤、兔等动物……透过漏窗的窗隙，可见园外或院外的美景，这叫做漏景。

（7）借景。大至皇家园林，小至私家园林，空间都是有限的，只有在横向或纵向上让游人扩展视觉和联想，才可以小见大，最重要的办法便是借景。所以明代造园大师计成在《园冶》中指出，"园林巧于因借"。借景有远借、邻借、仰借、俯借、应时而借之分。借远方的山，叫远借；借邻近的大树叫邻借；借空中的飞鸟，叫仰借；借池塘中的鱼，叫俯借；借四季的花或其他自然景象，叫应时而借。

4. 中国古典园林的艺术特征

中国园林是中国古代建筑的一项突出成就，也是世界园林中的特色典型。"虽由人作，宛自天开"的建筑理念使园林纷呈自然之趣，"巧于因借，精在体宜"的设计思想使园林尽显自然和谐。造园艺术，师法自然；分隔空间，融于自然；园林建筑，顺应自然；树木花卉，表现自然，体现了"天人合一"民族文化之所在，概括了中国古典园林的艺术特征。

师法自然，在造园艺术上包含两层内容：一是总体布局、组合要合乎自然。山与水的关系以及假山中峰、涧、坡、洞各景象因素的组合，要符合自然界山水生成的客观规律。二是每个山水景象要素的形象组合要合乎自然规律。例如，假山峰峦是由许多小的石料拼叠合成的，叠砌时要仿天然岩石的纹脉，尽量减少人工拼叠的痕迹。水池常作自然曲折、高下起伏状。花木布置应是疏密相间、形态天然的。乔灌木也错杂相间，以追求天然野趣。

中国古代园林用种种办法来分隔空间，其中主要是用建筑来围蔽和分隔空间。分隔空间力求从视角上突破园林实体的有限空间的局限性，使之融于自然、表现自然。为此，必须处理好形与神、景与情、意与境、虚与实、动与静、因与借、真与假、有限与无限、有法与无法等种种关系。如此，则把园内空间与自然空间融合和扩展开来。比如漏窗的运用，使空间流通、视觉流畅，因而隔而不绝，在空间上起互相渗透的作用。在漏窗内看，玲珑剔透的花饰、丰富多彩的图案，有浓厚的民族风味和美学价值；透过漏窗，竹树迷离摇曳，亭台楼阁时隐时现,远空蓝天白云飞游,从而造成幽深宽广的空间境界和意趣。

中国古代园林中,有山有水,有堂、廊、亭、榭、楼、台、阁、馆、斋、舫、墙等建筑。人工的山,石纹、石洞、石阶、石峰等都显示自然的美色。人工的水,岸边曲折自如,水中波纹层层递进,也都显示自然的风光。所有建筑,其形与神都与天空、地下自然环境相吻合,同时又使园内各部分自然相接,以使园林体现自然、淡泊、恬静、含蓄的艺术特色,并收到移步换景、渐入佳境、小中见大等观赏效果。与西方园林不同,中国古代园林对树木花卉的处理与安设,讲究表现自然。松柏高耸入云、柳枝婀娜垂岸、桃花数里盛开乃至树枝弯曲自如、花朵迎面扑香,其形与神,其意与境,都十分重在表现自然。

三、绚丽多彩的中国民居建筑文化

中国各地的居住建筑,又称民居。居住建筑是最基本的建筑类型,出现最早,分布最广,数量最多。中国历史悠久,疆域辽阔,自然环境多种多样,人文、社会经济环境亦不尽相同。在漫长的历史发展过程中,逐步形成了各地不同的民居建筑形式,这种传统的民居建筑深深地打上了地理环境的烙印,生动地反映了人与自然的关系。多彩多姿的中国传统民居折射出中国地大物博、自然条件差异显著的特点,同时,也是中国广大劳动人民改造和利用自然适应环境的生动体现。

(一) 中国北方的民居建筑

1. 北京民居

中国汉族地区传统民居的主流是规整式住宅,以采取中轴对称方式布局的北京四合院为典型代表。

四合院,是北京地区乃至华北地区的传统住宅,其基本特点是按南北轴线对称布置房屋和院落,坐北朝南,大门一般开在东南角,门内建有影壁,外人看不到院内的活动。正房位于中轴线上,侧面为耳房及左右厢房。正房是长辈的起居室,厢房则供晚辈起居用,居中的正房体制最为尊崇,是举行家庭礼仪、接见尊贵宾客的地方,各幢房屋朝向院内,以游廊相连接。这种庄重的布局,亦体现了华北人民正统、严谨的传统性格。北京地区属暖温带、半湿润大陆性季风气候,冬寒少雪,春旱多风沙,因此,住宅设计注重保温防寒避风沙,外围砌砖墙,整个院落被房屋与墙垣包围,硬山式屋顶,墙壁和屋顶都比较厚实。北京四合院虽是中国封建社会宗法观念和家庭制度在居住建筑上的具体表现,但庭院方阔,尺度合宜,宁静亲切,花木井然,是十分理想的室外生活空间。

2. 内蒙古民居

蒙古包是内蒙古地区典型的帐幕式住宅,以毡包最多见。内蒙古温带草原的牧民,由于游牧生活的需要,故常以易于拆卸迁徙的毡包为住所。传统上蒙古族牧民逐水草而居，每年大的迁徙有4次，有"春洼、夏岗、秋平、冬阳"之说，因此，蒙古包是草原地区流动放牧的产物。

3. 西藏民居

西藏的传统民居，与西藏的其他文化形态一样，具有独特的个性。藏族民居丰富多彩，主要有藏南谷地的碉房、藏北牧区的帐房以及雅鲁藏布江流域林区的木构建筑等。

西藏民居的历史十分久远，4 000年前的卡若新石器时代遗址已有了丰富的建筑遗存。藏族最具代表性的民居是碉房。碉房多为石木结构，外形端庄稳固，风格古朴粗犷；外墙向上收缩，依山而建者，内坡仍为垂直。碉房一般分两层，以柱计算房间数。底层为牧畜圈和储藏室，层高较低；二层为居住层，大间作堂屋、卧室、厨房，小间为储藏室或楼梯间。若有第三层，则多作经堂和晒台之用。碉房具有坚实稳固、结构严密、楼角整齐的特点，既利于防风避寒，又便于御敌防盗。

帐房与碉房迥然不同，它是牧区藏民为适应逐水草而居的流动性生活方式而采用的一种特殊性建筑形式。普通的帐房一般较为矮小，平面呈正方形或长方形，用木棍支撑高约2米的框架；上覆黑色牦牛毡毯，中留一宽15厘米左右、长1.5米的缝隙，作通风采光之用；四周用牦牛绳牵引，固定在地上；帐房内部周围用草泥块、土坯或卵石垒成高约50厘米的矮墙，上面堆放青稞、酥油袋和干牛粪（作燃料用），帐房内陈设简单，正中稍外设火灶，灶后供佛，四周地上铺以羊皮，供坐卧休憩之用。帐房具有结构简单、支架容易、拆装灵活、易于搬迁等特点。

藏族是一个爱美也善于表现美的民族，因而对于居所的装饰也十分讲究，常见的有在室内墙壁上方绘以吉祥图案，客厅的内壁则画蓝、绿、红三条色带，以寓意蓝天、土地和大海。日喀则的民居在门上或绘制日月祥云图，或悬挂风马旗；而昌都芒康的民居则竭力渲染外墙和门窗，富于彩绘装饰，气势不凡。富有浓厚的宗教色彩是西藏民居区别于其他民族民居的最明显的标志。

4. 宁夏民居

由于宁夏地处西北，远离海洋，降水少、温差大，气候严寒，大陆性气候特征明显，冬春干旱多风沙，盛行偏北风，故住宅一般不开北窗。为保温防寒，宁夏民居采取厢房围院形式，且房屋紧凑，屋顶形式为一面坡和两面坡并存。

5. 陕北民居

窑洞式住宅，是陕北乃至整个黄土高原地区较为普遍的民居形式。由于黄土高原区气候较干旱，且黄土质地均一，具有胶结和直立性好的特性，土质疏松易于挖掘，故当地人民因地制宜创造性地挖洞而居，窑洞不仅节省建筑材料，而且具有冬暖夏凉以及防火、防噪声的优越性。窑洞可分为靠崖窑、地坑窑和砖石窑等。靠崖窑是在黄土垂直面上开凿的小窑，常数洞相连或上下数层；地坑窑是在土层中挖掘深坑，造成人工崖面再在其上开挖窑洞；砖石窑是在地面上用砖、石或土坯建造一层或两层的拱券式房屋。

6. 山西民居

中国民居中的"北山西，南皖南"的说法中的"北山西"就是指山西民居。山西民居最具代表性的要数平遥和祁县两地。

平遥古城，是现存最为完整的明清古县城，素有"中国古代民居建筑的荟萃和宝库"之称。迄今为止，这座城市的城墙、街道、民居、店铺、庙宇等建筑，仍然基本完好，其建筑格局与风貌特色大体未动。古城中保存有400多处近代民居，典型地体现着中国近代北方民居建筑的风格和特点。

在祁县最出名的要数乔家大院。乔家大院是院中有院、院内套院的一座雄伟壮观的建筑群体，被誉为中国清代北方民居建筑的一颗明珠。从高空俯视院落布局，很似一个象征大吉大利的双"喜"字。整个大院占地8 724平方米，建筑面积3 870平方米。分六个大院，内套20个小院，313间房屋。乔家大院有两大特点：一是外实内静，也就是民居的外围是高大的实墙，而内部自成一个与外界隔绝的空间，具有外实内静的神韵。二是单坡屋顶，屋顶内倾。这样单坡屋顶背后的高墙对准院外，墙体高大，具有防御功能。山西一带气候干旱，春季常有大风、沙尘暴，外墙的高大具有封闭性，可以防风沙。

（二）中国南方的民居建筑

1. 江苏民居

江苏民居，主要以苏州为代表。素有"东方威尼斯"之称的苏州水网密布，地势平坦，房屋多依水而建，门、台阶、过道均设在水旁，民居自然被融于水、路、桥之中，多楼房，以砖瓦结构为主。青砖蓝瓦、玲珑剔透的建筑风格，形成了江南地区纤巧、细腻、温情的水乡民居文化。由于气候湿热，为便于通风隔热、防潮防雨，院落中多设天井，墙壁和屋顶较薄，有的有较宽的门廊或宽敞的厅阁。

2. 福建民居

闽西南地区的客家人土楼，是一种特殊的农村住宅。在闽南、粤北和桂北的客家人常居住大型集团住宅，其平面有圆有方，由中心部位的单层建筑厅堂和周围的四五层楼房组成，这种建筑的防御性很强，以福建永定县客家土楼为代表。

土楼外形有方、圆之别，酷似庞大碉堡。其外墙用土、石灰、沙、糯米等夯实，厚1米，可达5层高；由外向内，屋顶层层下跌，共三环，主体建筑居中心；房间总数可达300余间，十几家甚至几十家人共居一楼。土楼具有坚固性、安全性、封闭性和强烈的宗族特性。楼内凿有水井，备有粮仓，如遇战乱、匪盗，大门一关，自成一体，万一被围也可数月之内粮水不断。加上冬暖夏凉、防震抗风的特点，土楼成了客家人代代相袭、繁衍生息的住宅。

3. 云南民居

干栏式竹楼，是滇南傣、佤、苗、景颇、哈尼、布朗、土家等少数民族的主要住宅形式。滇南气候炎热潮湿多雨，竹楼下部架空，以利通风隔潮，多用作碾米场、储藏室及杂屋；上层前部有宽廊和晒台，后部为堂和卧室；屋顶为歇山式，坡度陡，出檐深远，可遮阳挡雨。西南各少数民族常依山面水建造木结构干栏式楼房，楼下空敞，楼上住人，其中云南傣族的竹楼最有特色。中国西南地区民居以苗族、土家族的吊脚楼最具特色。吊脚楼通常建造在斜坡上，没有地基，以柱子支撑建筑，楼分两层或三层，最上层很矮，只放粮食不住人，楼下堆放杂物或圈养牲畜。

4. 徽州民居（皖南民居）

在中国民居中的"北山西，南皖南"的说法中，"南皖南"就是指徽州民居，徽州民居集中反映了南方的天井民居的特色。"天井"其实也是院落，只是较小。中国南方炎热多雨而潮湿，人稠山多地窄，故重视防晒通风，布局密集而多楼房。天井民居以横长方形天井为核心，四面或左右后三面围以楼房，阳光射入较少。正房即堂屋前向天井，完全开敞，狭高的天井起着拔风的作用。各屋都向天井排水，外围耸起马头山墙，可防火势蔓延。墙头高出屋顶，作阶梯状，砖墙抹灰，覆以青瓦墙檐，白墙黛瓦，明朗而素雅，是南方建筑一大造型特色。

四、中国建筑文化与旅游

中国五千年的文明造就了中国丰富多彩的建筑文化，它们集中反映了中国各民族各地区的历史文化、社会政治经济、伦理道德观念和审美情趣等。中国风格迥异、造型独特、气势不凡的建筑文化景观往往令世界友人叹为观止。规整的都城、宏伟的宫殿、肃穆的陵墓、神圣的坛庙与寺观、得自然之趣的园林、朴素的民居，融入了中国传统文化精神，集中反映了古代建筑技术和艺术的高度成就，现代化的特色建筑无不显示出新世纪中国古今结合、中西合璧的建筑理念。

建筑文化为旅游业的发展注入了新的血液。八达岭长城—十三陵旅游、北京皇家宫殿及园林组合旅游、秦始皇兵马俑旅游、"三孔"旅游、少林寺之行、江南园林旅游、特色民居旅游等旅游形式为中外游客所青睐。北京故宫、颐和园、孔庙以及东方明珠——上海电视塔等所有的这一切都是建筑文化所赋予的。建筑文化与旅游的水乳交融为旅游业的发展铺就了一条光明大道。

第二节 西方建筑文化概况

西方建筑源远流长，在其发展的历史长河中形成了特色鲜明的不同风格，给世界建筑文化艺术宝库添上了浓重的一笔。

一、古罗马建筑

古罗马建筑，是古罗马人沿袭亚平宁半岛上伊特鲁里亚人的建筑技术，继承古希腊建筑成就，在建筑形制、技术和艺术方面广泛创新的一种建筑风格。古罗马建筑在公元1~3世纪为极盛时期，达到西方古代建筑的高峰。

古罗马建筑的类型很多。有罗马万神庙、维纳斯和罗马庙，以及巴尔贝克太阳神庙等宗教建筑，也有皇宫、剧场角斗场、浴场以及广场和巴西利卡（长方形会堂）等公共建筑。居住建筑有内庭式住宅、内庭式与围柱式院相结合的住宅，还有四五层公寓式住宅等。

古罗马世俗建筑的形制相当成熟，与功能结合得很好。例如，罗马帝国各地的大型剧场，观众席平面呈半圆形，逐排升起，以纵过道为主、横过道为辅。观众按票号从不同的入口、楼梯，到达各区座位。人流不交叉，聚散方便。舞台高起，前有乐池，后面是化妆楼，化妆楼的立面便是舞台的背景，两端向前凸出，形成台口的雏形，已与现代大型演出性建筑物的基本形制相似。古罗马建筑艺术成就很高，大型建筑物的风格雄浑凝重，构图和谐统一、形式多样。罗马人开拓了新的建筑艺术领域，丰富了建筑艺术手法。

二、罗曼建筑

罗曼建筑，是9~12世纪，欧洲基督教流行地区的一种建筑风格。罗曼建筑原意为罗马建筑风格的建筑，又译作罗马风建筑、罗马式建筑、似罗马建筑等。罗曼建筑风格多见于修道院和教堂。

罗曼建筑的典型特征是：墙体巨大而厚实，墙面用连列小券，门洞用同心多层小圆券，以减少沉重感。西面有一两座钟楼，有时拉丁十字交点和横厅上也有钟楼。中厅大小柱有韵律地交替布置。窗口窄小，在较大的内部空间造成阴暗神秘气氛。朴素的中厅与华丽的圣坛形成对比，中厅与侧廊较大的空间变化打破了古典建筑的均衡感。典型的罗曼建筑有意大利比萨主教堂建筑群、德国沃尔姆斯主教堂等。

三、哥特式建筑

哥特式建筑产生于11世纪下半叶，最早兴起于法国。它是13~15世纪流行于欧洲的一种建筑风格，主要见于天主教堂。哥特式建筑以其高超的技术和艺术成就，在建筑史上占有重要地位。

哥特式教堂的结构体系由石头的骨架券和飞扶壁组成。其基本单元是在一个正方形或矩形平面四角的柱子上做双圆心骨架尖券，四边和对角线上各一道，屋面石板架在券上，形成拱顶。采用这种方式，可以在不同跨度上做出矢高相同的券，拱顶重量轻，交线分明，减少了券脚的推力，简化了施工。飞扶壁由侧厅外面的柱墩发券，平衡中厅拱脚的侧推力。为了增加稳定性，常在柱墩上砌尖塔。由于采用了尖券、尖拱和飞扶壁，哥特式教堂的内部空间高旷、单纯、统一。装饰细部如华盖、壁龛等也都用尖券作主题，建筑风格与结构手法形成一个有机的整体。

一般认为，第一座真正的哥特式教堂是巴黎郊区的圣丹尼教堂。这座教堂四尖券巧妙地解决了各拱间的肋架拱顶结构问题，有大面积的彩色玻璃窗，为以后许多教堂所效法。法国盛期的著名教堂还有兰斯主教堂和沙特尔主教堂，它们与亚眠主教堂和博韦主教堂一起，被称为法国四大哥特式教堂。

英国的哥特式建筑出现的比法国稍晚，流行于12～16世纪。德国最早的哥特式教堂之一科隆主教堂于1248年兴工，由建造过亚眠主教堂的法国人设计，具有法国盛期的哥特式教堂的风格。

德国教堂很早就形成自己的形制和特点，它的中厅和侧厅高度相同，既无高侧窗，也无飞扶壁，完全靠侧厅外墙瘦高的窗户采光。拱顶上面再加一层整体的陡坡屋面，内部是一个多柱大厅。马尔堡的圣伊丽莎白教堂西边有两座高塔，外观比较素雅，是这种教堂的代表。

意大利的哥特式建筑于12世纪由国外传入，主要影响于北部地区。意大利教堂并不强调高度和垂直感，正面也没有高钟塔，而是采用屏幕式的山墙构图。屋顶较平缓，窗户不大，往往尖券和半圆券并用，飞扶壁极为少见，雕刻和装饰则有明显的罗马古典风格。意大利最著名的哥特式教堂是米兰大教堂，它是欧洲中世纪最大的教堂之一，14世纪80年代动工，直至19世纪初才最后完成。

四、文艺复兴建筑

文艺复兴建筑，是欧洲建筑史上继哥特式建筑之后出现的又一种建筑风格。15世纪产生于意大利，后传播到欧洲其他地区，形成各具特点的各国文艺复兴建筑。意大利文艺复兴建筑在文艺复兴建筑中占有最重要的位置。

文艺复兴建筑最明显的特征是扬弃了中世纪时期的哥特式建筑风格，而在宗教和世俗建筑上重新采用古希腊罗马时期的柱式构图要素。

在文艺复兴时期，建筑类型、建筑形制、建筑形式都比以前增多了。建筑师在创作中既体现统一的时代风格，又十分重视表现自己的艺术个性。总之，文艺复兴建筑，特别是意大利文艺复兴建筑，呈现空前繁荣的景象，是世界建筑史上一个大发展和大提高的时期。一般认为，15世纪佛罗伦萨大教堂的建成，标志着文艺复兴建筑的开端。以意大利为中心的文艺复兴建筑，对以后几百年的欧洲及其他许多地区的建筑风格都产生了广泛而持久的影响。

五、法国古典主义建筑

法国在17世纪到18世纪初的路易十三和路易十四专制王权极盛时期,开始竭力崇尚古典主义建筑风格,建造了很多古典主义风格的建筑。古典主义建筑造型严谨,普遍应用古典柱式,内部装饰丰富多彩。法国古典主义建筑的代表作为规模巨大、造型雄伟的宫廷建筑和纪念性的广场建筑群,主要有巴黎卢浮宫的东立面、凡尔赛宫和巴黎伤兵院新教堂等。凡尔赛宫不仅创立了宫殿的新形制,而且在规划设计和造园艺术上都为当时欧洲各国所效法。

六、巴洛克建筑

巴洛克建筑是17～18世纪在意大利文艺复兴建筑基础上发展起来的一种建筑和装饰风格。其特点是外形自由,追求动态,喜好富丽的装饰和雕刻、强烈的色彩,常用穿插的曲面和椭圆形空间。"巴洛克"一词的原意是奇异古怪,古典主义者用它来称呼这种被认为是离经叛道的建筑风格。这种风格在反对僵化的古典形式、追求自由奔放的格调和表达世俗情趣等方面起了重要作用。意大利文艺复兴晚期著名建筑师和建筑理论家维尼奥拉设计的罗马耶稣会教堂,被有些人称为第一座巴洛克建筑。

巴洛克建筑风格也在中欧一些国家流行,尤其是德国。17世纪下半叶,德国不少建筑师留学意大利归来后,把意大利巴洛克建筑风格同德国的民族建筑风格结合起来。到18世纪上半叶,德国巴洛克建筑艺术成为欧洲建筑史上的一朵奇葩。德国巴洛克风格教堂建筑外观简洁雅致,造型柔和、装饰不多,同自然环境相协调。教堂内部装饰则十分华丽,造成内外的强烈对比。其著名实例是班贝格郊区的十四圣徒朝圣教堂、罗赫尔的修道院教堂等。

七、洛可可建筑

洛可可风格,是一种建筑风格,主要表现在室内装饰上。它18世纪20年代产生于法国,是在巴洛克建筑的基础上发展起来的。

洛可可风格的特点是:室内应用明快的色彩和纤巧的装饰,家具也非常精致而偏于烦琐,不像巴洛克风格那样色彩强烈、装饰浓艳。德国南部和奥地利洛可可建筑的内部空间非常复杂。洛可可装饰的特点是:细腻柔媚,常常采用不对称手法,喜欢用弧线和"S"形线,尤其爱用贝壳、旋涡、山石作为装饰题材,卷草舒花,缠绵盘曲,连成一体。天花和墙面有时以弧面相连,转角处布置壁画。洛可可风格反映了法国路易十五时代宫廷贵族的生活趣味,曾风靡欧洲。这种风格的代表作是巴黎苏比斯府第公主沙龙和凡尔赛宫的王后居室。

八、古典复兴建筑

古典复兴建筑，是18世纪60年代到19世纪流行于欧美一些国家的、采用严谨的古希腊、古罗马形式的建筑，又称新古典主义建筑。当时，人们受启蒙运动的思想影响，崇尚古代希腊、罗马文化。在建筑方面，古罗马的广场、凯旋门和记功柱等纪念性建筑成为效法的榜样。采用古典复兴建筑风格的主要是国会、法院、银行、交易所、博物馆、剧院等公共建筑和一些纪念性建筑。这种建筑风格对一般的住宅、教堂、学校等影响不大。

法国大革命前已在巴黎兴建万神庙这样的古典建筑，拿破仑时代在巴黎兴建了许多纪念性建筑，其中雄师凯旋门、马德兰教堂等都是古罗马建筑式样的翻版。英国以复兴希腊建筑形式为主，典型实例为爱丁堡中学、伦敦的不列颠博物馆等。德国柏林的勃兰登堡门、申克尔设计的柏林宫廷剧院和阿尔塔斯博物馆也都是复兴希腊建筑形式的。美国的国会大厦则是仿照巴黎万神庙，极力表现雄伟，强调纪念性。希腊建筑形式在美国的纪念性建筑和公共建筑中也比较流行，华盛顿的林肯纪念堂即为一例。

九、浪漫主义建筑

浪漫主义建筑，是18世纪下半叶到19世纪下半叶欧美一些国家在文学艺术中的浪漫主义思潮影响下流行的一种建筑风格。浪漫主义在艺术上强调个性，提倡自然主义，主张用中世纪的艺术风格与学院派的古典主义艺术相抗衡。这种思潮在建筑上表现为追求超凡脱俗的趣味和异国情调。

英国是浪漫主义的发源地，最著名的建筑作品是英国议会大厦、伦敦的圣吉尔斯教堂和曼彻斯特市政厅等。浪漫主义建筑主要限于教堂、大学、市政厅等中世纪就有的建筑类型，它在各个国家的发展不尽相同。大体来说，在英国、德国流行较早较广，而在法国、意大利则不太流行。美国步欧洲建筑的后尘，浪漫主义建筑一度流行，尤其是在大学和教堂等建筑中。

十、折中主义建筑

折中主义建筑，是19世纪上半叶至20世纪初，在欧美一些国家流行的一种建筑风格。折中主义建筑师任意模仿历史上的各种建筑风格，或自由组合各种建筑形式，他们不讲求固定的法式，只讲求比例均衡，注重纯形式美。

折中主义建筑在19世纪中叶以法国最为典型，巴黎高等艺术学院是当时传播折中主义艺术和建筑的中心；而在19世纪末和20世纪初期，则以美国最为突出。总的来说，折中主义建筑的代表作有：巴黎歌剧院，这是法兰西第二帝国的重要纪念物；罗马的伊曼纽尔二世纪念建筑，是为纪念意大利重新统一而建造的，它采用了罗马的科林斯柱廊和希腊古典晚期的祭坛形制；巴黎的圣心教堂，其高耸的穹顶和厚实的墙身呈现拜占庭建筑的风格，兼取罗曼建筑的表现手法；芝加哥的哥伦比亚博览会建筑则是模仿意大利文艺复兴时期威尼斯建筑的风格……

十一、功能主义建筑

功能主义建筑，是认为建筑的形式应该服从它的功能的建筑流派的作品。自古以来，许多建筑都是注重功能的。19世纪80~90年代，芝加哥学派建筑师沙利文宣扬"形式随从功能"的口号，认为"功能不变，形式就不变"。沙利文根据功能特征把他设计的高层办公楼建筑外形分成三段：底层和二层功能相似为一段，上面各层是办公室为一段，顶部设备层为一段，这成了当时高层办公楼的典型。沙利文认为建筑设计应该由内而外，必须反映建筑形式与使用功能的一致性。这与当时学院派主张按传统式样而不考虑功能特点的设计思想完全不同。后来，现代主义建筑的代表人物（如勒·柯布西耶等）都强调满足功能要求是建筑设计的首要任务。

十二、现代主义建筑

现代主义建筑是指20世纪中叶在西方建筑界居主导地位的一种建筑。这种建筑的代表人物主张建筑师要摆脱传统建筑形式的束缚，大胆创造适应于工业化社会的条件、要求的崭新建筑。因此，现代主义建筑具有鲜明的理性主义和激进主义的色彩，又称为现代派建筑。

现代主义建筑的代表人物提倡新的建筑美学原则，其中包括：表现手法和建造手段的统一；建筑形体和内部功能的配合；建筑形象的逻辑性；灵活均衡的非对称构图；简洁的处理手法和纯净的体型；在建筑艺术中汲取视觉艺术的新成果。

现代主义建筑思想先是在以实用为主的建筑类型（如工厂厂房、中小学校校舍、医院建筑、图书馆建筑以及大量建造的住宅建筑等）中得到推行；到了20世纪50年代，它在纪念性和国家性的建筑中也得到实现，如联合国总部大厦和巴西议会大厦等。现代主义思潮到了20世纪中叶，在世界建筑潮流中占据了主导地位。

十三、后现代主义建筑

20世纪60年代以来，在美国和西欧出现的反对或修正现代主义建筑的思潮。第二次世界大战结束后，现代主义建筑成为世界许多地区占主导地位的建筑潮流，但是在现代主义建筑阵营内部很快就出现了分歧，一些人对现代主义的建筑观点和风格提出了怀疑和批评。

美国建筑师斯特恩提出后现代主义建筑有三个特征：采用装饰；具有象征性或隐喻性；与现有环境融合。但现在一般认为，真正给后现代主义提出比较完整指导思想的还是文丘里，虽然他本人不愿被人看作后现代主义者，但他的言论在启发和推动后现代主义运动方面起到了极重要的作用。文丘里批评现代主义建筑师热衷于革新而忘了自己应是"保持传统的专家"。他主张汲取民间建筑的手法，特别赞赏美国商业街道上自发形成的建筑环境。文丘里概括说："对艺术家来说，创新可能就意味着从旧的现存的东西中挑挑拣拣。"实际上，这就是后现代主义建筑师的基本创作方法。比较典型的建筑有美国奥柏林学院爱伦美术馆扩建部分、美国波特兰市政大楼、美国电话电报大楼、美国费城老年公寓等。

十四、有机建筑

有机建筑，是现代建筑运动中的一个派别，代表人物是美国建筑师赖特。这个流派认为，每一种生物所具有的特殊外貌，是由它能够生存于世的内在因素决定的。同样地，每个建筑的形式、它的构成以及与之有关的各种问题的解决，都要依据各自的内在因素来思考，力求合情合理。这种思想的核心是"道法自然"，就是要求依照大自然所启示的道理行事，而不是模仿自然。自然界是有机的，因而取名为"有机建筑"。他认为建筑之所以为建筑，其实质在于它的内部空间。他倡导着眼于内部空间效果来进行设计，"有生于无"，屋顶、墙和门窗等实体都处于从属的地位，应服从所设想的空间效果。这就打破了过去着眼于屋顶、墙和门窗等实体进行设计的观念，为建筑学开辟了新的境界。

第三节 中西方建筑文化差异

一、中国古代建筑的特点

中国古建筑，是民族科学技术、艺术才能和审美情趣的完美结晶。无论是建筑的取材用料、空间组合、装饰搭配，还是建筑所反映出来的意境无不透出一种极高的艺术价值，既具有一定的外在美，又内蕴了神秘的精神美。它的造型、形象所产生的精神功能和美的观念，成为构成中国古建筑文化的重要因素。

（一）灵活耐用的框架结构

中国古建筑以木材、砖瓦为主要建筑材料，以木构架结构为主要的结构方式，由立柱、横梁、顺檩等主要构件建造而成，各个构件之间的结点以榫卯相吻合，构成富有弹性的框架。中国古代木构架有抬梁、穿斗、井干三种不同的结构方式。抬梁式，是在立柱上架梁，梁上又抬梁，所以称为"抬梁式"。宫殿、坛庙、寺院等大型建筑物中常采用这种结构方式。穿斗式，是用穿枋把一排排的柱子穿连起来成为排架，然后用枋、檩斗接而成，故称作穿斗式，多用于民居和较小的建筑物。井干式，是用木材交叉堆叠而成的，因其所围成的空间似井而得名。

木构架结构有很多优点：首先，承重与围护结构分工明确，屋顶重量由木构架来承担，外墙起遮挡阳光、隔热防寒的作用，内墙起分割室内空间的作用。由于墙壁不承重，这种结构赋予建筑物以极大的灵活性。其次，有利于防震、抗震，木构架结构很类似今天的框架结构，由于木材具有的特性，而构架的结构所用斗拱和榫卯又都有若干伸缩余地，因此在一定限度内可减少由地震对这种构架所引起的危害。"墙倒屋不塌"形象地表达了这种结构的特点。

（二）整体经营的环境理念

从春秋战国开始，中国就有了建筑环境整体经营的观念。《周礼》中关于野、都、鄙、乡、闾、里、邑、丘、甸等的规划制度，虽然未必全都成为事实，但至少说明当时已有了系统规划的大区域规划构思。《管子·乘马》主张，"凡立国都，非于大山之下，必于广川之上"，说明城市选址必须考虑环境关系。中国的堪舆学说起源很早，除去迷信的外衣，绝大多数是讲求环境与建筑的关系。古代城市都注重将城市本体与周围环境统一经营。秦咸阳北包北坂，中贯渭水，南抵南山，最盛时东西达到两三百里，是一个超级尺度的城市环境。长安（今西安）、洛阳、建康（今南京）、北京等著名都城，其经营范围也都远远超过城墙以内；即使一般的府、州、县城，也将郊区包容在城市的整体环境中统一布局。重要的风景名胜，如五岳五镇、佛道名山、邑郊园林等，也都把环境经营放在首位；帝王陵区，更是着重风水地理，这些地方的建筑大多是靠环境来显示其艺术的魅力。

（三）耐人寻味的庭院组群

中国古代建筑在平面布局方面有一种简明的组织规律，单体建筑通过不同的空间序列、庭院组合而构成一个完整的整体。中国古代的单体建筑形式比较简单，大部分是定型化的式样，孤立的单体建筑不构成完整的艺术形象，建筑的艺术效果主要依靠群体序列、庭院组合来取得。一座殿宇，在整体中作为陪衬时，形体不会太大，形象也可能比较平淡，但若作为主体，则可能很高大。例如，明清北京宫殿中单体建筑的式样并不多，但通过不同的空间序列、庭院组合转换，各个单体建筑才显示了自身在整体中的独立性格。

中国庭院式的组群与布局，一般都是采用均衡对称的方式，沿着纵轴线（也称前后轴线）与横轴线进行设计。比较重要的建筑都安置在纵轴线上，次要房屋安置在纵轴线左右两侧的横轴线上，北京故宫的组群布局和北方的四合院是最能体现这一组群布局原则的典型实例。这种布局是与中国封建社会的宗法和礼教制度密切相关的。根据封建的宗法和等级观念，使尊卑、长幼、男女、主仆之间在住房上体现出明显的差别。

（四）特色鲜明的空间艺术

中国古代建筑在平面、空间上都是以"间"为单位，这就带来了一种灵活性，人们可以随着使用过程改变其形态、功能，可随意拆、移、挪。中国古代建筑以木结构为主要体系，这带来了很强的适应性。这个体系以四柱二梁二枋构成一个称为间的基本框架，间可以左右相连，也可以前后相接，又可以上下相叠，还可以错落组合，或加以变通而成八角、六角、圆形、扇形或其他形状。屋顶构架有抬梁、穿斗、井干三种不同的结构方式，但无论哪一种，都可以不改变构架体系而将屋面做出曲线，并在屋角做出翘角飞檐，还可以做出重檐、勾连、穿插、披搭等式样。单体建筑的艺术造型，主要依靠间的灵活搭配和式样众多的曲线屋顶表现出来。木结构的构件便于雕刻彩绘，以增强建筑的艺术表现力。因此，中国古代建筑的造型美，在很大程度上也表现为结构美。

（五）绚丽多彩的艺术形象

建筑不仅仅是技术科学，而且是一种艺术。中国古代建筑经过长期的努力，同时吸收了中国其他传统艺术，特别是绘画、雕刻、工艺美术等造型艺术的特点，创造了丰富多彩的艺术形象，并在这方面形成了不少特点。其中比较突出的，有以下三个方面：

1. 独特的屋顶造型

中国古代的匠师很早就发现了利用屋顶取得艺术效果的可能性。《诗经》里就有"作庙翼翼"之句，说明3 000年前的诗人就已经在诗中歌颂祖庙舒展如翼的屋顶。到了汉朝，后世的五种基本屋顶式样——四面坡的"庑殿顶"，四面、六面、八面坡或圆形的"攒尖顶"，两面坡但两山墙与屋面齐的"硬山顶"，两面坡而屋面挑出到山墙之外的"悬山顶"，以及上半是悬山而下半是四面坡的"歇山顶"，就已经具备了。中国古代匠师充分运用木结构的特点，创造了屋顶举折和屋面起翘、出翘，形成如鸟翼伸展的檐角和屋顶各部分柔和优美的曲线。同时，屋脊的脊端都加上适当的雕饰，檐口的瓦也加以装饰性的处理。宋代以后，又大量采用琉璃瓦，为屋顶加上颜色和光泽，再加上后来又陆续出现其他许多屋顶式样，以及由这些屋顶组合而成的各种具有艺术效果的复杂形体，使中国古代建筑在运用屋顶形式创造建筑的艺术形象方面取得了丰富的经验，并成为中国古代建筑重要的特征之一。

2. 丰富的建筑小品

衬托性建筑的应用，是中国古代宫殿、寺庙等高级建筑常用的艺术处理手法。它的作用是衬托主体建筑。最早应用的并且很有艺术特色的衬托性建筑便是从春秋时代就已开始的建于宫殿正门前的"阙"；到了汉代，除宫殿与陵墓外，寺庙和大中型坟墓也都使用它。现存的四川雅安高颐墓阙，形制和雕刻十分精美，是汉代墓阙的典型作品。汉代以后的雕刻、壁画中常可以看到各种形式的阙；到了明清两代，阙就演变成现在故宫的午门。其他常见的富有艺术性的衬托性建筑还有宫殿正门前的华表、牌坊、照壁、石狮等。

3. 绚丽的色彩搭配

中国建筑在运用色彩方面经验丰富、匠心独运。例如，在北方的宫殿、官衙建筑中，很善于运用鲜明色彩的对比与调和。房屋的主体部分，即经常可以照到阳光的部分，一般用暖色，特别是惯用朱红色；房檐下的阴影部分，则用蓝绿相配的冷色。这样就更强调了阳光的温暖和阴影的阴凉，从而形成一种悦目的对比。朱红色门窗部分和蓝、绿色的檐下部分往往还加上金线和金点，蓝、绿之间也间以少数红点，使得建筑上的彩画图案显得更加活泼，从而增强了装饰效果。一些重要的纪念性建筑，如北京的故宫、天坛等再加上黄色、绿色或蓝色的琉璃瓦，下面衬以一层乃至好几层雪白的汉白玉台基和栏杆，尤显得色彩搭配庄严肃穆。

4. 多彩的装扮修饰

多彩的装扮修饰包括彩绘和雕饰。彩绘具有装饰、标志、保护、象征等多方面的作用。彩画多出现于内外檐的梁枋、斗拱及室内天花、藻井和柱头上，构图与构件形状密切结合，绘制精巧，色彩丰富。明、清的梁枋彩画最为瞩目。清代彩画可分为三类，即和玺彩画、旋子彩画和苏式彩画。雕饰是中国古建筑艺术的重要组成部分，包括墙壁上的砖雕、台基石栏杆上的石雕、金银铜铁等建筑饰物。雕饰的题材内容十分丰富，有动植物花纹、人物形象、戏剧场面及历史传说故事等。例如，北京故宫保和殿台基上的一块陛石，雕刻着精美的龙凤花纹，重达200吨。在古建筑的室内外还有许多雕刻艺术品，包括寺庙内的佛像以及陵墓前的石人、兽等。

二、西方建筑的特点

西方建筑以石为材料，以砖墙结构为主。教堂是西方最典型的建筑，也是西方建筑的精华，因石的坚固耐久材质，西方建筑得以屹立上千年。

西方建筑以巨大的体量和超然的尺度来强调建筑艺术的永恒与崇高。它们具有严密的几何性，常常以带有外张感的穹隆和尖塔来渲染房屋的垂直力度，从而形成傲然屹立并与自然对立的外观特征。例如，古代埃及建筑文化的代表——位于尼罗河西岸开罗近郊的金字塔群，正是以其巨大、单纯、简洁、稳定的造型，在广阔、原始、浑朴的大漠中，表现了一种超自然的纯阳刚之美，并产生了强烈的纪念性——神圣、永恒、庄严、崇高。

马克思在论说西方宗教建筑时曾说过："巨大的形象震撼人心，使人吃惊……这些庞然大物，以宛若天然生成的体量，物质地影响着人的精神，精神在物质的重量下感到压抑，而压抑之感正是崇拜的起始点。"西方建筑所夸张的正是这种纯物质的重压，旨在引起人们惊愕和震撼的观感，而秀丽，含蓄的阴柔之美则被完全排斥。

三、中西方建筑文化差异比较

（一）中国建筑取木为材，西方建筑用石为料

1. 中国古代建筑在材料上以木材为主

中国古代建筑很早就采用了木架结构的方式。现在保存下来的古建筑绝大部分也是木质结构，即使一些砖筑的佛塔和地下墓室，虽然用的是砖石结构，但它们的外表仍然模仿着木结构的形式，可见木结构在中国古建筑中所占的统治地位。木架结构，即采用木柱与木梁构成房屋的骨架，屋顶的重量通过梁架传到立柱，再通过立柱传到地面。墙在房屋的架构中不承担主要重量，只是隔断作用。所以汉语中有"墙倒屋不塌"、"拆东墙补西墙"之说。从大量的木架构的古建筑中，可以看到它们的木构架具有三种基本方式，即抬梁式、穿斗式和井干式。

2. 西方建筑以石材为主

作为西方古建筑代表的古希腊、罗马帝国，其建筑绝大多数以石材为主要材料，希腊早期的建筑，同中国一样，也是木架构的，易于腐朽和失火，到公元前7世纪之末，除了少数用木材之外，已经全用石材建造了。石造的大型庙宇的典型型制是围廊式，因此，柱子、额枋和檐部的艺术处理基本上决定了庙宇的面貌。由于西方大多地区的建筑主要以石头为原材料，所以有人称西方的建筑文化为"石文化"，其造型上讲究石头一样的坚硬与挺拔。粗犷的造型、大气的线条无不显现着西方建筑的雄壮、伟岸。古希腊的柱式建筑，无论是多立克式，还是爱奥尼式，都给人一种迎着阳光的豁达气息。

（二）中国建筑注重整体美，西方建筑注重个体美

中国建筑非常注重群体组合。几千年的建筑积淀已形成了程式化的工程法式，单体几千年来没有太多变化，个体已定型，但群体可以无限发展、扩散，更体现个体组成的群体效果。

西方建筑则更注重个体的表现，即使是现代建筑阶段追求建筑个性的发展也是非常强烈的。西方古建筑的空间序列采用向高空垂直发展、挺拔向上的形式；同时，西方古典建筑突出建筑个体特性的张扬，横空出世的尖塔楼、孤傲独立的纪念柱随处可见。每一座单位建筑，都不遗余力地表现自己的风格魅力，绝少雷同。这反映了西方传统文化中重视主体意识、强调个体观念，所以西方建筑对个体的关注大于整体。从柱式到古哥特教堂，从拜占庭建筑到东正教堂，都体现了这一点。西方建筑乃神的尺度、单体建筑、科学表征的建筑，其气质完全与东方

不同。

（三）中国建筑讲究曲柔，西方建筑追求刚直

中国建筑形象反映了曲柔和谐的美。屋顶与墙的连接部位、屋顶举折曲线等都表现了曲线之美。中国传统建筑特别注重"线形美"，讲究线条的婉转、流动和节奏韵律，擅长以线造型、以线传情。

西方建筑讲究"体积美"，从雅典卫城到文艺复兴的建筑都以严谨的理性分析、几何构图、均衡、黄金比例控制构图，缺少中间的曲线，它们往往借助数的组合和几何形来塑造建筑的形式美，直到现代建筑都表示出刚直的特点。

中国建筑重在意象造型，重于线的表现，表现出中国人比较感性，追求的是一种意境和求和睦、重感情的心理；西方建筑则重在模拟写实，重于体块的表现，符合西方人的理性、客观而求实际的心理。

（四）中国建筑追求写意，西方建筑旨在写实

中国人对写意的理解和营造非常出色，私家园林中的"山水画"式的展现都代表了东方人特有的写意象征手法。中国人重视人的内心世界对外界事物的领悟和感受，以及如何艺术地体现或表现出这种领悟或感受，即具有很强的写意性。中国人也讲究逼真与论证，但须以写意性的"传神"为前提。比如，中国古典建筑物上的形如飞翼的飞檐翼角，其传神的写意性很有"外师造化，中得心源"的艺术激情和心理感染力。几千年来中国人一直在延续以斗拱为代表的木结构体系。单体发展的定型使中国古建筑达到精深的群体组合的艺术特点，更倾向艺术思维。

西方的建筑从造型和建筑上的雕塑来看，以写实居多。西方建筑的写实手法，建立在理性的逻辑思维上，以石、砖为主要材料，几千年来一直在推进柱式的比例与组合，应该说科学技术起了很大作用，其更倾向于科学思维。

（五）中国建筑追求空间的封闭性，西方建筑更倾向于空间的开放性

中国建筑有空间层次围合性的存在，封闭性表现得很强烈。中国建筑强调围合和中心，如中国的四合院、围墙、影壁等显示出内向的封闭心态。相对应，起源希腊文明的西方建筑，则更多地体现为开敞性，在许多的建筑中都可以看到思维的开敞。另外，在建筑与环境的图底关系方面，中国是建筑围成院落；而西方是建筑独立处于环境之中，不会聚成封闭的空间。西方强调以外部空间为主，把中心广场称为"城市的客厅"、"城市的起居室"等，有将室内转化为室外的意向。中国人往往将后花园模拟成自然山水，有将自然统揽于内部的取向。可以说，这是不同的文化心态在建筑上的反映和体现。

（六）中国建筑注重和谐之美，西方建筑注重对抗之美

中国传统建筑的艺术风格以"和谐"之美为基调。不论是内部空间组合、建筑序列层次，还是建筑节奏韵律、建筑装饰设计，都给人以亲切、温馨、安闲、

舒适的审美心理感受。中国传统建筑多数是向平面展开的组群布局，个体服从于整体，并追求和谐。

西方古典建筑的艺术风格重在表现人与自然的对抗之美。那些充满张力的穹隆与尖拱以及傲然屹立的神殿、庙坛，处处显示出一种与自然的对立和征服。在西方造园家眼里，自然景物不是模仿对象，而是改造的对象，因而西方古典园林的造景多以体现人工伟力的建筑为主，山水花木不过是建筑的陪衬。西方园林的布局，也是按人的意志划分为规则的几何形，表现出古代西方人勇于征服自然的抗争精神。

（七）中国园林建筑追求天然之趣，西方园林建筑青睐人工之美

中国园林艺术追求一种"虽由人作，宛自天开"的天然之趣。在中国园林里，不规则的平面中自然的山水是景观构图的主体，而形式各异的各类建筑却为观赏和营造文化品位而设，植物配合着山水自由布置，道路回环曲折，从而达到一种自然环境、审美情趣与美的理想水乳交融的境界。

西方古典园林追求一种纯净的、超脱自然、驾驭自然的、人工雕琢的盛装美。其花园多采取几何对称的布局，有明确的贯穿整座园林的轴线与对称关系。水池、广场、树木、雕塑、建筑、道路等都在中轴上依次排列，在轴线高处的起点上常布置着体量高大、严谨对称的建筑物，建筑物控制着轴线，轴线控制着园林，因此建筑也就统率着花园，花园从属于建筑。

第四节 如何审视中西方建筑文化差异

一、中西方建筑文化差异透析

建筑创作思维因地域有别、民族差异、文化背景不同会出现明显的变化。这种变化形成了各具特色的建筑文化。中国的建筑受到中国传统的儒家"礼教"和"阴阳论"等综合影响，强调事物的互补转化、情理的对立统一，建筑表现出临时的概念。而西方建筑则更多地受宗教、神权、皇权的支配，是神权的反映、皇权的体现，在建筑上表现出强调永久的概念。中西方不同的建筑风格植根于中西方不同的文化传统。中国文化重人，而西方文化重物；中国文化重道德和艺术，西方则较重视科学与宗教；中国文化重融合、统摄且讲究并存与一体性，西方则重不同时代或多种流派的独特精神，等等。文化传统在建筑风格上的不同反映造成了中西方建筑文化的差异。造成这些差异的原因大体有以下几个方面：

（一）地理位置和自然环境不同

黄河流域和长江流域作为华夏文明的发源地，其自然地理环境尽管各不相同，但在建筑材料的选择上皆以土、木为主。随着人类生产技术的进步，建筑材

料也在不断进步，然而以黄土筑墙、台，以木梁、木柱为房屋骨架的传统却依然沿袭至明清，并成为中国传统建筑最基本的特征。这一方面是由于黄河流域取之不竭的土材资源和长江流域丰富的森林植被资源，同时也与中国传统建筑自身的结构技术发展有关。夯土技术是中国传统建筑基本的技术。用夯土建成的台基，既保障了木构建筑的稳定，同时也有防地面潮湿、避免木柱基部因受雨浸泡而被腐蚀的功能。用夯土筑成的墙，亦具有较好的维护作用。正是由于这种土木混合的结构已基本上满足中国黄河流域地区干燥少雨的气候条件对建筑使用功能的要求，从而大大削弱了人们对更新建筑材料的欲望。

西方古建筑代表的古希腊、古罗马帝国是位于地中海沿岸的半岛国家，这里地势崎岖，河流短促，缺少开阔地和平原，土质稀松而石材丰富，分布着广泛的石灰岩和大理石。尽管古希腊早期的建筑也用木质，但由于这些地区降雨丰富、空气湿润，木质易受潮腐朽，于是人们开始用石材代替木材建造房屋。

（二）"黄土文明"与"海洋文明"的不同

起源于希腊的西方文明是海洋文明，这种海洋文明富有商业精神。古希腊的奥德修斯和伊阿宋即是典型的海洋冒险家。西方海洋文明富有外向的扩张性。这种文明表现在建筑上的特点就是开放、轩敞并一览无余。西方建筑从正面一个方向即可获取主体印象，庶几可窥得全貌。即使加上草坪、花园，也在开阔之处。西方建筑的围墙在若有若无之间，即使有也不给人封闭、压抑的感觉。

中国文明可以说是黄土文明，这种黄土文明即是农业文明。中国文明富有内向的聚敛性，表现在建筑上的特点就是围墙文化的封闭、内敛而深藏不露。中国的宫室建筑只有在空中俯瞰才可获得整体轮廓，此外大门口还要加上照壁，所以有"庭院深深深几许"的诗句。中国的园林建筑回环、繁复、曲折，绝没有西方的草坪、花园来得直接、简约、开敞。

（三）社会形态和文化氛围的不同

中国封建时代皇权统治实力强大，"大一统"的制度也使得中国传统建筑的发展进程平稳而缓慢，因此缺乏剧烈的变化。木质框架结构自产生起至明清，一直都是中国房屋建筑的基本模式。

西方古代社会常常处于分裂割据、各国对峙并立的状态，为区域文化的发展提供了自由的空间，欧洲封建势力并没有建立起统一强大的帝国。这也使得各地区、各时代的欧洲建筑均表现出鲜明的个性特色，绝少雷同，而且西方古建筑的发展进程更是快速多变，具有强烈的时代特征与地域性民族特色。

（四）"天人合一"哲学与"征服自然"哲学的不同

中国哲学传统的主流是人与自然和谐。《易传》提出天人协调，其《象传》谓："裁成天地之道，辅相天地之宜"；《系辞上》又曰："范围天地之化而不过，曲成万物而不遗。"节制自然须合乎它自己的法则，辅助自然应适度，效法自然的造化功能而不过分，并用以成就万物而无欠缺，都是中国古人对自然既进取又维护并保持适度而和谐的哲学理念。

培根说:"要命令自然，就要服从自然"，目的在于征服，他又说:"务必将自然加上夹棍，逼她画出供来"，以便更好地征服她。康德宣称人是主人，"自然界的最高立法必须是在我们心中"，"理智的法则不是从自然界得来的，而是理智给自然界规定的"。而黑格尔索性宣称，"绝对理念"是自然的主人，自然界是人精神的"外化"，理性创造了自然界。

中国哲学讲究事物的对立统一，强调人与自然、人与人之间和谐的关系。而西方哲学主张客观世界的独立性，主客观分离、相反而不相成。"天人合一"的中国传统思想，体现在建筑中，与西方人和物截然两分观点相迥异。

（五）经验分析观念与理性分析观念的不同

从建筑的价值来看，中国的建筑着眼于信息，西方的建筑着眼于实体。中国古代建筑的结构，不靠计算、不靠定量分析、不用形式逻辑的方法构思，而是靠师傅带徒弟方式，言传手教，靠实践，靠经验。历代帝王陵寝和民居皆按风水之说和五行相生相克原理经营，为求得与天地和自然万物的和谐，以趋吉避凶、招财纳福，再借山水之势力，聚落建筑坐靠大山、面对平川。这种"仰观天文，俯察地理"的建筑观念是中国特有的一种文化。

古代希腊的毕达哥拉斯、欧几里得首创的几何美学和数学逻辑，亚里士多德奠基的"整一"和"秩序"的理性主义"和谐美论"，对整个西方文明的结构带来了决定性的影响。翻开西方的建筑史，不难发现，西方建筑美的构形意识其实就是几何形体，如雅典帕提隆神庙的外形"控制线"为两个正方形；从罗马万神庙的穹顶到地面，恰好可以嵌进一个直径43.3米的圆球；米兰大教堂的"控制线"是一个正三角形；巴黎凯旋门的立面是一个正方形，其中央拱门和"控制线"则是两个整圆……

二、正确审视中西方建筑文化差异

（一）中国传统建筑文化是世界建筑文化殿堂中一朵奇葩

中国是一个地大物博、拥有五千多年未曾间断历史与文化的国家。在这个文明古国里，我们在建筑上，有着许多辉煌的历史，发明了斗拱、琉璃瓦，融合了多民族、多区域的建筑精华；同时，兴建了世界八大奇观之一的"万里长城"，留下了目前世界上保存最完整、造景最丰富、建筑规模最宏伟的皇家宫殿——故宫等。

中国古代建筑在封建社会中发展成熟，它以汉族木结构建筑为主体，也包括各少数民族的优秀建筑，是世界上延续历史最长、分布地域最广、风格非常鲜明的一个独特的体系。中国古代建筑对于日本、朝鲜和越南的古代建筑有直接影响，17世纪以后，也对欧洲产生过影响。和欧洲古代建筑艺术比较，中国古代建筑植根于深厚的传统文化，表现出鲜明的人文主义精神，其审美价值与政治伦理价值的高度统一表现出了极强的综合性。

（二）西方建筑文化是人类的精神财富

西方建筑在国内已经流行多年，但却远没有减弱的趋势，它以科学的理念、以人为本的精神对中国人产生了强大的吸引力，并成为中国建筑借鉴的榜样。西方建筑的优势已经征服了世界各国人民的目光。它的优势主要体现在：第一，外形设计多姿多彩。一个好的建筑外部形式不仅要同内部空间相吻合，还要与周围环境互相协调，在国际一体化不断扩大的今天，与现代化城市相匹配的住宅建筑应该是具有现代语言信息的建筑形式。第二，建筑的内部构造讲究以人为本。住宅是供人居住和休息的场所，满足个人不断丰富的需求永远是第一位的。西式建筑高度强调人的私密性和舒适性，在内部空间的分割和设计上有许多地方值得我们仿效借鉴。第三，内外融合。西式建筑在内外空间融合、对比和穿插方面做得较好，建筑的整体效果比较理想。

（三）中国建筑文化中存在的不足

1. 中国传统建筑文化需不断创新

中国传统的建筑，尤其是木构建筑，至今已有2 000多年的发展历史。在这漫长的过程中，其建筑从形式到风格始终保持着单一的发展，没有发生过质的变化。而与中国传统建筑情况有所不同的是，西方古典建筑一直在艺术史上占据着首要位置，每一个时代的艺术风云都集中体现在建筑艺术之中。例如，欧洲人的石构建筑，仅自古希腊、古罗马起，其在风格表现上就出现了不断更新换代的现象，如古希腊风格、古罗马风格、拜占庭风格、罗曼风格、哥特式风格、文艺复兴风格等。这充分说明了中国传统建筑文化还需要有不断创新的精神。

2. 中国建筑理论总结和理论建设需不断深化

早在公元前1世纪罗马人维特鲁威的《十建筑书》，就不仅对当时的建筑技术和艺术做了详尽的记载，而且做了理论提升，成为世界上第一部较完备的建筑理论著作。之后，文艺复兴时期欧洲人帕拉提奥的《建筑四书》（1554），阿尔伯蒂的《论建筑》（1485，又称《建筑十篇》），维尼奥拉的《五种柱式规范》（1562）等，分别从不同方面、在不同程度上对欧洲建筑理论做了认真而详尽的梳理和阐发，对尔后的欧美建筑起了不可低估的作用。与此同时，现代和"后现代"欧美也有一系列建筑理论著作在国际上影响广泛。属于前者的主要有（美）密斯·凡·得罗、（法）科布西埃、（美）赖特、（德）格罗皮乌斯等人的著作；属于后者的主要有（英）斯特恩、（英）詹克斯、（美）文丘里等人的著作。相比之下，作为木构建筑水平最高、经验最丰富的国家，我们在这方面的建树却较为逊色。直到汉代才有了一部《考工记》，它主要在技术方面做了一些规定，以利于工程考核和管理之用，属于政策、法规一类；之后，过了上千年，到五代至北宋才有了一部《木经》；元代有过《经世大典》和《梓人遗制》，但都不完备，而且多半失传。比较完整的是宋代李诫写的《营造法式》和清代的《工部工程做法则例》，虽然它们都是中国建筑遗产的精华，但重点是在建筑材料、施工技术和管理方面的记述，而在理论升华和探索方面却仍较薄弱。

（四）新建筑文化要继承传统、借鉴先进、转变理念、开拓创新

建筑文化的根源是与人的劳动和人的活动有关的物质生产活动。作为物质生产活动的建筑文化，它的发展与科学技术、经济条件、风俗习惯和社会人文环境有关。建筑文化在其发展的过程中，有变革创新，也有延续继承。建筑文化在创新与继承的交替中不断发展，有传统的延续——继承，也有传统的背叛——创新。随着时代的进步，国际式的建筑文化一统天下的局面已被打破，多种多样的建筑流派和建筑思潮层出不穷。这同现代社会的多样化和多元化交织在一起，形成建筑文化极其丰富的发展格局。随着人类跨入信息社会，社会生活方式、文化观念以及价值体系将发生很大变化，这必将影响和制约建筑的发展方向。"地域性"、"民族性"和"国际性"建筑文化将互融共生，高技术、适宜技术与传统技术将各显其能。随着外来的建筑文化的引入，必然导致新科技的引入，新的技术和材料，先进的施工方法，使建筑在物质、精神文化上取得了进步。我们的城市面貌正在改观，从城市中心到城市的边缘、从公共建筑到居住建筑，都是焕然一新的变化，这对已有的建筑文化是冲突，然而更多的是融合。

"可持续发展理念"作为一种新的发展战略思想，必然成为建筑创作的基本原则。建筑师将从以"人类中心主义"的伦理观念转变为人类环境与自然生态环境相协调发展的生态伦理观念。对环境的重视将大力发展高效、节能、无污染的绿色建筑文化。随着信息技术广泛渗透到社会生活的各个方面，信息时代的全新审美观——信息审美观，将极大影响建筑创作观念。21世纪是注重多元化、个性化与推崇地域性建筑创作倾向的时代，建筑也将朝着注重建筑与生态环境和谐统一的方向发展。在传统与现代、国际性与地域性多种文化交流和共存的基础上采取适当的技术来解决人居环境问题，可创造出具有新的审美价值的建筑文化。

未来中国建筑文化，将以科学为基础、以中西文化为底蕴、以节约能源为本。与时俱进，不断开拓创新，既要发扬中华文化的特色，也不排斥外来的科技。

复习思考题

1. 中国古代建筑的文化特色是什么？举例说明中国宫殿建筑的主要特征。
2. 中国古典园林的主要类型、造园要素、构景手法、艺术特征是什么？
3. 简述中国主要民居的类型。造成中国民居南北差异的主要因素是什么？

为什么说乔家大院是中国清代北方民居建筑的一颗明珠?

4. 举例说明中国建筑文化与旅游的关系。

5. 简述西方的主要建筑风格。其建筑的主要特点是什么?

6. 中国古代建筑的主要特点有哪些?

7. 举例分析中西方建筑文化的主要差异,并深刻透析造成这些差异的主要原因。

8. 如何正确审视中西方建筑文化之差异?

案例分析:**别具一格的研讨会**

古往今来,建筑作为凝固的文化,是一个民族文化的外在表象,它见证了一个时代、昭示了一个地域。建筑文化与旅游的关系尤其紧密,旅游文化的异地性特征是满足旅游者求奇心理的主要因素,也是旅游的意义所在,而建筑恰恰是体现这种异地性的一个窗口。旅游者每到一地,首先看到的文化差异就是建筑,而且旅游六要素中的"住"同样也是建筑实用性的体现。建筑文化以其在旅游业中的特殊地位而受到人们的普遍关注。

北京某会馆 2006 年举办了一次旅游、建筑文化研讨会,与会的代表主要来自中国及美国、法国、意大利、西班牙等国家,既有旅游界、建筑界、园林界的专家、教授,也有行业新兵。研讨的主要内容是围绕建筑与旅游的关系、中西建筑文化的差异、建筑资源在旅游业中的利用等方面展开的。研讨的形式是开放式的,不拘一格、自由奔放。既可以上升到理论高度,也可以是口语化表述。研讨会的举办方想通过灵活多变、无拘无束的讨论来达到集思广益、海纳百川的研讨效果。从严格意义上说,这不是一次严谨的学术研讨,更像一次生动有趣的辩论,因此,会场气氛热烈、轻松,研讨效果极佳。

下面是节选自会上几位专家的发言。来自西班牙的教授用诙谐幽默的比喻给与会者留下了深刻的印象。他说:"旅游和建筑都是人类社会发展的产物,随着社会的进步而进步,当今社会,如果抛开其他因素,单讲这两者的关系,在某些程度上,属于鸡和蛋的关系。"美国的一位建筑专家说:"中美建筑差别很明显,单从住宅建筑来讲,我认为中式建筑与西式建筑体系最大的区别在于,西式建筑是以一个点往外发散的,而中式建筑是由外向内收缩的。西式建筑的空间是紧凑的,组合在一起,向外充分展开,屋外才是花园,并且是开放式的。"中国的一位旅游专家认为:"如果把建筑比作是一幅画,那么中国的属于写意画,西方国家的属于写实画。"法国的一位园林专家则认为:"中西方园林之差异在自然的顺应与改造上尽显分明。"意大利的与会代表认为:"阴与阳、整与分开启中西方建筑差异之河。"最后,中国的一位高级涉外导游发言道:"西方建筑张扬、生硬,中国建筑含蓄、柔软。"
……

别开生面的研讨会在轻松愉快的气氛中拉上了帷幕，留给人们的是一笔丰厚的精神财富。

案例思考题：
1. 与会代表们简短生动的概括道出了中西方建筑文化的哪些差异并分析之。
2. 西班牙教授用比喻指出了旅游与建筑的关系，其深刻含义是什么？

第四章

饮食文化

第一节 中国饮食文化概况

一、饮食文化的内涵

饮食是人类生活方式的一个重要组成部分，是人类生存的物质基础，也是社会发展的前提。当提起饮食文化时，人们往往会想到"吃"。当然饮食文化中包含着"吃"，但"吃"并不能涵盖饮食文化的整体。饮食文化是人类在饮食方面的创造行为及其成果，凡涉及人类饮食方面的思想、意识、观念、哲学、宗教、艺术等都在饮食文化的范围之内。

中国饮食文化历史悠久，它是伴随着人类社会的产生而产生、伴随着经济与科技的发展而进步的，在中国环境、历史、经济、政治、文化诸多方面因素的影响与制约中形成了丰富多彩的内容，其中的烹饪文化、酒文化、茶文化独具特色。

二、中国饮食文化的特点

（一）中国的饮食文化历史悠久且经久不衰，内容丰富且异彩纷呈

中国是饮食文化大国，在世界上一直享有盛誉，这主要基于以下三个方面的原因：

第一，中国很早即进入农耕时代，历代统治阶级基本上都重农轻商，国家始终以农业为中心。由于社会人口相对较多，历史上天灾人祸频繁，使老百姓不得不对饮食温饱问题给予更多的关注，正如《汉书》强调的那样"民以食为天"，除了说明"食"是人最基本的需求之外，还说明"食"是人欲望追求的一个方面。所以中国的饮食文化得到了很大的发展，形成了深厚的饮食文化。从老百姓常说的吃香、吃亏、吃得开、吃耳光、吃闭门羹、吃到了甜头、你吃了吗等口语中，也可发现"吃"对于中国人的文化心理结构有着深刻的影响。这是中国饮食

文化得以发展的心理原因。

第二，中国历史悠久，文化传统相续未断；幅员辽阔，地大物博，气候、物产、风俗习惯等差别很大，民族众多，饮食习惯各有不同，形成了很多的地方风味。这是中国饮食文化得以发展的客观原因。

第三，中国人民善于学习、借鉴，在几千年的饮食实践中，不仅创造和融会了儒、释、道、医等各家饮食文化，而且还广泛汲取了国内各民族饮食文化之长。这是中国饮食文化享誉世界、魅力无穷的文化原因。

概括地讲，中国烹饪有以下特征：

1. 四性五味、风味独具

中国人对餐桌上的菜肴，讲究四性分明、五味调和。所谓的四性，是指寒热温凉；所谓五味，是指甜酸苦辣咸。随之而来，各地又讲究不同地方风味，形成了"南米北面"的说法，口味上有"南甜北咸东辣西酸"之分，因而逐渐形成了川、鲁、粤、淮扬等许多种菜系。由此，全国各地的饮食品的制作技艺，可谓是"百花齐放，百家争鸣"、"传承文明，开拓创新"。

2. 四季有别、讲究美感

一年四季，按季节而吃，是中国烹饪的又一大特征。自古以来，中国一直按季节变化来调味、配菜，冬天味醇浓厚，夏天清淡凉爽；冬天多炖焖煨，夏天多凉拌冷冻。中国的烹饪，不仅技术精湛，而且有讲究菜肴美感的传统，并注意食物的色、香、味、形、器的协调一致。中国烹饪对菜肴美感的表现是多方面的，无论是个胡萝卜，还是一个白菜心，都可以雕出各种造型，独树一帜，从而达到色、香、味、形、美的和谐统一，给人以精神和物质高度统一的特殊享受。

3. 食谱广泛、艺精技湛

中国烹饪技术发达，许多西方人看来不可食的物品，经过中国厨师的劳作，变得使人一见而食欲顿开；中国人的食谱广泛，而且烹饪技艺精湛。

4. 注重情趣、食医结合

中国烹饪很早就注重品味情趣，不仅对饭菜点心的色、香、味有严格的要求，而且对它们的命名、品味的方式、进餐时的节奏、娱乐的穿插等都有一定的要求。中国菜肴的名称可以说出神入化、雅俗共赏。菜肴名称既有根据主、辅、调料及烹调方法的写实命名，也有根据历史典故、神话传说、名人食趣、菜肴形象来命名的，如"全家福"、"将军过桥"、"狮子头"、"叫化鸡"、"龙凤呈祥"、"鸿门宴"、"东坡肉"、"龙虎斗"等。中国的烹饪技术，与医疗保健有密切的联系，在几千年前即有"医食同源"和"药膳同功"的说法：利用食物原料的药用价值，可做成各种美味佳肴，从而达到对某些疾病防治的目的。

(二) 中国饮食文化讲究有利、有理、有节、有度

在中国，饮食文化素来与社交紧密结合并相得益彰。中国传统饮食文化所认

定的社会交往，是合情合理合法的人际关系中的礼遇行为，诸如亲朋好友的感情联络、左右邻舍的和睦相处、商海客人的贸易谈判、学界文人的学术论谈、军队官兵的出征回师、政坛人物的外事活动和其他重要的礼宾活动等。适当开展一些宴会、便餐、小酌等餐饮活动，是有利于促进社会、经济、文化事业发展的，也有利于促进人民内部的团结。

（三）中国的饮食文化散发着龙的精神

在中国先民的心目中，龙既然是神物，当然也就在观念上将龙同祥瑞联系到了一起。人们用龙比喻美好的事与物，龙的形象深入到社会生活的方方面面。在各种艺术作品中，在语言文字中，在各类物品上，都不乏龙的形象。在"食"的领域中更是与龙结下了不解之缘。例如，食品中有龙虾、龙眼、龙荔、龙须菜、龙虎斗、龙井茶、龙须面等。这些食品名称，有的是取其形似，有的则是寓意吉祥。又如，在节令食俗上，早在元代就有"二月二，龙抬头"的记载。为表达对丰收的祈望，这一天很多地方盛行吃面食，这天做的面条叫"龙须面"、烙饼叫"龙鳞"、饺子叫"龙牙"。清代时，人们在"龙抬头"这一天还要用白灰从门外蜿蜒撒入厨房，并绕水缸一周，名为引龙回。北京的市民要用黍面、枣糕、麦米等油煎成食品，称为薰虫。此外，在元宵节人们要舞龙灯，端阳节要赛龙舟……这些都属于与龙相关的饮食文化活动。在人们使用的饮食器皿和一些灶具上，更是常见龙的形象。它或是寄托了人们对美好的向往，或是营造一种庄严尊贵的气氛。这些龙的姿态各具时代特色，有的曲体盘绕，有的腾云驾雾，有的信步前行，有的蓄力待发。斗转星移，可见，我们的祖先所创造的"龙"至今仍保持着旺盛的生命力，并仍为广大人民所喜爱，也仍能从心底唤起我们民族的自尊心和自豪感。

三、中国传统饮食文化

（一）中国传统饮食文化的历史演变

中国传统饮食文化源远流长，经历了一个从简单到复杂、从粗劣到科学、从生到熟、从少到多的演变过程。在这个过程中，无论饮食的种类、器具的使用、烹饪的技巧、饮食的方式都发生了从愚昧落后到文明进步的变化。

1. 黄帝以前时期

最早的是有巢氏（旧石器时代）：当时人们不懂人工取火和熟食。饮食状况是茹毛饮血，不能属于真正意义上的饮食文化。燧人氏：钻木取火，以化腥臊。从此熟食，并进入石烹时代。主要烹调方法有：（1）炮，即钻火使果肉而燔之；（2）煲，用泥裹后烧；（3）用石臼盛水、食，用烧红的石子烫熟食物；（4）焙炒：把石片烧热，再把植物种子放在上面炒。伏羲氏：在饮食上，"结网罟以教佃渔……养牺牲以充庖厨"发展了渔业和畜牧业。神农氏："耕而陶"，是中国农业的开创者。神农尝百草，开创古医药学；还发明耒耜，教民稼穑。陶具的出现，不但使人们拥有了炊具和容器，而且也为制作发酵性食品提供了可能。

2. 黄帝时期

黄帝时期，中华民族的饮食状况又有了改善，黄帝作灶，集中火力节省燃料，使食物速熟；而广泛使用则在秦汉时期，当时是釜，高脚灶具逐步退出历史舞台，"蒸谷为饮，烹谷为粥"首次因烹调方法区别食品，蒸锅发明了，叫甑。蒸盐业是黄帝臣子宿沙氏发明的，从此不仅懂得了烹，而且还懂得调，这有益于人的健康。

3. 春秋战国时期

周秦时期，是中国饮食文化的成形时期，以谷物、蔬菜为主食。春秋战国时期，自产的谷物、蔬菜基本都有了，但结构与现在不同，当时旱田作业主要是：稷（最重要）是小米，又称谷子，长时期占主导地位，为五谷之长，好的稷叫粱，其精品又叫黄粱；黍是大黄黏米，仅次于稷，又称粟，是脱粒的黍；麦，即大麦；菽，是豆类，当时主要是黄豆、黑豆；麻，即麻子。菽和麻都是百姓穷人吃的，麻又叫苴。南方还有稻，古代稻是糯米，普通稻叫粳秫，周以后中原才开始引种稻子，属细粮，较珍贵。菰米，是一种水生植物茭白的种子，黑色，用其做成的饭叫雕胡饭，特别香滑。它和碎瓷片一起放在皮袋里揉搓可脱粒。

4. 汉朝时期

汉朝时期，是中国饮食文化的丰富时期，归功于汉代中（中原）西（西域）饮食文化的交流，引进石榴、芝麻、葡萄、胡桃（即核桃）、西瓜、甜瓜、黄瓜、菠菜、香荽、胡萝卜、茴香、芹菜、胡豆、扁豆、蚕豆、苜蓿（主要用于马粮）、莴笋、大葱、大蒜等，还传入一些烹调方法，如炸油饼、胡饼（即芝麻烧饼，也叫炉烧）等。淮南王刘安发明豆腐，使豆类的营养得到消化，物美价廉，并可做出许多种菜肴。东汉还发明了植物油。汉以前烹调用的油都是动物的脂肪。古时人们将有角动物的脂肪称为"脂"；将无角动物的脂肪称为膏。脂较硬，膏较稀软。我国植物油大约始于西汉，早期主要有杏仁油、奈实油和芝麻油，但很稀少，自南北朝以后植物油的品种增加，价格也便宜。

5. 唐宋时期

唐宋时期，是中国古代饮食文化的高峰，十分讲究。最具代表性的是烧尾宴，足堪与"满汉全席"相媲美。所谓"烧尾宴"，据《封氏闻见录》云，士人初登第或升了官级，同僚、朋友及亲友前来祝贺，主人要准备丰盛的酒馔和乐舞款待来宾，名为"烧尾"并把这类筵宴称为"烧尾宴"。另外，唐代还是中国茶文化的形成时期，唐代陆羽所著的《茶经》，是世界上第一部茶学专著。到了宋代，茶更成为人们生活必不可少的饮品。

6. 明清时期

明清时期，是饮食文化的又一高峰，是唐宋食俗的继续和发展，同时又混入满蒙的特点，饮食结构有了很大变化，主食：菰米已被彻底淘汰，麻子退出主食行列改用榨油，豆料也不再作主食而成为菜肴，北方黄河流域小麦的比例大幅度增加，面成为宋以后北方的主食，明代又一次大规模引进，马铃薯、甘薯、蔬菜的种植达到较高水准并成为主要菜肴。肉类：人工畜养的畜禽成为肉食主要来源。"满汉全席"代表了清代饮食文化的最高水平。

从中国传统饮食文化的发展历史中可以看出，社会的进步、经济的发展在饮食的文明进程中起了决定性的作用；民族间的文化交流，也大大丰富和影响着中国的饮食文化。

（二）中国传统饮食的五大名宴

1. 满汉全席

满汉全席，是满汉两族风味肴馔兼用的盛大宴席。清初满人入主中原，满汉两族开始融合，皇宫市肆出现满汉并用的局面。满汉全席是清代皇室贵族、官府才能并举的宴席，一般民间少见。其规模盛大高贵，程式复杂，满汉食珍，南北风味兼有，菜肴达300多种，有中国古代宴席之最的美誉（如表4-1）。

表4-1 满汉全席"四八珍"

类　别	珍　品
山八珍	驼峰、熊掌、猴脑、猩唇、象拔、豹胎、犀尾、鹿筋
海八珍	燕窝、鱼翅、鱼肚、鱼骨、鲍鱼、海豹、狗鱼（大鲵）、大乌参
禽八珍	红燕、飞龙、鹌鹑、天鹅、鹧鸪、彩雀、斑鸠、红头鹰
草八珍	猴头、银耳、竹荪、驴窝菌、羊肚菌、花菇、黄花菜、云香信

资料来源：王仁湘．饮食与中国文化．北京：人民出版社，1994：24．

2. 孔府宴

曲阜孔府是孔子诞生和其后人居住的地方。典型的中国大家族居住地和中国古文化发祥地，经历2 000多年长盛不衰，兼具家族和官府职能。孔府既举办过各种民间家宴，又宴迎过皇帝、钦差大臣，各种宴席无所不包，集中国宴席之大成。孔子认为"礼"是社会的最高规范，宴饮是"礼"的基本表现形式之一。孔府宴，礼节周全、程式严谨，是古代宴席的典范。

3. 全鸭宴

首创于北京全聚德烤鸭店。其特点是宴席全部由以北京填鸭为主料烹制的各类鸭菜肴组成，共有100多种冷热鸭菜可供选择。用同一种主料烹制各种菜肴组成宴席，是中国宴席的特点之一。另外，全国著名的全席有天津全羊席、上海全鸡席、无锡全鳝席、广州全蛇席、四川豆腐席、西安饺子席、佛教全素席等。

4. 文会宴

文会宴，是中国古代文人进行文学创作和相互交流的重要形式之一。其形式自由活泼，内容丰富多彩，追求雅致的环境和情趣。一般多选在气候宜人的地方。席间珍肴美酒，赋诗唱和，莺歌燕舞。历史上许多著名的文学和艺术作品都是在文会宴上创作出来的。著名的《兰亭集序》就是王羲之在兰亭文会上写就的。

5. 烧尾宴

古代名宴，专指士子登科或官位升迁而举行的宴会，盛行于唐代，是中国欢庆宴的典型代表。"烧尾"一词源于唐代，有三种说法：一说是兽可变人，但尾巴不能变没，只有烧掉尾巴才完美；二说是新羊初入羊群，只有烧掉尾巴才能被接受；三说是鲤鱼跃龙门，只有天火把尾巴烧掉才能变成龙。此三说都有升迁、更新之意，故此宴取名"烧尾宴"。

四、中国烹饪文化

中国烹饪文化源远流长，闻名遐迩，冠有"烹饪王国"之美誉。中国烹饪文化艺术是中国数千年灿烂民族文化遗产的重要组成部分，是极其宝贵的旅游资源。如今"食在中国"，品尝中国大江南北各色风味佳肴，是数以亿计的海外游客来华旅游的主要动机之一。

（一）中国烹饪文化的主要流派

中国是一个餐饮文化大国，长期以来在某一地区由于地理环境、气候物产、文化传统以及民族习俗等因素的影响，形成有一定亲缘承袭关系、菜点风味相近、知名度较高并成为部分群众喜爱的地方风味著名流派即菜系。

中国菜肴素有四大风味和八大菜系之说。四大风味是：鲁、川、粤、淮扬。中国菜肴烹饪中的八大流派一般是指：鲁（山东菜）、川（四川菜）、苏（江苏菜）、浙（浙江菜）、粤（广东菜）、湘（湖南菜）、闽（福建菜）、徽（安徽菜），即人们常说的中国"八大菜系"。当然也有"十大菜系"、"十二大菜系"之说，但其中最有影响和代表性的也为社会所公认的特色最鲜明的还是"八大菜系"说。一个菜系的形成和它的悠久历史与独到的烹饪特色分不开；同时，也受到这个地区的自然地理、气候条件、资源特产、饮食习惯等的影响。有人把"八大菜系"用拟人化的手法描绘为：苏、浙菜好比清秀素丽的江南美女；鲁、皖菜犹如古拙朴实的北方健汉；粤、闽菜宛如风流典雅的公子；川、湘菜就像内涵丰富、才艺满身的名士。中国"八大菜系"的烹调技艺各具风韵，其菜肴之特色也各有千秋（如表4-2）。

表4-2 中国八大菜系一览表

菜系	主要产地	主要特色	烹饪方法	主要代表菜品
鲁菜	济南、胶东	清香、鲜嫩，味纯而厚，嗜葱蒜，尤以烹制海鲜、汤菜和各种动物内脏见长，十分讲究清汤和奶汤的调制，清汤色清而鲜，奶汤色白而醇	爆、烧、炸、炒等	油爆大蛤、糖醋黄河鲤鱼、九转大肠、汤爆双脆、红烧海螺、烧蛎蝗、烤大虾、清汤燕窝、干蒸加吉鱼、油爆海螺、扒原壳鲍鱼、奶汤核桃肉、麻粉肘子等
川菜	重庆、成都及川北、川南	酸、甜、麻、辣香、油重，注重调味，离不开三椒（即辣椒、胡椒、花椒）和鲜姜，以辣、酸、麻脍炙人口，以味多、味广、味厚、味浓著称，享有"一菜一味，百菜百味"的美誉	煎、炒、爆、熘、锅贴等	宫保鸡丁、鱼香肉丝、干烧鱼翅、黄焖鳗、怪味鸡块、麻婆豆腐等
苏菜	苏州、扬州、南京、镇江	浓中带淡，咸中带甜，鲜香酥烂，浓而不腻，追求本味，口味平和，用料以水鲜为主，刀工精细，注重火候	炖、焖、烧、煨、炒、炝、烟、熄、糟等	拆烩大鱼头、清蒸鲥鱼、野鸭菜饭、银芽鸡丝、鸡汤煮干丝、清炖蟹粉狮子头、双皮刀鱼、水晶肴蹄、清汤火方、鸭包鱼翅、松鼠鳜鱼、西瓜鸡、盐水鸭等
浙菜	杭州、宁波、绍兴等地	鲜嫩软滑、香醇绵糯、汤鲜味浓、清爽不腻，集清、香、脆、嫩、爽、鲜于一体	爆、炒、炸、烩、熘、蒸、炖、烧等	西湖醋鱼、生爆鳝片、东坡肉、龙井虾仁、干炸响铃、清汤鱼圆、干菜焖肉、大汤黄鱼、爆墨鱼卷、锦绣鱼丝、叫化鸡、奉化摇蜡、南湖蟹粉等
粤菜	广州、潮州、东江	原料较广，花色繁多，形态新颖，善于变化，讲究鲜、嫩、爽、滑，一般夏秋力求清淡，冬春偏重浓醇。调味有所谓五滋（香、松、臭、肥、浓）、六味（酸、甜、苦、咸、辣、鲜）之别	煎、炸、烩、炖、煸、焗等	五蛇羹、盐火鸡、蚝油牛肉、干煎大虾碌、冬瓜盅、烤乳猪、白灼虾、龙虎斗、太爷鸡、香芋扣肉、五彩炒蛇丝、菊花龙虎凤蛇羹、三蛇龙虎凤大会、盐焗鸡等
湘菜	湘江流域、洞庭湖地区和湘西山区等地	用料广泛，油重色浓，多以辣椒、熏腊为原料，注重香辣、麻辣、酸辣、焦麻、香鲜	腊、熏、煨、蒸、炖、炸、炒等	红煨鱼翅、冰糖湘莲、腊味合蒸、东安子鸡、麻辣子鸡、汤泡肚、金钱鱼等
闽菜	福州、泉州、厦门等地	以海味为主要原料，注重甜酸咸香、色美味鲜、清爽鲜嫩	炒、熘、煎、煨、糟等	佛跳墙、醉糟鸡、酸辣烂鱿鱼、烧片糟鸡、荔枝肉、雪花鸡、金寿福、橘汁加吉鱼、太极明虾、茸汤广肚、肉米鱼唇、鸡丝燕窝等

续表

菜系	主要产地	主要特色	烹饪方法	主要代表菜品
徽菜	皖南（徽州）、沿江和沿淮地区	以烹制山珍著称，重油、重色、重火工，以火腿佐味、冰糖提鲜，擅长烧炖，讲究火功，朴素实惠，善于保持原汁原味	炖、烧、蒸、焖等	红烧头尾、符离集烧鸡、奶汁肥王鱼、葡萄鱼、火腿炖甲鱼、腌鲜鳜鱼、火腿炖鞭笋、雪冬烧山鸡、奶汁肥王鱼、毛蜂熏鲥鱼、葫芦鸭子等

(二) 中国烹饪文化的特色

中国烹饪文化，由于特定的经济结构、思维方式与文化环境，形成了自身鲜明的特色，即艺术倾向，主要表现在以下几个方面：

1．选料考究

中国物产丰富，烹饪原料包罗万象。据不完全统计，中国的烹饪原料总数已达万种以上，其中常用的有 3 000 多种。但这样众多的原料，其质地随着地区、季节、生产的不同，存在着一定的差异性，因此，要想烹制出色、香、味、形俱佳的美味佳肴，选料必须考究。选料，是中国厨师的首要技艺，也是做好一品中国菜肴美食的基础。每种菜肴美食所取的原料，包括主料、配料、辅料、调料等，都有很多讲究。概而言之，则是"精"、"细"二字，正如孔子所谓的"食不厌精，脍不厌细"也。所谓"精"，指所选取的原料，要考虑其品种、产地、季节、生长期等特点，以新鲜肥嫩、质料优良为佳。例如，北京烤鸭，选用北京产的"填鸭"；北京名菜涮羊肉，选用内蒙古当年产的小尾绵羊，且是阉割的公羊；制作清蒸武昌鱼，必须选用湖北鄂州的团头鲂；制作川菜，必须选用四川产的郫县豆瓣、天椒等。所谓"细"，指选用最佳部位的原料。例如，名菜"宫保鸡丁"，就要选用当年笋鸡的鸡脯部位的嫩肉，才能保证肉味鲜嫩；"滑熘肉片"，必须选用猪的里脊部位的肉，方合标准，吃起来才嫩滑味美；"荷叶粉蒸肉"，要选用五花肉，方能汁润不干、肉嫩清香……

2．刀工细腻

刀工，即厨师对原料进行刀法处理，使之成为烹调所需要的、整齐一致的形态，以适应火候，受热均匀，便于入味，并保持一定的形态美，因而是烹调技术的关键之一。

中国厨师的刀工技巧中外闻名，其刀法多样，能熟练运用直刀法、片刀法、斜刀法、剞刀法（在原料上划上刀纹而不切断）和雕刻刀法等，通过切、片、剁、砍、斩、排、削、拍等手法将原料加工成片、丁、丝、条、块、段、末、粒、泥、茸、球等各种形状，并严格要求原料大小相等、粗细均匀、厚薄一致、整齐划一。

中国厨师还可以根据饮食气氛的需要把原料雕刻成各种花色图案以活跃气氛。特别是刀技和拼摆手法的结合，可把熟料和可食生料拼成艺术性强、形象逼真的鸟、兽、虫、鱼、花、草等花式拼盘，如"龙凤呈祥"、"孔雀开屏"、"喜鹊登梅"、"荷花仙鹤"、"花篮双凤"等。例如，"孔雀开屏"，是用鸭肉、火腿、猪舌、鹌鹑蛋、黄瓜等十五种原料，经过二十二道精细刀技和拼摆工序完成的。

古代文学家的笔下亦常常奔涌出吟咏厨师精妙刀法的句子。例如，《庄子·养生主》描述了解牛的庖丁，庖丁经三年苦练，达到"目无全牛"、"游刃有余"的境地，"手之所触，肩之所倚，足之所履，膝之所踦，砉然响然，奏刀騞然，莫不中音，合于《桑林》之舞，乃中《经首》之会。"观他解牛，如观古舞；闻其刀声，如闻古乐。由是观之，动刀解牛，也是艺术。

3. 火候精准

中国菜肴原料丰富，其性质有老、嫩、硬、脆、软、韧之分；其形状大小、厚薄、粗细不一，其烹调目的香脆、柔嫩、酥软不同，因此，根据原料的性质、形状和烹调目的精确把握火候，是中国饮食烹饪中难度很大、技术要求极为严格的一个环节。火候，是形成菜肴美食的风味特色的关键之一。但火候瞬息万变，没有多年操作实践经验很难做到恰到好处。因而，掌握适当火候是中国厨师的一门绝技。中国厨师能精确鉴别旺火、中火、微火等不同火力，熟悉了解各种原料的耐热程度，熟练控制用火时间，善于掌握传热物体（油、水、气）的性能，还能根据原料的老嫩程度、水分多少、形态大小、整碎厚薄等，确定下锅的次序，并加以灵活运用，使烹制出来的菜肴恰到好处。

北宋大诗人苏轼不仅是位美食家，而且还是一位烹调家，他创造出了著名的"东坡肉"菜肴，这和他善于运用火候有密切关系。他还把这些经验写入炖肉诗中："慢着火，少着水，火候到时自然美。"后人运用他的经验，采用密封微火焖熟法，烧出的肉原汁原味，油润鲜红，烂而不碎，糯而不腻，酥软犹如豆腐，适口而风味突出。

4. 技法各异

烹调技法，是中国厨师的又一门绝技。中国菜肴的烹调技法多达数百种，据《中国烹饪》记载，其中热菜技法94种、冷菜技法15种、甜菜技法5种。如今，新的烹调方法仍在不断涌现，原有的烹调技法也在广泛应用，不过常用的还是炒、爆、炸、烹、熘、煎、贴、烩、扒、烧、炖、焖、灼、烫、氽、煮、酱、卤、蒸、烤、拌、炝、熏、煸、涮等几十种以及甜菜的拔丝、蜜汁、挂霜等。不同技法具有不同的风味特色。每种技法都有几种乃至几十种名菜。例如，著名"叫化鸡"，以泥烤技法扬名四海；云南"过桥米线"，是氽的技法杰作。

5. 五味调和

调味，也是烹调的一种重要技艺，正所谓"五味调和百味香"。在这方面，中国厨师经验丰富，用料广泛，世界罕见，如咸味的盐、酱油、腐乳等；甜味的糖、果酱、蜂蜜等；酸味的米醋、熏醋、茄汁酱等；辣味的辣椒、芥末、姜等；苦味的杏仁、陈皮等；鲜味的味精、蚝油等。方法细腻，科学合理。

中国厨师的调味法，一般分基本调味、定型调味和辅助调味三种，以定型调味方法运用最多。所谓定型调味，指原料加热过程中的调味，是为了确定菜肴的口味。基本调味在加热前进行，属预加工处理的调味。辅助调味则在加热后进行，或在进食时调味。而且，中国厨师善于将两种或两种以上的调味品，通过特殊的加工、烹饪而调成一种新的复合味。肴馔的味型分为基本型和复合型两类。基本型大约可分为9种，即咸、甜、酸、辣、苦、鲜、香、麻、淡。复合型难以胜计，大体可归纳为50种左右，如酸味型的酸辣味、酸甜味等，咸味型的咸香味、咸酸味等，辣味型的胡辣味、香辣味等，香味型的葱香味、酒香味等，鲜味型的咸鲜味、蚝油味等，麻味型的咸麻味、麻辣味等，苦味型的咸苦味、苦香味等，淡味型的淡香味、本味等。所谓"五味调和"中的五味，是一种概略的指称。我们所享用的菜肴，一般都是具备两种以上滋味的复合味型，而且是多变的味型。

总之，味调得恰到好处与否，除了调料品种齐全、质地优良等物质条件以外，关键在于厨师调配得是否恰到好处。调味对调料的使用比例、下料次序、调料时间（烹前调、烹中调、烹后调），都有严格的要求。只有做到一丝不苟，才能使菜肴美食达到预定要求的风味。

6. 情调优雅

中国饮食文化讲究情调优雅、氛围艺术化。中国饮食器具之美，美在质，美在形，美在装饰，美在与馔品的谐和。中国古代食具，主要包括陶器、瓷器、铜器、金银器、玉器、漆器、玻璃器几个大的类别。彩陶的粗犷之美，瓷器的清雅之美，铜器的庄重之美，漆器的透逸之美，金银器的辉煌之美，玻璃器的亮丽之美，都曾给使用它的人以美好的享受，而且是美食之外的又一种美的享受。美器之美还不仅限于器物本身的质、形、饰，而且表现在它的组合之美、它与菜肴的匹配之美。周代的列鼎，汉代的套杯，孔府的满汉全席银餐具，都体现一种组合美。在中国人的餐桌上，没有无名的菜肴。一个美妙的菜肴命名，既是菜品生动的广告词，也是菜肴自身的一个有机组成部分。菜名也给人以美的享受，它通过听觉或视觉的感知传达给大脑，会产生一连串的心理效应，从而发挥出菜肴的色、形、味所发挥不出的作用。

7. 寓意深刻

中国面点及风味小吃的许多品种，往往与历史传说、事件、典故有着密切的联系。例如，"粽子"与春秋战国时期的伟大诗人屈原有关，屈原投江自杀后，人们怕遗体为"蛟龙所窃"，做粽子投水"以饲蛟龙"，同时也表示对屈原爱国精神的崇敬；安徽小吃"大救驾"与宋代开国皇帝赵匡胤有关，赵匡胤因劳累过度、不思饮食后吃了此饼食欲大振，"大救驾"因此得名；湖北小吃"东坡饼"与北宋大文豪苏东坡有关，苏东坡被贬到黄州后，与当地安国寺长老结为莫逆之交，长老以此饼作款待，"东坡饼"因此而得名；"油条"始名"油炸桧"，与南宋奸臣秦桧有关，"油炸桧"表示油炸秦桧之意，反映了人们对奸贼的痛恨。另外，中国还有许多面点及风味小吃包含了人们对美好生活的祈望。例如，"月饼"寓意团圆；"面条"寓意长寿；"重阳糕"寓意高升；浙江小吃"龙凤金团"寓意幸福吉祥，等等。

五、中国茶、酒文化

（一）中国茶文化

茶是中国传统饮食文化的瑰宝，是中国对世界饮食的一大贡献，从古至今茶事极为兴盛。中国作为茶的故乡，制茶、饮茶已有几千年历史，名品荟萃，主要品种有绿茶、红茶、乌龙茶、花茶、白茶、黄茶等。茶有健身、治疾之药物疗效，又富欣赏情趣，可陶冶情操。品茶、待客是中国个人高雅的娱乐和社交活动，坐茶馆、茶话会则是中国人社会性群体茶艺活动。中国茶艺在世界享有盛誉，在唐代就传入日本，并形成日本茶道。

饮茶始于中国。茶叶冲以煮沸的清水，顺乎自然，清饮雅尝，可寻求茶的固有之味，重在意境，这是中式品茶的特点。同样质量的茶叶，如用水不同、茶具不同或冲泡技术不一，泡出的茶汤会有不同的效果。中国自古以来就十分讲究茶的冲泡，并积累了丰富的经验。泡好茶，要了解各类茶叶的特点，并掌握科学的冲泡技术，使茶叶的固有品质能充分地表现出来。

中国人饮茶，注重一个"品"字。"品茶"不但是鉴别茶的优劣，也带有神思遐想和领略饮茶情趣之意。在百忙之中泡上一壶浓茶，择雅静之处，自斟自饮，可以消除疲劳、涤烦益思、振奋精神，也可以细啜慢饮，从而达到美的享受，使精神世界升华到高尚的艺术境界。品茶的环境一般由建筑物、园林、摆设、茶具等因素组成。饮茶要求安静、清新、舒适、干净。中国园林世界闻名，山水风景更是不可胜数，利用园林或自然山水间，搭设茶室，让人小憩，意趣盎然。中国是文明古国，礼仪之邦，很重礼节。凡来了客人，沏茶、敬茶的礼仪是必不可少的。当有客来访，可征求意见，选用最合来客口味和最佳茶具待客。以茶敬客时，对茶叶适当拼配也是必要的。主人在陪伴客人饮茶时，要注意客人杯、壶中的茶水残留量，一般用茶杯泡茶，如已喝去一半，就要添加开水，随喝随添，使茶水浓度基本保持前后一致，水温适宜。在饮茶时，也可适当佐以茶食、糖果、菜肴等，从而达到调节口味之功效。

饮茶对旅游者来说不仅是一种精神享受，更是一门高深的学问，茶之品、茶之具、茶之水自然要精心考究，而且有茶之经、茶之道、茶之戏，茶逐渐雅化，文人特有的志趣性情、道德操守融合其中，昔日是"从来名士能评水，自古高僧爱斗茶"，今日所有旅游者都可从中国的茶事中体会到"酷爱和平，清心宁静"的中国传统美德。例如，从茶汤清澈，升华为"清廉"、"清静"、"心平气和"；从茶香味的温和淡雅，引申出"和谐"、"谦和"、"中庸"、"幽雅"；从茶性的天然纯真，类比人性"纯正朴实"、"返璞归真"；以茶敬客，以茶会友，表示敬意、亲切、和气、淡雅的人际关系，等等。

（二）中国酒文化

中国有悠久的酿酒历史，在长期的发展过程中，酿造出许多被誉为"神品"、"琼浆"的酒类珍品。中国著名诗人李白、白居易、杜甫、杜牧等都有脍炙人口的关于酒的诗篇流传至今，千百年来人们反复吟唱。杜牧的《江南春绝句》曰："千里莺啼绿映红，水村山郭酒旗风。南朝四百八十寺，多少楼台烟雨中。"该诗反映了当时江南酒肆遍地，成为春天艳丽多姿的自然风光中的重要内容，同时也反映了当时江南人民丰富多彩的社会生活。

据历史记载，中国人在商朝时代已有饮酒的习惯，并以酒来祭神。在汉、唐以后，除了黄酒以外，各种白酒（烧酒）、药酒、果酒的生产有了一定的发展。近年来，中国的酿酒工业随着科学技术的进步形成了很大的生产能力。中国酒的品种繁多，质地精良，风格独特，蜚声国内外市场。中国酒，按酒精含量的多少，可分为高度酒（烈性酒）、中度酒、低度酒三种；按酒的含糖浓度高低，可分为甜型酒、半甜型酒、"干"型酒三种；按制造方法的不同，可分为发酵酒、蒸馏酒、配制酒三类；按商品类型，可分为白酒、黄酒、啤酒、果露酒、药酒、仿洋酒六类。

据考证，中国酿酒史远远早于文字的发明，大约有 8 000 年之久。经过了这漫长的发展历程，中国的酒已发展成为具有五大类别、百十个品种的中华酒系。中国白酒的起源历来就有东汉、唐代、宋代和元代四种说法，其中以宋代的说法较具代表性，也就是说从宋代计，中国的白酒酿造大约有近千年的历史了。作为世界六大蒸馏酒之一的中国白酒（其他五种是白兰地、威士忌、朗姆酒、伏特加和金酒），其制造工艺远比世界各国的蒸馏酒复杂，原料也是各种各样，特点各有风格，特殊的风味则更是无可比拟的。中国白酒的酿造发展至今，生产出的白酒酒色洁白晶莹，无色透明；香气宜人，五种香型的酒各有特色，香气馥郁、纯净，溢香好，余香不尽；口味醇厚柔绵，甘润清冽，酒体谐调，回味悠久，其爽口尾净、变化无穷的优美味道，能给人以极大的欢愉和幸福之感。

因醉酒而获得艺术的自由状态，是古老中国的艺术家解脱束缚获得艺术创造力的重要途径。例如，"李白斗酒诗百篇，长安市上酒家眠，天子呼来不上船，自称臣是酒中仙"（杜甫《饮中八仙歌》）。"醉里从为客，诗成觉有神"（杜甫

《独酌成诗》)。"俯仰各有志,得酒诗自成"(苏轼《和陶渊明〈饮酒〉》)。南宋政治诗人张元年说:"雨后飞花知底数,醉来赢得自由身。"酒醉而成传世诗作,这样的例子在中国诗史中俯拾皆是。不仅为诗如是,在绘画和中国文化特有的艺术书法中,酒神的精灵更是活泼万端。例如,"吴带当风"的画圣吴道子,作画前必酣饮大醉方可动笔,醉后为画,挥毫立就。"元四家"中的黄公望也是"酒不醉,不能画"。"书圣"王羲之醉时挥毫而作《兰亭序》,"遒媚劲健,绝代所无",而至酒醒时"更书数十本,终不能及之"。

自古以来,酒就是国人所喜爱的饮品之一。佳节庆贺、亲朋聚会、宴飨宾客、喜庆丰收、婚丧嫁娶皆少不了它。从仪狄、杜康造酒的传说到刘伶酒醉成仙的传奇再到李白"斗酒诗百篇"、"醉草吓蛮书"的佳话;再从苏轼"把酒问青天"的豪放到周宪王"醉里乐天真"的无奈;直到曲艺大师侯宝林先生的《醉酒》相声段子中的调侃……无不浸润着酒的文化底蕴。"无酒不成席",中国的雅文化和俗文化都离不开酒。民间敬酒、劝酒和灌酒的习惯也亘古不变。

六、特色各异的民族饮食

中国民族众多,各民族往往受地域、气候、物产、宗教信仰等的影响,加之代代传承,基本上形成了自己独特的饮食习惯。其中,比较典型的有:蒙古族的全羊席、手把肉、拔丝羊尾、奶酪、奶茶、马奶酒、哈达饼等;苗族的肥粑、五香鱼等;侗族的泡米油茶、糯米苦酒等;藏族的酥油茶、青稞酒、虫草雪鸡、糌粑、手抓肉、蘑菇羊肉等;维吾尔族的手抓饭、烤全羊、烤羊肉串等;朝鲜族的冷面、泡菜、打糕、烹制狗肉、大酱、清酱等;回族的涮羊肉、炮糊等;傣族的竹烧鱼、竹筒糯米饭等;白族的生皮、毛炉汤锅、海菜豆腐汤等;壮族的壮家酥鸡、团圆结(豆腐圆),等等。

七、中国饮食文化与旅游

随着旅游业的发展,中国灿烂辉煌的饮食文化在旅游业中的地位和作用越来越明显。由于旅游业的带动,各地区、各民族的饮食文化也得到了不断的交流和促进,并日益深入到中外游客的饮食生活中。

在旅游六大要素中"吃"始终处于旅游活动之首。中国丰富多彩的民族饮食,独具特色的地方风味饮食,使中国的饮食文化百花齐放、各具千秋。旅游中的饮食文化、酒文化、茶文化不仅能够满足旅游者的物质需求,而且还可带来精神上的享受。因为每一种文化中都蕴涵了丰富的意境,作为旅游活动内容之一的饮食已经成为旅游业存在、发展的基础之一。旅游者在旅游期间,能在游玩之余品尝到当地的风味并领略当地的饮食风情,可谓是别有一番情趣。

大力弘扬中国的饮食文化,不但可以推动中国旅游事业的发展、增强旅游的魅力，而且旅游业的发展同样也会促进饮食文化的发展。当今，旅游者对旅游饮食菜点的要求，不只是为了单纯的果腹充饥、增加热量，而且还有一定的审美意义和价值。因此，那些具有色、香、味、形、质、意以及制作工艺精巧的风味饮食、特色饮食尤其备受人们青睐。这样，也必然会激励着各地的饮食服务者想方设法提高饮食的质量并有所创新，使之更适应旅游发展的需要，从而大大促进饮食文化水平的提高。旅游是一种文化交流，绝大多数的游客都会对旅游目的地的饮食文化感兴趣，旅游者遇到自己喜爱的饮食，自然也会加以传播，使饮食文化的知名度得到进一步提高；另外，加大对旅游业的开发，也可以不断挖掘出许多不受人们关注的饮食民俗，进而拓展各地饮食的内容，从而丰富各民族的饮食文化。

第二节　西方饮食文化概况

一、西方饮食文化在不同国家的发展

西方饮食文化以欧美为典型代表，各个国家在不同的饮食文化发展历史中形成了自己鲜明的特色。

法国在建国初期，就有一些雅典和罗马的有名厨师来到这里，奠定了法国菜的基础。在16世纪欧洲文艺复兴时期，意大利盛行的煎嫩牛排及各种少司的制作方法等传到了法国，使法国菜更加丰富起来。由于历代法国国王崇尚美食，使得当时的法国名厨辈出，烹调技法多样，从而奠定了法式菜在西餐中的重要地位。但目前法餐却趋于保守，发展较为缓慢。

意大利地处南欧的亚平宁半岛，优越的地理条件使意大利的菜肴和食品加工业都很发达，其以面条、奶酪、色拉米肉肠著称于世。公元前2世纪后期，古罗马宫廷的膳房已形成庞大的队伍，并有很细的分工。厨师总管的身份与贵族大臣相同，烹调方法日臻完善，并发明了数十种少司的制作方法。时至今日，意大利菜仍在世界上享有很高的声誉。

英国的农业不发达，粮食每年主要靠进口，英国人也不像法国人那样崇尚美食，因此英式菜相对来说比较简单，英国人也常自嘲不善烹调。但英式菜的早餐却很丰盛，受到西方各国的普遍欢迎。另外，英国人喜欢喝茶，习惯在下午3点左右吃茶点，一般是一杯红茶或咖啡再加一份点心。如遇朋友有伤心事，递上一杯好茶，是对朋友最好的安慰。

由于在美国的英国移民较多，所以美式菜基本上是在英式菜的基础上发展起来的。另外，由于美国的历史短，传统、保守思想较少，在生活习惯上也不墨守成规，因此美国人得益于当地丰富的农牧产品，并结合欧洲其他移民和当地印第

安人的生活习惯,从而形成了独特的美国饮食文化。

俄式菜受法式菜影响较大,并渗透了奥地利、匈牙利等国菜式的一些特点,并结合自己的饮食习惯,逐渐形成了独具特色的俄式菜。

德国是在西罗马帝国灭亡后由日耳曼诸部落逐渐建立起来的国家,中世纪时期一直处于分裂状态,直到1870年才真正统一。在生活上,德国人喜爱运动,所以食量较大,他们保留了以肉食为主的日耳曼遗风,德式菜以丰盛实惠、朴实无华而著称。

西方饮食文化发展至今,在宴客的形式上基本上趋于稳定,基本上有以下八种宴请形式:有席位的宴请(seated dinners),自助餐(buffet dinners),正式午餐(luncheons),招待会(receptions),鸡尾酒会(cocktail parties),聚餐会(BYOB and BYOF,Bring Your Own Bottles and Bring Your Own Food),野餐(picnics),茶会(tea parties)。西方的宴客形式,从正式到非正式,花样数量众多。

二、规矩繁多的西餐文化

(一)餐厅吃饭要预约

在西方,去较好的餐厅吃饭一般都要事先预约,在预约时,需要注意的有以下几点:首先,要说明人数和时间;其次,要表明是否要吸烟区或视野良好的座位。另外,如果是生日或其他特别的日子,最好告知宴会的目的和预算。

(二)进餐入座要讲究

最得体的入座方式是从左侧入座。当椅子被拉开后,身体在几乎要碰到桌子的距离站直,领位者会把椅子推进来,腿弯碰到后面的椅子时,就可以坐下来了。用餐时,上臂和背部要靠到椅背,腹部和桌子保持约一个拳头的距离。两脚交叉的坐姿最好避免。

(三)食物酒类要搭配

食物和酒类可以分为四种口味,这也就界定了酒和食物搭配的范围,即酸味、甜味、苦味和咸味。

首先是酸味。酒不能和沙拉搭配,原因是沙拉中的酸极大地破坏了酒的醇香。但是,如果沙拉和酸性酒类同用,酒里所含的酸就会被沙拉的乳酸分解掉,这当然是一种绝好的搭配。所以,可以选择酸性酒和酸性食物一起食用。酸性酒类与咸味食品共用,味道也很好。

其次是甜味。一般来说,甜食会使甜酒口味减淡。如果你选用加利福尼亚查顿尼酒和一小片烤箭鱼一起食用时,酒就会显得很甜。但是,如果在鱼上放入沙拉,酒里的果味就会减色不少。另外,吃甜点时,糖分过高的甜点会将酒味覆盖,使酒失去了原味,因此,应该选择略甜于食物一点的酒类,这样酒才能保持原来的口味。

第三是苦味。苦味酒和带苦味的食物一起食用苦味会减少。所以，如果想减淡或除去苦味，可以将苦酒和带苦味的食物搭配食用。

最后是咸味。一般没有盐味酒，但有许多酒类能降低含盐食品的咸味。世界许多国家和地区食用海产品（如鱼类）时，都会配用柠檬汁或酒类，主要原因是酸能降低鱼类的咸度，食用时，味道更加鲜美可口。

（四）刀叉摆放要到位

刀叉在用餐中为"八"字形。如果在用餐中途暂时休息片刻，可将刀叉分放盘中，刀头与叉尖相对成"一"字形或"八"字形。如果是谈话，可以拿着刀叉，无须放下，但若需作手势时，就应放下刀叉，千万不可手执刀叉在空中挥舞摇晃。应当注意，不管任何时候，都不可将刀叉的一端放在盘上，另一端放在桌上。

刀与叉除了将食物切开送入口中之外，还有另一项非常重要的功用。刀叉的摆置方式可传达"用餐中"或是"结束用餐"的信息。服务生正是利用这种方式，来判断客人的用餐情形以及是否收拾餐具并准备接下来的服务等。需要特别注意的是，刀刃侧必须面向自己。当用餐结束时，可将叉子的下面向上，刀子的刀刃侧向内与叉子并拢，平行放置于餐盘上。另外，还要注意尽量将柄放入餐盘内，这样可以避免因碰触而掉落，服务生也较容易收拾。

（五）喝酒姿势要准确

酒类服务通常是由服务员先将少量酒倒入酒杯中，让客人鉴别一下酒的品质是否有误，这时只需把它当成一种形式，喝一小口并回答"GOOD"。接着，侍者会来倒酒，这时，不要动手去拿酒杯，而应把它放在桌上由侍者去倒。正确的握杯姿势是用手指握杯脚，为避免手的温度使酒温增高，应用大拇指、中指和食指握住杯脚，小指放在杯子的底部固定。喝酒时绝对不能吸着喝而是倾斜酒杯，像是将酒含在舌头上似的喝。轻轻摇动酒杯可让酒与空气接触以增加酒味的醇香，但不要猛烈摇晃杯子。此外，如一饮而尽、边喝边透过酒杯看人、拿着酒杯边说话边喝酒或吃东西时喝酒、口红印在酒杯沿上等，都是失礼的行为。

（六）其他礼仪要注意

不可在餐桌边化妆，不可用餐巾擦鼻涕。用餐时打嗝是最大的禁忌，万一发生此种情况，应立即向周围的人道歉。取食时不要站立起来，若坐着拿不到食物，则应请别人传递。在饭桌上不要剔牙。如果有东西塞了牙非取出不可时，应用餐巾将嘴遮住，最好等没有别人在场时再取出。每次送入口中的食物不宜过多，在咀嚼时不要说话，更不可主动与人谈话。

点完菜后，在菜送来前的这段时间把餐巾打开，往内折三分之一，让三分之二平铺在腿上，盖住膝盖以上的双腿部分。最好不要把餐巾塞入领口。餐巾是用来擦去嘴上或手指上油渍的，但绝不可用餐巾揩拭餐具。进餐时身体要坐正，不可过于向前倾斜，也不要把两臂横放在桌上，以免碰撞旁边的客人。喝汤时，可以将盘子倾斜，然后用汤匙取食。先用汤匙由后往前将汤舀起，汤匙的底部放在下唇的位置，将汤送入口中。如果汤是用由握环手工艺碗盛装，可直接拿住握环端起来喝。另外，还要注意的是，喝茶或喝咖啡不要把汤匙放在杯子里。吃饭，特别是喝汤时，不要发出响声，咀嚼时应该闭嘴。

取面包应该用手去拿，然后放在旁边的小碟中或大盘的边沿上，绝不要用叉子去叉面包。取黄油应用黄油刀，而不要用个人的刀子。黄油取出要放在旁边的小碟里，不要直接往面包上抹。不要用刀切面包，也不要把整片面包涂上黄油，而应该一次扯下一小块，吃一块涂一块。吃沙拉时只能用叉子，应用右手拿叉，叉尖朝上。吃鱼时，可以用左手拿着面包，右手拿着刀子，把刺拨开。已经入口的肉骨或鱼刺，不要直接吐入盘中，而要用叉接住后轻轻放入盘中，或者尽可能不引人注意地用手取出，放在盘子的边沿上，不能扔在桌上或地下。水果核也应先吐在手心里，再放入盘中。

要喝水时，应把口中的食物先咽下去，不要用水冲嘴里的食物。用玻璃杯喝水时，要注意先擦去嘴上的油渍，以免弄脏杯子。在餐桌上，大多数食物都应用刀叉去取。青果、水果、干点心、干果、糖果、炸土豆片和面包等可以用手拿着吃。当侍者依次为客人上菜时，走到你的左边，才轮到你取菜。如果侍者站在你右边，就不要取，那是轮到你右边的客人取菜。取菜时，最好每样都取一点，这样会令女主人愉快。当女主人要为你添菜时，你可以将盘子连同放在上面的刀叉一起传递给她或者交给服务员。如果她不问你，你就不能主动要求添菜，那样做很不礼貌。餐桌上有些食品，如面包、黄油、果酱、泡菜、干果、糖果等，应待女主人提议方可取食。大家轮流取食品时，男客人应请他身旁的女客人先取，或者问她是否愿意让你代取一些。进餐时，不能越过他人面前取食物。如需要某种东西时，应在别人背后传递。

用餐毕，客人应等女主人从座位上站起后，再一起随着离席。在进餐中或宴会结束前离席都不礼貌。起立后，男宾应帮助女士把椅子归回原处。餐巾放在桌上，不要照原来的样子折好，除非主人请你留下吃下顿饭。不要吃太饱，吃太饱时，不要当众松裤带。

三、西方酒文化

西方的酒文化可谓是异彩纷呈，酒的种类更是丰富多彩，下面介绍几种典型的西方酒。

琴酒（GIN），是人类第一种为特殊目的所造的烈酒。在英国造琴酒的配方，是用75%的玉米、15%的大麦芽、10%的其他谷物，然后搅碎、加热、发酵，与造威士忌差不多，完全发酵后的谷物汁再用连续蒸馏器来蒸馏，蒸馏出的酒含180~188个酒精纯度（PROOF），再加上蒸馏水，降低到120个酒精纯度。然后于琴酒蒸馏器中加上香料再蒸。由蒸馏得到酒味的方法，是造琴酒的一种艺术。各种味道不同的琴酒，也是由于其材料种类与成分的关系。琴酒是近百年来调制鸡尾酒时最常使用的基酒，其配方达千种以上，故有"琴酒是鸡尾酒心脏"之说。

威士忌（Whisky），属于烈性酒，由捣碎的谷类发酵、蒸馏后再置于木桶中蕴藏而成。基本上，任何谷类都可以用来酿造威士忌，但是，最主要的材料为玉米、裸麦、小麦及大麦。威士忌的种类有：苏格兰威士忌、单种麦芽威士忌、爱尔兰威士忌、调和威士忌、波本威士忌、田纳西威士忌、加拿大威士忌等。

伏特加（Vodka）一字源自俄语"生命之水"中"水"的发音"Voda"演变而来，是一种酒精浓度很高的蒸馏酒。在俄罗斯、芬兰、捷克、波兰等北欧和东欧国家，都是把蒸馏酒的酒精含量提得相当高，因此酒的原味就很少了。这些国家制酒时所用的原料，都是出产最多而价格却最便宜的。据称，伏特加是用马铃薯制的，但实际上在俄罗斯和其他地方，是用谷物制造的。风味绝佳的伏特加酒，即使在科学发达的今日，仍无法以性能优越的连续式蒸馏机直接制造而得。伏特加是以重复蒸馏、精炼、过滤的方法除却了酒精中所含的毒素和其他异物而制成的。

莱姆酒（Rum）的故乡是以盛产甘蔗闻名的西印度群岛。莱姆酒是以甘蔗为主要原料制成的蒸馏酒。

白兰地（Brandy），是由水果的汁液、果肉或残渣发酵、蒸馏及混合而成的，为了保有其风味、芳香与特性，蒸馏酒精度一般低于95%。

与中国酒文化中的敬酒、劝酒、灌酒以及追求热闹的氛围不同，西方的酒文化把酒当成一种调味品，喝酒随人意，追求的是浪漫的情调和乐趣。

第三节 中西方饮食文化差异

一、中西方饮食观念不同

（一）中国饮食观念重美性、讲味感

虽然中国人对饮食追求"色、香、味、形、器"俱佳，但中国饮食之所以有其独特的魅力，关键还在于它的味。而美味的产生，在于调和，就是要使食物的本味、加热以后的熟味、加上配料和辅料的味以及调料的味交织融合并协调在一起，使之互相补充，互相渗透，水乳交融，你中有我，我中有你。中国烹饪讲究的调和之美，是中国烹饪艺术的精要之处，也是中国美性饮食观的最重要的表现。中国饮食倾向于艺术性，它的特点就是随意性。比如，同样一种菜肴，由于地区、季节、对象、作用、等级等的不同，可以在操作上做不同的处理。在中国的烹调术中，对美味追求几乎达到极致，以至中国人到海外谋生，都以开餐馆为业，成了我们在全世界安身立命的根本。

（二）西方饮食观念重理性、讲营养

对比注重"味"的中国饮食，西方是一种理性饮食观念。饮食重科学，重科学即讲求营养，故西方饮食以营养为最高准则，进食犹如为一生物机器添加燃料，特别讲求食物的营养成分，如蛋白质、脂肪、碳水化合物、维生素及各类无机元素的含量是否搭配合宜、卡路里的供给是否恰到好处以及这些营养成分是否能为进食者充分吸收、有无其他副作用等。也就是说，不论食物的色、香、味、形如何，而营养一定要得到保证，西方人讲究一天要摄取多少热量、维生素、蛋白质等，即便口味千篇一律，也一定要吃下去——因为有营养。

二、中西方饮食对象不同

据西方的植物学者的调查，中国人吃的蔬菜有600多种，比西方多6倍。实际上，在中国人的菜肴里，以植物性食料为主。主食是五谷，辅食是蔬菜，外加少量肉食。形成这一习俗的主要原因是中原地区以农业生产为主要的经济生产方式。但在不同阶层中，食物的配置比例不尽相同。因此，素菜是平常食品，荤菜只有在节假日或生活水平较高时，才进入平常的饮食结构，所以自古便有"菜食"之说，菜食在平常的饮食结构中占主导地位。中国人以植物为主菜，与佛教徒的宣扬有着千丝万缕的联系。佛教徒视动物为"生灵"，而植物则"无灵"，所以，主张素食主义。

西方人秉承着游牧民族、航海民族的文化血统，以渔猎、养殖为主，以采集、种植为辅，荤食较多，吃、穿、用都取之于动物，连西药也是从动物身上摄取提炼而成的。因此，有人根据中西方饮食对象的明显差异这一特点，把中国人称为植物性格，西方人称为动物性格。

三、中西方饮食方式不同

中西方的饮食方式有很大不同，这种差异对民族性格也有影响。

（一）中国餐饮方式重聚餐，求团圆

在饮食方式上，中国奉行聚食制。聚食制的起源很早且长期流传，这是中国重视血缘亲属关系和家族家庭观念在饮食方式上的反映。在中国，任何一个宴席，不管是什么目的，大家团团围坐，共享一席。筵席要用圆桌，这就从形式上造成了一种团结、礼貌、共享的气氛。美味佳肴放在一桌人的中心，它既是一桌人欣赏、品尝的对象，又是一桌人感情交流的媒介。人们相互敬酒、相互让菜、相互劝菜，在美好的事物面前，体现了人们之间相互尊重、相互礼让的美德。虽然从卫生的角度看，这种饮食方式有明显的不足之处，但它符合我们民族"大团圆"的普遍心态，反映了中国古典哲学中"和"这个范畴对后代思想的影响，便于集体的情感交流，所以一直延续至今。

（二）西方饮食方式重分餐，求自我

西方的饮食方式多为分餐制。西式饮宴上，食品和酒尽管非常重要，但实际上那是作为陪衬的。宴会的核心在于交谊，通过与邻座客人之间的交谈，从而达到交谊的目的。与中国饮食方式的差异较为明显的是西方流行的自助餐。这种方式便于个人之间的情感交流，不必将所有的话摆在桌面上，也表现了西方人对个性、对自我的尊重；但各吃各的，互不相扰，缺少中国人群欢共乐的情调。

四、中西方饮食习俗不同

（一）待客态度的不同

世界上有许多民族，每个民族都有其独自的特点，一个民族的特质，往往能够形成一种独特的饮食文化。我们中国人一向热情好客，大家围在一起吃一顿"大锅饭"似乎更能增进彼此的感情，席间，好客的主人会再三地给客人夹菜，热情之状溢于言表；而西方人更乐意把自己喜欢吃的食物放在一个小盘里，不习惯于给对方夹菜，他们认为周到的服务才是他们显示好客的方式。

（二）加工程度的不同

中国人的传统饮食习俗是以热食、熟食为主的，这也是中国人饮食习俗的一大特点。这和中国文明开化较早和烹调技术的发达有关。中国古人认为："水居者腥，肉臊，草食即膻。"热食、熟食可以"灭腥去臊除膻"（《吕氏春秋·本味》）。西方饮食中多生食或半生的食物。

（三）餐具使用的不同

在餐具使用方面，中西方差异就更加明显。众所周知，中国人包括亚洲一些黄种人的国家，使用的都是筷子、汤匙，吃饭也用碗盛；而西方人则是用盘子盛食物，用刀叉即切即吃，喝汤则有专门的汤匙。筷子与刀叉作为中西方最具代表性的两种餐具，筷子和刀叉影响了东西方不同的生活方式，代表着不同的两种智慧。西餐的菜肴品种虽然简单，但餐具却很复杂。比较正规的一餐西餐吃下来，仅是大小刀、叉、匙的数量大概就与菜肴的数量相当。不像中餐，即便是国宴，也不外乎一双筷子、一个汤匙。中国人的筷子代替了西餐具的刀、叉的功能，而且更加灵活、方便。

（四）饮食习惯的不同

西方主人在请客时客人是必须要把食物吃干净的，否则表示对主人的不尊敬或饭菜不合口，而在中国则未必把食物都吃净；另外，中国酒桌上以敬酒、劝酒为礼,而西方以自便为仪。

(五)烹饪标准的不同

中国的烹调,不仅各大菜系都有自己的风味与特色,即使同一菜系的同一个菜,其主辅料的匹配,也会因人而异。同一厨师做同一个菜,虽有其一己之成法,但也会依不同季节、不同场合、用餐人的不同身份加以调整。此外,还会因厨师自己临场情绪的变化,做出某种即兴的发挥。因此,中国烹调不仅不讲求精确到秒与克的规范化,而且还特别强调随意性。中国烹调讲究艺术性,千变万化之中却符合科学的要求,可以说是一种超越科学的科学。

西方人于饮食强调科学与营养,故烹调的全过程都严格按照科学规范行事,牛排的味道从纽约到旧金山毫无二致,牛排的配菜也只是番茄、土豆、生菜等有限的几种。再者,规范化的烹调要求调料的添加量精确到克,烹调时间精确到秒。西方食品的营养成分一目了然,但其烹饪缺乏艺术氛围。

五、中西方饮食礼仪不同

(一)对待女性态度的不同

在中国的大多数宴会上,位高权重者或年长者首先入座并坐首席是司空见惯的事。这是因为中国人将长幼有序、尊重长者作为排座的标准。中国的宴会或多或少地缺乏对女性的尊重,许多地区有"女人不上席"的习俗,即使上席,女性所坐位置一般也不显著。

在西方,人们则将女士优先、尊重妇女作为宴会排座位的标准,同时也作为宴会上其他行为的标准。

(二)用餐气氛的不同

中国人请客,主要按长、尊、主、次围桌而坐,满桌丰盛的酒菜,主人频频劝酒,客人谦让礼到。中国人觉得只有这样的宴客方式才能体现主人的热情和诚恳。宴客时,中国人崇尚热闹欢快的气氛,讲究面子和排场。排场之大、气氛之热闹常常令人叹为观止。与中国人用餐气氛有所不同的是,西方人在餐桌上喜欢专心致志地、静静地品味盘中餐。中国人餐桌上的闹与西方餐桌上的静呈现出鲜明的对比。

(三)用餐礼仪的不同

中国一般是客齐后导客入席,以左为上,视为首席,相对首座为二座,首座之下有三座,三座之下为四座……在西方,一般来说,面对门、离门最远的那个座位是女主人的,与之相对的是男主人的座位。女主人右手边的座位是第一主宾席,一般是位先生,男主人右边的座位是第二主宾席,一般是主宾的夫人。女主人左边的座位是第三主宾席,男主人的左边的座位是第四主宾席……

正式宴请的座次安排,西方人请客用长桌,男女主人分坐两端,然后再按男女主宾和一般客人的次序安排座位。中国人传统上用八仙桌。对门为上，两边为偏座。请客时，年长者、主宾或地位高的人坐上座，男女主人或陪客者坐下座，其余客人按顺序坐偏座。在中国，左为尊，右为次；而在西方，右为尊，左为次。

在中国上菜顺序是，先菜后汤再主食、餐酒，最后一道菜是水果用来促进消化；在西方国家上菜顺序一般是，汤和菜、水果、餐酒、主食，最后是甜点和咖啡。正式的全套西餐上菜顺序是：前菜和汤；鱼；水果，还有餐前酒和餐酒；肉类或鱼类；乳酪；甜点和咖啡。

中国筵席中暂时停餐，可以把筷子直搁在碟子或者调羹上。如果将筷子横搁在碟子上，那是表示酒足饭饱不再进膳了。在西方略事休息时，刀叉的摆法不同，意思不同，刀叉以"八"字形状摆在盘子中央意味着要略作休息。用完餐后，可将叉的正面向上，刀的刀刃侧向内，与叉并拢，平行放置于餐盘。

在衣着方面，中国人在餐馆用餐的穿着可以随便一些，即使是T恤、牛仔裤都可以，只有在重要的宴会上方穿得隆重一些。但在西方，去高档的餐厅，男士要穿着整洁的上衣和皮鞋；女士要穿套装和有跟的鞋子。如果指定穿正式服装的话，男士必须打领带。不可穿休闲服到餐馆里用餐。

受中西方不同文化的影响，中国饮食文化与西方饮食文化存在着全方位的差异，以上的阐述主要是针对一些明显的差异，对于某些细微的差异并未完全涉猎。为使读者简单明了地了解中西餐饮食文化的差异，特列表4-3。

表4-3 中餐和西餐饮食文化比较

项 目	中 餐	西 餐
原料选择	珍奇	新鲜
原料种类	繁多	稀少
烹调方式	综合	拼盘
烹调标准	随意	规范
加工程度	熟食	生冷
上菜程序	先菜后汤	先汤后菜
菜肴数量	超量	适量
饮食方式	会餐	分餐
饮食用具	筷子	刀叉
饮酒方式	劝酒	自便
环境气氛	热闹	安静
经营机制	家庭	连锁
饮食观念	味感	营养

续表

项 目	中 餐	西 餐
饮食对象	植物	动物
饮食习惯	浪费	节约
餐座安排	左为尊	右为尊
宴客餐桌	圆桌	长桌
男女座次	男为尊	女优先
餐饮着装	随便	讲究

第四节 如何审视中西方饮食文化差异

一、中西方饮食文化差异透析

中西方饮食文化由于受地域特征、气候环境、社会发展、传统思想、风俗信仰等因素的影响,在原料、口味、烹调方法、饮食习惯等方面上出现了不同程度的差异。正是因为这些差异,餐饮产品才具有了强烈的地域性和民族性。中西方文化之间的差异带来了中西饮食文化的差异,而这种差异更有其深层的原因,如中西方有着不同的思维方式和处世哲学,中国人注重"天人合一",西方人注重"以人为本"等。

(一)不同哲学思想的影响

在中国,饮食的美性追求显然压倒了理性,这种饮食观与中国传统的哲学思想也是吻合的。作为东方哲学代表的中国哲学,其显著特点是宏观、直观,同时又深邃模糊而不可捉摸、不可界定。这种哲学对中国烹调的影响深远。中国菜的制作方法是调和鼎鼐,它的原料可以是一种或多种,它的调料可以是一样或多样,它的步骤可以是一步或多步,最终是要调和出一种美好的滋味。这讲究的就是分寸,就是整体的配合。它包含了中国哲学丰富的辩证法思想,一切以菜的色、香、味、形、器的美好、协调为度,度之内的千变万化决定了中国菜的丰富和富于变化,也决定了中国菜的菜系的特点乃至每位厨师的特点。在中国烹调的体系中,不仅讲究菜肴的整体性,而且餐具、餐厅、摆台、上菜顺序,乃至天气、政治形势、食客等的不同,婚宴、丧宴、寿宴、国宴、家宴等的区别,都能纳入烹调的整体考虑之中。可以说,这种对客观事物整体性的把握就是中国哲学的一大特点,这种哲学思想使中国烹调倾向于艺术化。

中华饮食文化的渊源,是东方古老的阴阳学说,这是一种带有浓厚浪漫色彩的哲学,至今仍在影响我们的饮食生活,中国人的饮食追求是"美味享受,饮食养生",把饮食的味觉感受摆在首要位置上,注意饮食审美的艺术享受。中国的传统饮食观讲究养生。饮食养生包括"辨证施食"与"饮食有节"两方面,原理还是阴阳五行的相生相克。中国人把饮食作为一种艺术,以浪漫主义的态度,追求饮食的精神享受。

形而上学是西方哲学的主要特点。这种哲学主张对西方的饮食文化产生了一定的影响。例如,在宴席上,一般都讲究餐具,讲究用料,讲究菜之原料的形、色方面的搭配;但在西方无论是多么高档的餐馆,牛排都只有一种味道,毫无艺术可言。而且作为菜肴,鸡就是鸡,牛排就是牛排,纵然有搭配,也是在盘中进行的,如一盘"法式羊排",一边放土豆泥,旁倚羊排,另一边配煮青豆,加几片番茄便成。在色彩上对比鲜明,但在滋味上各种原料互不调和,各是各的味,简单明了。

另外,西方近代的科学文明对西方饮食习俗的形成影响也极大,西方人对待饮食,首先讲有什么营养,能产生多少能量,味道则是次要的。他们认为加热烹调,会造成营养损失,所以常是半生不熟甚至生吃。

(二) 不同宗教思想的影响

在中国,长期占统治地位的是儒家文化与思想。儒家提倡礼治,即以礼治国、治家。《荀子·修身篇》言:"人无礼不生,事无礼不成,国无礼不宁。"儒家认为礼存在于君臣、父子、夫妻、长幼之间,以君、父、夫、长为尊、为先,以臣、子、妻、幼为卑、为后,进而形成了贵贱有等、夫妻有别、长幼有序的思想和行为标准。受此影响,中国古代还形成了浓厚的歧视、忽视妇女的思想,孔子就说过"唯女子与小人难养也"。另外,中国长期以来以农业为本,强调"家国同构"的关系,而农业生产主要依靠经验,人越老则经验越丰富,所以便认为年长者是家与国稳定和繁荣的关键,于是很早就形成了尚齿(年长)、尊老的社会风尚,因此中国人在社会交往过程中,在贵贱相等的前提下,便尊重老者、以老者为先。这种思想对中国的饮食礼仪文化影响深远。

在西方,影响力最大、渗透面最广的文化是基督教文化。基督教认为基督耶稣是上帝派到人间的救世主,而玛利亚作为唯一生育、养育上帝之子耶稣的人,有高贵贞洁的形象和慈爱、谦卑的品格,理应受到极大尊敬,被称为圣母。人们将基督教文化对圣母的虔诚尊敬扩展和延伸,便产生了尊敬世间妇女的社会风尚。此外,文艺复兴时期提出的平等、博爱思想也使尊重妇女的社会风尚发扬光大。这种思想对西方饮食礼仪中的"女士优先"产生了巨大的影响。

受中西方这两种不同的宗教思想的影响,中西方的饮食文化表现出极大的差异性。当然,这两种截然不同的思想对文化的影响是全面的、深刻的,不仅仅限于饮食文化一个方面,而且涉及文化的方方面面。

(三）不同生活方式的影响

中西方饮食性质的差异，与它们各自的生活方式及生活节奏是吻合的。在西方，流水线上的重复作业，实行计件工资制，生活节奏急促，人们有意无意地受到机械两分法的影响，信奉"工作时工作，游戏时游戏"的原则。生活的机械性导致了饮食的单一性或对饮食的单一熟视无睹，顿顿牛排土豆、土豆牛排，单调重复的饮食与其工作一样，以完成"件"数为目的，自然无兴趣、滋味可言。

中国则不然，"游戏中有工作，工作中有游戏"的生活方式在饮食中也显现出来。街上卖烧饼的师傅，揉面时喜欢用擀面杖有节奏地敲打案板；厨师在炒菜时，敲打炒勺，注意烹炒的节奏感……这些自然不会对工作有什么便利，但却增加了劳动者的工作趣味，只有在这种气氛中工作，才会有积极意义，才会有中国菜的创造性和艺术性。

二、正确审视中西方饮食文化差异

（一）中国传统饮食文化的艺术境界叹为观止

中国作为"烹饪王国"，名不虚传，孙中山先生曾惊叹道："中国近代文明进化，事事皆落人之后，唯饮食一道之进步，至今尚为文明各国所不及。"确实如此，中国的饮食文化源远流长，无论是传统的饮食理论，还是高超的烹饪艺术，都堪称世界一绝，是世界饮食文化的瑰宝。

1. 先进的传统饮食理论

中国传统的饮食理论主要集中在《论语》、《孟子》、《墨子》、《庄子》等著作中，这些著作均用了一定的篇幅来讨论饮食问题。

伟大的思想家孔子就十分重视饮食的礼节与卫生。例如，《论语》中有"食不语，寝不言"、"食不厌精，脍不厌细"、"鱼馁而肉败，不食。色恶，不食。臭恶，不食。失饪，不食。不时，不食。割不正，不食。不得其酱，不食"，还强调吃饭不可过饱，饮酒须有节制，不可喝到神志昏乱。儒家充分肯定食欲的客观性，如《孟子·告子上》的"食色，性也，人之大欲存焉"；同时，又要求有所节制，要合乎礼仪，如《荀子》的"欲虽不可尽，求者犹近尽；欲虽不可尽，求可节也"，《孟子》的"养心莫善于寡欲"，《论语》的"君子食无求饱，居无求安"，"贤哉，回也！一箪食，一瓢饮，在陋巷，人不堪其忧，回也不改其乐"……这些论述充分表明儒家的饮食观是节欲合礼型并讲求实际的饮食观。它是中国古代社会饮食观的主流。

道家的饮食观在于顺乎自然，达到果腹、怡神、延寿的目的，如"五色令人目盲；五味令人口爽；驰骋畋猎令人心发狂；难得之货，令人行妨。是以圣人为腹不为目，故去彼取此"等。道家的饮食观属于寡欲养生型的饮食观，它对饮食理论的研究也起到了奠基和指导性的作用。

另外，在《周礼》中即载有"食医"，并对各类饮食的寒热湿凉（指服食）及四季的五味所宜都有明确的规定。尤其是《黄帝内经》对饮食的宜忌及与养生保健的关系都做了系统的独到的研究，至今仍有着重要的指导作用。

2. 无与伦比的饮食文化艺术

首先，丰富的物产，造就了中国包罗万象的烹饪素材。无论是天上飞的、地上跑的，还是水中游的，所有动物都能搬到餐桌上。中国的满汉全席，要吃三天三夜才能享用完，在西方人眼里如一千零一夜的阿拉伯神话。中国人就连治病的中药材也能端到席桌上，被称之为药膳。中国在饮食原料的选用上具有很强的开拓精神。

其次，刀工独到，技法多样，造型逼真。中国厨师令人眼花缭乱的刀法、目不暇接的烹技成就了一个个、一盘盘、一件件造型独特、形象逼真的餐饮制品以及饮食装饰品，真正达到了秀色可餐、增进食欲的饮食效果。

第三，中国的饮食更富于想象力、创造性。中国人的饮食从古至今表现为感性对理性的超越，致使中国饮食文化充溢着想象力和创造性。中国饮食活动中的感性是升华了的感性，是渗透了理性的感性，是生命本质的实现。另外，味觉享受本是人类为之奋斗追求的主要目标之一，因此，中国饮食的艺术化符合人类历史发展的进程，比西方饮食的科学化更进步。正如张起钧先生在《烹调原理》中说的："美国总算是空前富足的社会了，但到今天为止，本质上还是在'食物充饥'的阶段，距离进入艺术境界，仍有一段距离。"在中国，饮食早已超越了维持生存的作用，它的目的不仅是为了获得肉体的存在，而且是为了满足人的精神对于快感的需求。它是人们积极地充实人生的表现，和美术、音乐、文学等有着同等的提高人生境界的意义。

第四，中国传统的以儒释道医等相结合的饮食文化意义深远。这种饮食文化在当代仍有着十分积极的意义。例如，佛教将食划分为段食、触食、思食、识食，可以启发我们更多地注意食的精神因素；中国医食同源的理论、佛教素食和茶所体现的自然、宁静、高雅的风格及有益健康、长寿的功能，在世界上正为越来越多的人所认识和称道；佛教的食存五观与进餐的"礼乐"蕴涵着许多有价值的东西：一是它的分餐形式等符合卫生原则，二是它体现着节俭、平等、感恩乃至慈悲的精神。

3. 简单科学的饮食工具

中国的主要餐饮工具——筷子是中国人的专利。使用筷子更有利于锻炼思维能力。科学家们曾从生理学的观点对筷子提出一项研究成果，认定用筷子进食时，要牵动人体30多个关节和50多条肌肉，从而刺激大脑神经系统的活动，让人动作灵活、思维敏捷。而筷子中暗藏科学原理也是毋庸置疑的。著名的物理学家、诺贝尔物理奖获得者李政道博士，在接受一位日本记者采访时，也有一段很精辟的论述:"中华民族是个优秀民族,中国人早在春秋战国时期就使用了筷子。如此简单的两根东西,却是高妙绝伦地运用了物理学上的杠杆原理。筷子是人类手指的延伸,手指能做的事它几乎都能做,而且不怕高温与寒冷。真是高明极了!"

(二)正视中国饮食文化不足之处,肯定西方饮食文化科学的一面

应当指出,中国的饮食文化有着文明、光辉灿烂的一面,同时也有着某些落后、不尽如人意的地方。例如,随处可见的合餐形式,极易传播各种疾病;暴食豪饮现象不少,过分重视饮食的味道、数量和排场,忽视了饮食的色香、营养和情调;烟酒强劝强饮,危害人们的身体健康。西餐的分餐制能充分体现人们的个性化和尊重人的选择权力,各取所需自由选择。而中餐的合餐制,常常是长官和长者说了算,他们根据自己的喜好点菜,很少让就餐的人有自己的选择权,体现了中国的长官和家长制意识较强。

从食物的营养方面来看,中国的饮食显得比较健康合理,它们是高纤维素、低脂肪糖的食品;而西方的饮食往往是高脂肪、高热量,但这并不说明他们不注意饮食健康。在保持食物天然营养方面,西方人的饮食烹调做法也有自己的独到之处。比如说,西方人喜欢吃生菜,如蔬菜、水果、沙拉等,牛排也是西方人所钟爱的食物之一,在我们看来要把牛肉煮得熟透才可吃,而在西方人看来,不完全熟透的牛排,才能尽显其美味和丰富的营养,他们注意的是尽量保持食物的原汁和天然营养,在这一点上,的确是值得我们借鉴的。

(三)保持传统优势,兼容并蓄,散发异彩

1. 继续发扬传统饮食文化,不喧宾夺主

中国人一出生便开始品味中式饮食,因而有人或多或少已经厌倦了中式饮食;同时,中国现在正处于全球经济一体化的浪潮中,西方饮食的进入使得我们有了新鲜感,并开始习惯于出入西式快餐店,品味与中式饮食不同的西餐或西式快餐。然而,中国人的饮食观念和习惯毕竟与西方有天壤之别,这决定了中式饮食在中国人民心目中的基础地位,它绝不会因为西餐的介入而改变。但随着社会的发展、生活水平的逐步提高,西餐在中国会越来越盛行,但它只能是大多数人生活的"调味剂",而不会将西餐当作主食。中华民族赋予中国饮食以丰富的文化内涵,我们应该为中国有如此美味的饮食而自豪。

2. 吸收西方饮食文化的先进之处,为我们的生活增光添彩

随着中国与世界接轨,许多新鲜事物拥入国门,其中当然也包括饮食文化。现今社会,许多人都抱着好奇的心态,去品尝不同国家的食物,但真正了解饮食文化不同之处的人却不多。况且一个国家、一个地区的饮食文化往往是一个国家、一个地区文化的浓缩。为了增强各国文化之间的交流,我们更有必要去了解中西方饮食文化的特点与差异,以扬长避短、取长补短。

3. 兼容并蓄、相得益彰

中餐有几千年的历史沉淀做依托，西餐有完善的科学理论为依据。现在中餐经过改良逐步进入西方饮食圈，而西餐通过文化做先锋将其原汁原味带入中国。中西方的饮食文化正在互补和相互渗透，在全世界任何一个国家都有中餐的存在，因为全世界任何一个国家都有华人的存在。在中国大部分地区，人们过生日都要吃具有典型西方饮食文化标志的生日蛋糕和吹蜡烛，因为西方文化早已渗透到了我们的各个角落。

一种文化的形成都应具有一定的历史积累，一定的历史往往就能造就一种饮食文化。中国有着几千年的悠久历史，创造了无数的灿烂文明，这种文化蕴藏，使中国的饮食更加博大精深，其技术的高超、菜式的多样、造型的精致，的确令人惊叹。而西方的一些国家曾为一些国家的殖民地并且汇集着各国的移民，因此这些国家深受各国饮食文化的影响，博采众长，并结合自己的饮食习惯，从而使西方的饮食文化成为一种综合性的饮食文化。

一个国家、民族、家庭乃至个人的饮食内容及表现如何，不仅反映出这个国家、民族、家庭和个人的物质能力、生活质量、经济水平，更重要的是能反映出它的素质、文明程度或精神风貌。因此，发展和提高中国的饮食水平和饮食文化，应是我们加强社会主义"两个文明"建设的一项重要内容。从饮食文化来说，应该把握好两个方向：一是努力弘扬祖国传统饮食文化中积极、合理的内容；二是努力学习、借鉴世界各国先进的合乎中国国情的饮食文化。只有这样，才能使中华饮食文化更加文明、健康、进步，从而更好地为中国和世界各国人民服务。

（四）尊重彼此的饮食习俗

每个国家、每个民族都有其特殊的饮食习俗，中西文化的差异对人们的饮食习惯和民俗观念的影响明显。中西方无论哪一个国家、民族，都对自己的饮食习俗所具有的特点、形式，不但怀有深厚的感情，而且极为敏感。如果对其饮食习俗不尊重，就很容易刺激其感情，甚至激化矛盾。为了避免矛盾、隔阂甚至是冲突的产生，在跨文化交流中，必须洞悉中西方的饮食文化，并注意中西方的饮食习俗。中国旅游者去西方旅游，应该考虑当地的饮食习俗，尽量与之保持和谐。对于来华的西方旅游者，我们应该顾及到他们的饮食习俗和饮食喜好，当然，我们可以在尊重对方意见的基础上，首先劝他们入乡随俗，但切忌强拉强劝，必须尊重对方的习惯。注意保护并弘扬中国饮食民俗习惯，尊重西方旅游者的饮食要求，是促进中国国际旅游事业发展的必需，也是增进中西方人民感情的桥梁。

复习思考题

1. 什么是饮食文化？

2. 简述中国传统饮食的历史演变,中国传统饮食的五大名宴是什么?

3. 中国烹饪的主要流派有哪些?各有什么特点?中国烹饪文化的主要特色是什么?

4. 中国的茶、酒文化的主要特色是什么?中国少数民族有哪些特色饮食?

5. 举例说明中国饮食文化与旅游的关系?

6. 西方饮食文化在各个国家是怎样发展的?西餐有哪些礼仪讲究?西方酒的主要种类有哪些?

7. 中国饮食文化有哪些特点?

8. 举例分析中西方饮食文化的主要差异,并深刻剖析造成差异的主要原因。

9. 如何正确审视中西方饮食文化之差异问题?

案例分析:盛大的欢送晚宴

某年春,东北某家中型企业接待了一个由中外友人共同组成的考察团。当考察结束后,主办方在一家豪华的中国特色餐馆里为考察团举办了欢送晚宴。

晚宴场面宏大且热烈,为了增进中外友谊,主办方特意安排中外方的团员穿插就座,基本上按年龄、职位进行了座次的安排。同一级别的安排在一张餐桌上,年长的按中国人的习惯安排在上座。考虑到外方客人的饮食习惯,餐桌上摆放了刀叉。在规定的时间里,大部分客人已如约就座,外方客人们着装都非常正式,而中方有些客人的穿着比较休闲、随意。当服务员把一个个雕刻美观、色彩鲜艳的盘子搬上餐桌时,外方客人连连发出啧啧的赞叹声。这些盘子的雕刻物都是中国的吉祥物,像龙、凤、鹤等。

凉菜全部上齐后,主办方的领导走上台郑重其事地宣布:"各位嘉宾,为了对大家表示感谢,特安排了这次欢送晚宴,以示敬意,款待不周之处还请多多见谅。中国有句俗话'茶要半,酒要满,茶满欺,酒满敬,茶七、饭八、酒十成'。请大家把酒满上,我代表主办方对在座的所有贵客连敬三杯,请大家一定吃好、喝好!"随着主办方领导的这段发言,晚宴正式拉开帷幕。在这样和的气氛中,只见中国的客人们,频频起身,相互敬酒,觥光杯影,纵横交错。每张桌子甚至整个餐厅都成了欢乐的海洋。他们相互询问着、探讨着各自的工作、生活、人生,无不畅怀。相对来说,外方客人就安静多了,他们更多的是独自享受。

酒过三巡后,桌上的热菜基本上上齐了,只剩下汤、水果和主食还没上来。即使如此,满满一桌子的菜也是相当丰富了,无论是从色泽、香气、味道还是造型上都可用一个"美"字来形容。这时主办方领导又发话了:"朋友们,今天大家一定要尽兴,饭菜不多、不太可口,还请大家多多包涵。"其中一位外国女士由于是第一次参加中餐宴会,忍不住问邻座的中方人员道:"你们中国人请客都上这么多菜吗?"中方人员连忙回答说:"哪里哪里,不多,不多。"她很惊讶,连说中国的宴会实在太丰盛了。由于晚宴的菜品太多,上菜的时间自然就拉长了。待美味的汤、精美的果盘、诱人的主食上齐时,人们已经吃得差不多了,因而剩下了好多菜。临近尾声,中国客人似乎有点意犹未尽,而外方客人早已坐不住了,也许是他们连吃饭也讲效率吧。

案例思考题:
1. 晚宴中可以折射出中国饮食文化的哪些特点?请说明。
2. 晚宴中表现出的中西方饮食文化差异有哪些?请分析原因。

第五章

服饰文化

第一节 中国服饰文化概况

一、中国服饰文化的历史演进

原始时期，在纺织技术尚未发明之前，动物的毛皮是人们服装的主要材料。商代时期，服装与服饰体系进一步完善。衣、裳、冠、履、帽、袜等服饰形制的不断出现，表明人们对服装的理解也日益提高，逐渐从单纯的实用功能向装饰点缀方向发展，从而使古代服饰趋向完整和统一。

西周的建立，使社会生产力大大发展和提高了，物质明显丰富起来，社会秩序也走向条理化，并有了规章制度。服饰形制也由于尊卑等级的存在、礼仪的需要而进一步规范化，被纳入"礼治"范围，尊卑贵贱，各有分别。

春秋战国时期，由于连年战争，战国时期各种礼仪逐渐废除不用。战国七雄齐、楚、燕、韩、赵、魏、秦各诸侯国的服饰，由于风土所限，相应地产生了一些变化。这时候的服饰以沿宽边的下身缠绕式的肥大衣服为主。其缠绕是将前襟向后身围裹，即采取横线与斜线的空间互补，从而获得静中有动和动中有静的装饰效果。

秦汉时期，由于国家统一，服装风格也趋于一致。秦始皇深受阴阳五行学说的影响，相信秦克周，应当是水克火，因为周朝是"火气胜金，色尚赤"，那么秦胜周就是水德，颜色崇尚黑色。这样，在秦朝，黑色为尊贵的颜色，衣饰也以黑色为时尚颜色了。这一时期的衣料较春秋战国时期丰富，深衣也得到了进一步发展。

中国完整的服装服饰制度是在汉朝确立的。汉代染织工艺、刺绣工艺和金属工艺发展较快，推动了服装装饰的变化。西汉建立时基本上沿用秦朝的服制。东汉时期穿黑色衣服必配紫色丝织的装饰物。汉代有了舆服制度。史书列有皇帝与群臣的礼服、朝服、常服等20余种。服饰上的等级差别已十分明显。西汉时期，张骞奉命两次出使西域，开辟了中国与西方各国的陆路通道，成千上万匹丝绸源源外运，历魏晋隋唐，迄今未断，史称"丝绸之路"。于是，中华服饰文化传往世界。

魏晋和南北朝时期，等级服饰有所变革，民族服饰大为交融。魏初，文帝曹丕制定九品官位制度，"以紫绯（大红）绿三色为九品之别"。这一制度此后历代相沿杂而用之，直到元明。魏晋南北朝时期的服饰，大体上仍承袭秦汉旧制。南北朝各少数民族初建政权时，仍然按照本族的习俗穿着，后受到汉族文化的影响，也开始穿着汉族的服饰。魏晋南北朝是中国古代服装史的大变动时期，这个时期因为大量的胡人搬到中原来住，胡服便成了当时时髦的服装。紧身、圆领、开衩就是胡服的特点。

隋唐时期，中国由分裂而统一，由战乱而稳定，经济文化繁荣，服饰的发展无论衣料还是衣式，都呈现出一派空前灿烂的景象。隋唐时期，最时兴的女子衣着是襦裙，襦裙是唐代妇女的主要服式。隋唐女子好打扮。从宫廷传开的"半臂"，有对襟、套头、翻领或无领式样，袖长齐肘，身长及腰，以小带子当胸结住。因领口宽大，穿时袒露上胸。女装男性化是唐代社会开放的表现之一，妇女穿着男装是当时的一种时尚。唐人善于融合西北少数民族和天竺、波斯等外来文化。唐装还对邻国有很大的影响。比如，日本和服从色彩上大大汲取了唐装的精华，朝鲜服也从形式上继承了唐装的长处。唐代服饰本身品类多、善变化，从外形到装饰均大胆吸收外来服饰特点，多以中亚、印度、伊朗、波斯及北方和西域外族服饰为参考，充实唐代服饰文化，使得唐代服饰丰富多彩、富丽堂皇、风格独特、奇异多姿，成为中国历史服饰中的一朵奇葩，令世人瞩目。

宋代，基本保留了汉民族服饰的风格，辽、西夏、金及元代的服饰则分别具有契丹、党项、女真及蒙古民族的特点。各民族服饰再度交流与融合。明代以汉族传统服装为主体，清代则以满族服装为主流。而两代上下层社会的服饰均有明显等级。上层社会的官服是权力的象征，历来受到统治阶级的重视。自唐宋以来，龙袍和黄色就为王室所专用。百官公服自南北朝以来以紫色为贵。

明代，服装出现了许多新的变化，最突出的特点是以前襟的纽扣代替了几千年来的带结。清朝是以满族统治者为主的政权机构，满族旗人的风俗习惯影响着中原地区。几千年来世代相传的传统服装制度，由于满族八旗兵的进关而受到冲击。可以说这种变革，是中国传统服制的又一次飞跃，是历史上"胡服骑射"、"开放唐装"之后的第三次明显的突变。马褂、旗袍是清代男女的典型服饰，现已成为中国的传统服装。

民国初年，上衣下裙最为流行，上衣有衫、袄、背心，样式有对襟、琵琶襟、一字襟、大襟、直襟、斜襟等变化，领、袖、襟、摆多镶滚花边或刺绣纹样，衣摆有方有圆、宽瘦长短的变化也较多。20世纪20年代，旗袍开始普及。

其样式与清末旗装没有多少差别。但不久，袖口逐渐缩小，滚边也不如从前那样宽阔。至20世纪20年代末，因受欧美服装的影响，旗袍的样式也有了明显的改变，如有的缩短长度、有的收紧腰身等。到了20世纪30年代初，旗袍已经盛行。当时的样式变化主要集中在领、袖及长度等方面。民国时期，中山装作为流行时尚被搬上历史舞台，在相当一段时间内占据着统治地位，并一度成为国服。

随着国际化形势的日益明显，经济贸易的全球一体化也带来了生活方式的同质化。中国人服饰观念也逐渐走向国际化，西装、T恤衫、牛仔裤、休闲装等服饰成为人们的最爱。

二、中国不同民族的服饰

中国民族众多，除汉族以外还有55个少数民族，受经济条件、地理环境、社会风尚、历史传统、宗教信仰、文化交流等的影响，各民族服饰之间既有融合，又有差异。不同民族都有自己的民族服饰，可谓是异彩纷呈。

（一）汉族服饰

汉族，是中国也是世界上人数最多的民族。纵观几千年的历史，汉族的服饰，在式样上主要有上衣下裳和衣裳相连两种基本的形式，大襟右衽是其服装的鲜明特点。不同朝代、不同历史阶段，其又各有不同的特点。

在服饰的色彩上，汉族视青、红、皂、白、黄五种颜色为"正色"。不同朝代也各有崇尚，一般是夏黑、商白、周赤、秦黑、汉赤，唐服色黄、旗帜赤，到了明代，定以赤色为宜。但从唐代以后，黄色曾长期被视为尊贵的颜色，往往天子权贵才能穿用。

服饰的原料，主要有麻布、丝绸、棉布、毛呢、皮革等。汉族的染织工艺，以其历史悠久、技术先进、制作精美而在世界上独树一帜并享有盛誉。古代染织，特别是丝织方面，在相当长的时间内是世界上独有的。古代的染色技术也极为卓越和先进，不仅颜色种类多、色泽艳美，而且染色牢固、不易退色，被西方人誉为神秘的"中国术"。其方法大体可分为织花、印染、刺绣、书花四大类。

汉族服饰在装饰纹样上，多采用动物、植物和几何纹样。图案的表现方式，大致经历了抽象、规范到写实等几个阶段。商周以前的图案，与原始的汉字一样，比较简练、概括，抽象性强烈。周朝以后至唐宋时期，图案日趋工整，上下均衡、左右对称，纹样布局严密。明清时期，已注重于写实手法，各种动物、植物，往往被刻画得细腻、逼真、栩栩如生，仿佛直接采撷于现实生活，而未作任何加工处理，充分显示了汉族人民的勤劳与智慧。

（二）蒙古族服饰

蒙古族的服饰，由首饰、长袍、腰带、靴子等几个主要部分组成。妇女平时多用红、绿等颜色的长绸缠于头部，节庆、探亲、宴会时很讲究头饰，多用玛瑙、珍珠、宝石、金银做成。男子冬天戴羊皮帽，夏天喜欢蓝色和棕色的前进帽或礼帽。女子喜欢鲜艳的色彩，领口、袖口都缀以花边。为骑马方便，袍子比较肥大，腰带是穿蒙古袍必不可少的。男子扎腰带时，多将袍子上提，再系腰带，腰带系得很短，显得精神潇洒，骑在马上显得威武。女子则相反，尽量将袍子下展，再系腰带，以展现苗条和矫健的身段。总之，将首饰、长袍、腰带、靴子集中于一身，能充分显示出蒙古族人的精悍、健美、英武的气质。

（三）哈萨克族服饰

哈萨克族主要分布于新疆北部，是一个古老的游牧民族。其生活习俗具有鲜明的草原游牧文化特征。其传统服饰尤其是男子服饰的原料多取自羊、马、骆驼等牲畜的皮毛，在式样、类别和功用上，也都表现出便于骑乘游牧的特点。哈萨克人的帽子、头巾颇为讲究，种类、式样很多。按照哈萨克族的传统习俗，妇女的帽子、头巾和披巾，在婆婆家和不熟识的异性面前绝不能随便摘掉。无论冬夏，男女也必须戴帽，这与其宗教信仰密切相关。哈萨克族男女老幼都喜欢穿皮靴、套鞋。哈萨克族的刺绣艺术历史悠久，与古代中亚游牧民族的文化有着十分密切的联系，是对古代乌孙文化的继承和发展。

（四）苗族服饰

苗族妇女上衣无领，长及膝，大襟右衽，下着长裤，脚蹬绣花鞋。无领的上衣胸襟、袖口、衣服边沿和裤脚边都绣有花饰或鸟兽。小姑娘从六七岁起就开始学绣花，而且姑娘的嫁衣从此就开始绣起，一直绣到出嫁的那天为止。妇女系围裙，围裙上用五彩丝线绣着各种图案，空隙处填以亮闪闪的铜片。苗族姑娘酷爱银首饰，如银帽、银簪、银角、银圈、银镯、银衣等。盛装的苗族妇女身上的银饰重量可达 200 多两。苗族男装却十分简朴，一般为对襟大褂或左衽长衫，下穿长裤，束大腰带，头裹青色长巾，冬天腿上缠裹腿。黔西的苗族男子爱披编有几何图形的披肩或羊毛毡。

（五）塔吉克族服饰

塔吉克族大多居住在气候寒冷的帕米尔高原上，以畜牧为主，兼营农业，过着半定居半游牧的生活，服装以皮衣、棉衣和夹衣为主，季节性变化不明显。男女均穿长筒皮靴、毛线袜、毡袜。帽子独具特色。男帽呈高筒圆形，多以黑羊羔皮为里、黑平绒布为面，帽筒上绣有数道细花纹和一道宽花边，平时帽的下檐卷起，露出一圈黑皮毛。妇女戴圆顶绣花棉帽，其后半部垂有一块后帘，可遮住后脑和两耳，外出时，帽外加披大方头巾，一般为白色，新娘用红色，少女多用黄色或绿色。塔吉克人喜欢红色，红色鲜艳，给人一种温暖之感，在冰雪高原上十分耀眼夺目。出于这种审美心理，塔吉克男女的皮靴多染成红色，订婚时男方送来的主要礼物也有大红头巾。新娘的盛装更是满身红：头披红头巾，辫梢系红丝穗，身穿红色长裙，外罩红色袷袢，脚穿红皮靴，连新郎的帽外也缠红白两色相间的彩布。

（六）俄罗斯族服饰

中国的俄罗斯族主要散居于新疆伊犁、塔城、阿勒泰、乌鲁木齐等地，从事手工业、运输业、农业等。俄罗斯族妇女的头饰颇为讲究，未婚姑娘和已婚妇女的头饰有严格的区别。少女梳一条长长的辫子，并在辫子里编上色彩鲜艳的发带和小玻璃球，头发可以露在外面；已婚妇女则先将头发梳成两条辫子盘在头上，再用头巾或帽子把辫子裹在里面，头发不能外露，尤其是在长辈面前更要注意，否则将被视为不礼貌的行为。她们喜欢戴耳环、项链，不少老年妇女还戴十字架。俄罗斯族是个非常注重礼节的民族，过去忌讳给人送手套，因为这意味着挑衅。他们还喜欢干净整洁，对于容貌和服装的整洁尤为重视。穿西服时，必须打领带或领结，衬衣下摆要扎到裤腰里面，而不能露在外面。在各种正式场合，一般都穿皮鞋而不穿布鞋。妇女最好穿裙子，以示庄重。

（七）藏族服饰

藏族男女都爱戴藏式金花帽，上身穿绸布长袖短褂，外套宽肥的长袍（珠巴），右襟系带，男女均穿氆氇或牛皮的长靴。而藏族妇女的"帮典"（一种用紫色或深蓝色布做的，类似南方汉族妇女的围裙），是其服饰文化的典型代表。

三、中国少数民族服饰文化的特点

（一）民族服饰，历史悠久

中华各民族是世界民族大家庭的一个组成部分，除汉族以外的55个民族都是少数民族。它们是：蒙古、回、藏、维吾尔、苗、彝、壮、布依、朝鲜、满、侗、瑶、白、土家、哈尼、哈萨克、傣、黎、傈僳、佤、畲、高山、拉祜、水、东乡、纳西、景颇、柯尔克孜、土、达斡尔、仫佬、羌、布朗、撒拉、毛南、仡佬、锡伯、阿昌、普米、塔吉克、怒、乌孜别克、俄罗斯、鄂温克、德昂、保安、裕固、京、塔塔尔、独龙、鄂伦春、赫哲、门巴、珞巴和基诺。此外，还有一些尚待进行民族识别的人们共同体。

中华各民族的形成，经历了至少两千多年的分化或融合过程。从中国古代典籍中出现的"夏"、"戎"、"狄"、"荆蛮"、"夷"、"诸濮"、"百越"等族别名称来看，中国早在秦代以前就已是一个多民族的国家，因此，中国各民族的服饰文化有其悠久的历史传统。

（二）绚丽多姿，特色鲜明

中国少数民族服饰绚丽多姿，精美绝伦，各具特色。它是各民族优秀历史文化的重要组成部分，少数民族服饰具有鲜明的特征。

1. 内容丰富

中国55个少数民族，民族服饰不仅民族与民族之间存在着明显的区别，就是在民族内部，不同支系、不同地区也都有明显的差异。省与省之间、县与县之间乃至寨与寨之间也是有差别的，如百花齐放，千姿百态。在这些少数民族中，有些民族又具有众多的支系，如苗族分为红苗、黑苗、白苗、青苗、花苗五大类，其中的花苗又包括了大头苗、独角苗、蒙纱苗、花脚苗等，皆以不同的服饰划分。这样一来，不但不同的民族具有不同的服饰，就是同一民族内也因支系的不同而具有不同的服饰，使得中国少数民族的服饰显得格外丰富多彩。

中国少数民族服饰无论是从质地、色彩来看，还是从款式、搭配来看，都是十分丰富的。中国少数民族服饰款式纷繁、各自有异，大体上有长袍和短衣两类。穿袍子的民族一般戴帽蹬靴，穿短衣的民族多缠帕着履。袍子的形式也多种多样，有蒙古、满、土等民族的高领大襟式，有藏、门巴等族的无领斜襟式，有维吾尔等族的右衽斜襟式等，还有坎肩式长袍。短衣有裤和裙之别。裙子款式有百褶裙、筒裙、短裙、连衣裙等。无论是袍、衣还是裙、裤，不同的民族在结构、工艺、风格等方面都有差别。例如，同是高领大襟袍，有开衩和不开衩的，有前后开衩的，有前后开衩和周围镶边的。又如，黎、傣、景颇、德昂等民族妇女都穿筒裙，但黎族为棉制锦裙、景颇族为毛织花裙、德昂族为横条纹裙，而傣族多为市购布料裙。

2. 风格各异

由于自然环境的差异和民族风俗习惯、审美情趣的不同，中国少数民族服饰显示出北方和南方、山区和草原的巨大差别，并表现出不同的风格和特点。

中国的自然条件南北迥异：北方严寒多风雪，森林草原宽阔，生活在其间的北方少数民族多靠狩猎畜牧为生；南方湿热多雨，山地盆岭相间，生活在其间的少数民族多从事农耕。不同的自然环境、生产方式和生活方式，造成了不同的民族性格和民族心理，也造成了不同的服饰风格和服饰特点。例如，以捕鱼为主要经济生活的赫哲族早年曾以鱼皮为衣，而长期从事狩猎的鄂伦春、鄂温克等族是以狍皮兽筋缝制衣服。生活在高原草场并从事畜牧业的蒙古族、藏族、哈萨克族、柯尔克孜族、塔吉克族、裕固族、土族等少数民族，穿着多取自于牲畜皮毛，用羊皮缝制衣裳、裤、大氅等，有的在衣领、袖口、衣裳襟、下摆镶以色布或细毛皮。藏族和柯尔克孜族喜欢用珍贵裘皮镶边成长袍和裙子，显示出雍容厚实的风格。哈萨克族的"库普"是用驼毛絮里的大衣，十分轻暖。他们服装的风格是宽袍大袖、厚实庄重。南方少数民族地区宜于植麻种棉，因此，他们喜欢自织麻布和土布，以纺织布帛丝绸作为衣裙的主要用料。织物精美，花纹绮丽。另外，因为南方天气湿热，衣裙也多短窄轻薄，其风格表现为生动活泼、式样繁多、各不雷同。

总之，少数民族服饰制作从原料、纺织工艺乃至样式、装饰都保持着鲜明的民族和地区特色。

3. 工艺精美

少数民族的纺织、鞣皮、擀毡等工艺，有着悠久的历史。例如，黎族的木棉布、藏族的氆氇、维吾尔族的爱得丽丝绸、鄂伦春的皮毛制品等久负盛名。中国少数民族的刺绣、蜡染等工艺相当发达，并广泛应用于服饰装饰上，是民族服饰的又一特点。刺绣是各民族普遍喜爱的工艺，一般运用在头巾、腰带、围裙以及衣襟、环肩、下摆、袖口、裤脚、裙边等易损部位，既起装饰作用，又有实用价值。刺绣包括挑花、补花、绣花等多种工艺。绣花的手法有平绣、编绣、结绣、盘绣等。花纹图案有自然景物、吉祥图案和几何纹样等。

（三）受到冲击，亟待保护

中国少数民族服饰在发展进程中不断面临着来自各方面的冲击和影响，一些传统服饰开始逐渐发生变化。由于某些少数民族服装用料多、装饰烦琐、工艺复杂、制作困难、穿着不便、难于洗涤，因此，一些少数民族地区的青年人已改穿汉族服装，个别地区甚至已经见不到民族服装了。针对这一情况，一方面要努力抢救少数民族的服饰资源，以免出现某些富有特色的民族服饰文化消失的现象；另一方面，还要积极主动地有目的、有组织、有计划地引导少数民族群众进行服饰改革，组织一些专家学者和服装设计师，在广泛听取本民族群众意见的基础上，设计出新的民族服装，做到既保持服饰的民族传统和文化特色，又能适应国际化服饰的要求。

四、几种具有时代特征的典型中国服饰

（一）汉服

1. 汉服的内涵

汉服，即中国汉族的传统民族服饰，又称为汉装、华服，主要是指约公元前21世纪至公元17世纪中叶（明末清初）近4000年中，以华夏民族（汉后又称汉民族）文化为基础、通过自然演化而形成的具有独特华夏民族文化风貌性格、区别于其他民族的传统服装的装饰体系；或者说，"汉民族传统服饰（汉服）"是从夏商周时期到明朝、华夏（汉）民族所著的、具有浓郁华夏（汉）民族风格的一系列华夏（汉）民族服饰的总体集合。

2. 汉服的特征

汉服的特点之一是交领、右衽，不用扣子，而用绳带系结，给人洒脱飘逸的印象。这些特点都明显有别于其他民族的服饰。汉服有礼服和常服之分。从形制上看，主要有"上衣下裳"制（裳在古代指裙）、"深衣"制（把上衣下裳缝连起来）、"襦裙"制（襦，即短衣）等类型。其中，上衣下裳的冕服为帝王百官最隆重正式的礼服；袍服（深衣）为百官及士人常服；襦裙则为妇女喜爱的穿着。普通劳动人民一般上身着短衣，下穿长裤。汉服的另一特点是头饰在汉族服饰中占

有重要地位。古代汉族男女成年之后都把头发绾成发髻盘在头上，以笄固定。男子常常戴冠、巾、帽等，形制多样。女子发髻也可梳成各种式样，并在发髻上佩带珠花、步摇等各种饰物。鬓发两侧饰博鬓，也有戴帷帽、盖头的。

3．汉服对其他民族服饰的影响

北魏孝文帝禁止穿鲜卑服装，一律改着汉服。在日本的奈良时代，也即中国的盛唐时期，日本派出大量遣唐使到中国学习中国的文化艺术、律令制度，这其中也包括衣冠制度。当时他们还模仿唐制颁布了"衣服令"。至今日本仍把刺绣等纺织品称为"吴服"，意为从中国的吴地（今江浙一带）传来的。初期和服为唐服翻版，之后的盛装十二单的外套华服也被称为"唐衣"（李氏朝鲜礼服外套也称为唐衣，虽然两者已经有了更多的民族特色）。日本和服虽由汉服发展而来，但经过漫长的历史时期，已经发展为自己的民族特色。唐代时，新罗与唐朝交往甚密，服饰特点几乎与唐朝无异，李氏朝鲜中期之后，韩服特别是女服，逐渐朝高腰襦裙发展，同汉服区别逐渐增大，但官服、朝服、宫廷重要礼服仍一直保留较多汉服制度，并随汉服变化而变化。

（二）旗袍

1．旗袍的产生与发展

旗袍，是中国一种富有民族风情的妇女服装，由满族妇女的长袍演变而来。由于满族称为"旗人"，故将其称之为"旗袍"。

这种满族的民族服饰旗袍由原始的宽腰身直筒式，经历了漫长岁月的演变，逐渐形成了现代妇女均很喜爱的线条流畅、贴身合体的流线型旗袍。最早，旗人穿的旗袍，一般不过脚。只有满族妇女出嫁时，才穿过脚旗袍，并作为出嫁礼服。因为，满族贵族妇女都穿高跟木屐，所以，她们的旗袍过脚，以便将脚盖住。清世祖入关、迁都北京后，旗袍开始在中原流行。清统一中国，也对全国服饰进行了统一，男人穿长袍马褂，女人穿旗袍。以后，随着满汉生活的融合、统一，旗袍不仅被汉族妇女吸收，而且不断进行革新。

到了20世纪20年代，受西方服饰影响，经改进之后的旗袍逐渐在广大妇女中流行起来。旗袍的样式很多，开襟有如意襟、琵琶襟、斜襟、双襟；领有高领、低领、无领；袖口有长袖、短袖、无袖；开衩有高开衩、低开衩；还有长旗袍、短旗袍、夹旗袍、单旗袍，等等。从20世纪20年代末到30年代初，中国旗袍吸收了西方女装盛行的短袍，亦随之变短，身长仅过膝，袖口缩口，滚边变窄。20世纪30年代中期，旗袍又渐渐变长甚至曳地，两边的衩开得很高，里面衬马甲，腰身变得极窄以至贴体，更显出女性的曲线。20世纪40年代，旗袍再度缩短，而袖子则短到直至全部取消，几乎又回到200年前的长马甲时代，所不同的只是更加轻便适体，变成流线型。

从20世纪20年代至40年代末，中国旗袍风行了20多年，款式几经变化，如领子的高低、袖子的长短、开衩的高矮，使旗袍彻底摆脱了老式样，改变了中国妇女长期以来束胸裹臂的旧貌，让女性体态和曲线美充分显示出来。青布旗袍尤为当时的女学生所欢迎，几乎成为20世纪20年代后期中国新女性的典型装扮。自20世纪30年代起，旗袍几乎成了中国妇女的标准服装，民间妇女、学生、工人、达官显贵的太太，无不穿着。旗袍甚至成了交际场合和外交活动的礼服。后来，旗袍还传至国外，为他国女子的效仿穿着。近年来，旗袍款式又有新的改革，出现了后装袖、有肩缝旗袍、暗褶式开衩旗袍、短连袖旗袍、无袖旗袍等，这些新款式充满了现代的气息。

2.旗袍的魅力所在

旗袍，被当代国际服装界誉为"东方女装"的代表，如今不仅受到中国广大汉族妇女的爱戴，而且也受到西方欧美妇女的青睐。

旗袍是老少宜穿、四季相宜。旗袍的造型与妇女的体态相适合，线条简便，优美大方。根据季节的变化和穿着者的不同需要和喜好，旗袍可长可短，可做单旗袍、夹旗袍；也可做衬绒短袍、丝棉旗袍……由于旗袍的选料不同，所以展现的风格也有所不同。例如，选用小花、素格、细条丝绸制作，可显示出温和、稳重的风韵；选用织锦类衣料制作，可当迎宾、赴宴的华贵服饰……

旗袍以浓郁的民族风格，体现了中华民族传统的服饰美。它不仅成为中国女装的代表，而且同时也是东方传统女装的象征。

（三）唐装

1.唐装的由来

"唐装"的称谓，其实源于海外。唐朝是让中国人为之骄傲的朝代，唐代盛期，声誉远及海外，以后海外各国因称中国人为"唐人"。《明史·外国真腊传》言："唐人者，诸番（外国人）呼华人之称也。凡海外诸国尽然。"在美国、东南亚乃至欧洲的华人居住区，均被称为"唐人街"；而唐人街上的唐人所穿的具有中国传统风格的服装也被称为"唐装"。在20世纪初，在当时"中西服装并行不悖"的社会大背景下，粤、港、澳一带同胞就是以"唐装"、"西装"来区别中西打扮的。在2001年的上海APEC会议上，中国作为东道主请前来参会的亚洲及太平洋经济体的领导人穿"唐装"，并由之而掀起祥和喜庆的"唐装"新潮，这不仅是传统与现代的融合，而且是流行规律的必然，更是中国在国际大家庭中地位与风度的体现。

2.传统唐装的特点

传统唐装款式结构具有四大要素：第一是立领，即上衣中心开口，立式领型；第二是连袖，即袖子和衣服整体没有接缝，以平面裁剪为主；第三是对襟，也可以是斜襟；第四是盘扣，也叫直角扣，由纽扣和纽襻两部分组成。造型别致、做工精良的盘扣就注重一个"盘"字，是唐装整体中"画龙点睛"之笔，也是非常值得品味的艺术。另外，从面料来说，则主要使用真丝、织锦缎等面料。

3. 唐装的改良与发展

现今市场上的唐装，并非古代服饰的完全纯粹的复制，而只是借取若干"中国元素"，根据现代人的着装特点，糅合西方的现代设计的理念，并运用选取先进的现代工艺，从而实现了古典文化与现代精神的完美融合，立领、敞领、斜襟、对襟滚边、盘花扣……这些中国元素经过设计师们的重新组合、巧借变异，竟能打造出狂野、性感、可爱等不同风格来，大大拓展了唐装的表现空间。

"唐装"并不是唐代的服装，而是由清代的马褂演变而来的。现在的"唐装"源自清代的传统和现代的结合品。它既汲取了清代传统服装富有文化韵味的款式和面料，同时又汲取了西式服装立体剪裁的优势，被赋予了一些西式特征，从而使古老的唐装重新登上了时尚舞台，并成了一道亮丽的风景线。相对于西装外观挺括、线条流畅以及可配领带或领结等特点，唐装的局部是自然垂展的，不加任何雕饰。印花面料、小立领、中间扣的样式是唐装的典型模式。

如今，唐装的面料已不再局限于织锦缎面料，有很多面料也可以用来做唐装，像牛仔布、真皮面料等。真皮与唐装的结合不仅保留了唐装原有雍容、华贵的韵味，同时皮质面料的制作工艺也使唐装显得挺括。唐装经过多次改良后，已越来越走进人们的生活中，有很多外籍人士也加入到了唐装的消费者行列中。

（四）中山装

1. 中山装的问世

中山装，是以中国革命先行者孙中山命名的男用套装。关于"中山装"，《中华文化习俗辞典》记载说："孙中山参照中国原有的衣裤特点，吸收南洋华侨的'企领文装'和'西装样式'，本着'适于卫生，便于动作，易于经济，壮于观瞻'的原则，亲自主持设计，由黄隆生裁制出的一种服装式样。"

在孙中山的提倡下，简便、实用的中山装自辛亥革命起便和西服一起开始流行。1912年民国政府通令将中山装定为礼服，修改中山装造型，并赋予其新的含义。新中国成立后，许多革命领袖和革命干部都爱穿中山装，毛泽东主席对"中山装"也情有独钟，并一直坚持穿中山装，因而国外朋友又称中山装为"毛式制服"。于是，中山装在社会上广泛流行，并成为中国男装一款标志性的服装，即使是在如今的T形台上，也依然能见到由它演变而来的时尚服饰。

2. 中山装的特征

（1）穿着简便、舒适、挺括，而且造型寓意深刻。中山装的造型特征是立翻领，对襟，前襟五粒扣，四个贴袋，袖口三粒扣，后片不破缝。这些形制其实是有讲究的，是根据《易经》周代礼仪等内容寓以意义的：其一，前身四个口袋表示国之四维（礼、义、廉、耻）；其二，门襟五粒纽扣表示区别于西方三权分立的五权分立（行政、立法、司法、考试、监察）；其三，袖口三粒纽扣表示三民主义（民族、民权、民生）；其四，后背不破缝，表示国家和平统一之大义。

（2）做工考究。中山装的形成既承袭了西装的基本形式，又糅合了中国的传统意识。中山装做工比较讲究，领角要做成窝势，后过肩不应涌起，袖子同西装袖一样要求前圆后登，前胸处要有胖势，四个口袋要做得平服，丝缕要直。在工艺上可分精做和简做两种。前者有夹里和衬垫，一般用作礼服和裤子配套穿用；后者不加衬料，适合于日常作便服穿用。中山装的优点很多，主要是造型均衡对称，外形美观大方，穿着高雅稳重，活动方便，行动自如，保暖护身，既可作礼服，又可作便装。其缺点是领口紧、卡脖子等。中山装素以其特有的沉着老练、稳健大方的风格受到了广大的中老年人和海外华人的青睐，尤其是知识分子仍然视中山装为自己的日常服装。在穿着时，要注意不要图一时的舒适而敞开领扣，这样会使自己在众人眼里显得不伦不类，从而有失风雅和严肃。

（3）色彩丰富，面料考究中山装的色彩很丰富，除常见的蓝色、灰色外，还有驼色、黑色、白色、灰绿色、米黄色等。一般来说，南方地区偏爱浅色，而北方地区则偏爱深色。在不同场合穿用，对其颜色的选择也不一样，作礼服用的中山装色彩要庄重、沉着，而作便服用时色彩可以鲜明活泼些。中山装对于面料的选用也有些不同。作为礼服用的中山装面料宜选用纯毛华达呢、驼丝锦、麦尔登、海军呢等，这些面料的特点是质地厚实，手感丰满，呢面平滑，光泽柔和，与中山装的款式风格相得益彰，使服装更显得沉稳庄重；而作为便服用的面料，选择相对较灵活，可用棉布、卡其、华达呢、化纤织物以及混纺毛织物等。

五、中国服饰文化与旅游

服饰是一个民族或地区在穿戴佩饰方面的物质创造，它既表现为"物"的文化形态，又体现了"精神"的文化形态，是本民族、本地区文化的重要载体。服饰文化是一个国家、一个民族、一个地区的重要标志。当旅游者来到目的地时，首先映入他们眼帘的是当地人的服饰和建筑。服饰以其非常鲜明的实用性、审美性、文化性特征成为一项重要的旅游资源。

中国丰富的民族服饰，无论其造型、色彩还是装饰无不透着一种组合美、蕴涵着一种意境美、含着一种文化美、露着一种人体美，从而使中国的服饰文化具有一种综合的审美价值。旅游的目的是认知文化、享受文化，作为众多文化类型之一的服饰文化自然成了旅游者观光、游赏的重要目标。服饰民俗所保有的旅游文化内涵极其丰富，服饰文化是旅游审美不可或缺的主要内容。

服饰是时代的产物，也是民族的标记。我们透过服饰文化不仅可以看到不同民族或地区的历史发展轨迹，而且也可以通过人们所穿的服饰很快识别出他们分别属于哪个民族：身穿藏袍，佩藏刀，头戴藏帽的，一定是藏族；头戴绣花帽，身着竖长条纹长衫，无疑是维吾尔族；着蒙袍，穿船形月牙高筒靴的，应属蒙古族……品味和观赏旅游目的地人们的服饰，既可开阔旅游者的视野，又可丰富其服饰知识。

服饰文化作为一种独具价值的旅游资源已经成为旅游业不可或缺的组成部分，寻找载体，挖掘服饰文化内涵，组合旅游产品，壮大中国旅游业势在必行。服饰文化与旅游的关系是相辅相成、相互促进的，通过旅游这种文化交流方式，使中国的服饰文化深入到国内外每个人的心中将是一项巨大的工程，也是一项伟大的工程，这不仅能够发扬中国的民族服饰文化，而且也能促进中国的旅游业发展。

第二节 西方服饰文化概况

一、西方的传统服饰文化

（一）古希腊服饰文化

古希腊民族，是一个性格豪放、开朗且又浪漫的民族，他们喜欢追求个性，崇尚艺术，热爱生活，因此其服饰也充满了自然、清新、单纯和高贵的特点。

古希腊服饰以优雅、飘逸见长。白色是希腊服装的代表色；此外，紫色、绿色和灰色也是最常见的颜色。古希腊服饰整体感觉舒适慵懒，突显上身，不注重腰身，胸线以下多为直筒轮廓。宽松的设计加上褶皱、垂坠和立体花卉的白色是希腊式服装的经典搭配。其轻薄的纱质、缎质面料及雪纺体现了希腊服装所特有的垂顺感。

古希腊人的服装，通常由几块布料围住身体，再以胸针或扣结系固，形式简便。服装主要有两种形式：希玛申和基同。

希玛申是古希腊男子穿着的一种服装，通常用长4~5米、宽1.2~1.5米的面料制成，最先使用的是羊毛织物，适合在户外穿着，一些轻薄材料被发现后，希玛申也就不再受时间的影响。它最初被当作大衣，但之后，人们故意把下摆拖得很长，它的长度也就比原来长出许多。

基同可分为多利安基同（又称佩波洛斯）以及爱奥尼亚基同。多利安基同用一整块面料构成，是一种长至膝盖的短袖束腰外衣，呈矩形，其长边大于着装者的高度，宽为伸直手臂、指尖到指尖的两倍。它用软羊皮制成，多为紫色、红色或蓝色。穿着时，将多余的部分向上折叠，使矩形对折，并围绕身体褶裥垂披于左边，将腰部与胸部用扣针固定于肩，胸部用腰带稍加悬吊，两侧各留穿孔以便双臂伸出。由于腰带上部将其拉出缩短了衣长，从而形成了一个宽大的罩衫。手臂裸露，右边散开并未加连接，为的是便于活动。多利安基同的图案通常分为四种：格子、波浪线、条纹及花卉图案。爱奥尼亚基同是一种长至膝盖的短袖束腰外衣，其上身没有向外的翻折，只是用腰带将宽松的长衣随意系扎一下即可。两肩系结处不止一个别针，而是多少不等，形成自然的袖状。别针多为金属，体积较小，式样繁多，加之精细，本身就是一件绝好的工艺装饰品。

古希腊文明一直被推崇为西方文明的发祥地。它悠久的历史、灿烂的文化，是影响和推动欧洲社会发展的重要精神支柱。古希腊的服饰及其文化对欧洲传统服饰和近代服饰风格的形成起到了不可磨灭的促进作用。

（二）古罗马服饰文化

古罗马的服饰既承袭了古希腊的传统，又有所发展。当时，不分男女贵贱，古罗马人都穿宽大的围裹式长衣长袍，围裹式长衣成了古代罗马文明的象征。

古罗马艺术品中有一件《演说者的雕像》，还有一个被认定为奥古斯特的雕像，他们都穿着围裹式的长衣，衣长至踝骨上或直拖至地，奥古斯特的服装甚至连头部上端都一同围裹起来。围裹式长衣所用的颜色不同，往往反映着装者的不同职业并寄予某种象征意义。例如，哲学家身穿蓝色的长衣，象征他们的学识像海洋、宇宙那样深邃渊博；医生身穿绿色的长衣，寓意病危的人会转危为安，对生命充满了希望；占卜者、星相家身穿白色的长衣，表示他们诚实可靠，从不欺骗别人；神学家身穿黑色的长衣，告诉信徒们他们作为上帝的使者，是庄严、公正、值得依赖的，等等。在古罗马，贵族的服色多为深红、鲜红或乳白，平民的服色多为深灰、浅灰或褐色。贵族妇女的围裹式长衣，多用丝绸制成，色彩绚丽，图纹精美。

（三）哥特式服饰文化

哥特式服饰与古希腊、古罗马服饰比较，具有鲜明特色。哥特式时期的服饰深受当时基督教哥特式教堂建筑的影响，诸如高高的冠戴、长长的尖头鞋子、衣襟下端呈尖形和锯齿状等锐角的外观特征，这些都与哥特式建筑尖顶外观有异曲同工之妙；织物和装饰表现出的富有光泽和鲜明的色调，又与教堂中的彩色玻璃一脉相承。整体服装流露出一种中世纪圣歌般的神圣韵律，从形形色色的点线面之间、色彩的对比与调和之间，体现出很强的理性色彩和立体感。

哥特式时期的服饰样式显得纷繁杂乱，从样式的细节设计、装饰设计、风格设计都反映出设计者的奇巧别致、别出心裁，甚至有些怪诞。

哥特式服饰出现了性别分化。例如，既实用又豪华的骑士服，它使男服向着男性化的方向发展。骑士们的武装与女士们的纤纤衣裙逐渐形成了男女服装外观造型、审美标准的区别。

哥特式服饰样式与古希腊、古罗马的"宽衣式"相去甚远，是16世纪紧身衣的过渡，并为近世纪紧身风貌以及新的裁剪技术、缝制工艺的出现打下了基础。例如，"纳衣"，即为一种多层布重叠纳缝制成的厚甲型衣服，裁剪巧妙、贴身合体。

哥特式服饰兼容并蓄、融会古今，既是古希腊、古罗马服饰的延续，又参合了许多其他设计元素。哥特式服饰中具有浓郁的东方情调。哥特式服饰让我们领略到关注人体的紧身样式演绎的过程及其脉络，为严谨的三维立体裁剪方法及塑造立体造型的缝制工艺手法奠定了基础。如果没有哥特式服装，现代概念上的西方服饰美学将不复存在。

二、西装文化

（一）西装的起源

西装又称"西服"、"洋装"，广义指西式服装，是相对于"中式服装"而言的欧系服装；狭义指西式上装或西式套装。其结构源于北欧南下的日耳曼民族服装。据说，当时是西欧渔民穿的，他们终年与海洋为伴，在海里谋生，着装散领、少扣、捕起鱼来才会方便。它以人体活动和体形等特点的结构分离组合为原则，形成了以打褶、分片、分体的服装缝制方法，并以此确立了流行当今的服装结构模式。也有资料认为，西装源自英国王室的传统服装。它是以男士穿同一面料成套搭配的三件套装，由上衣、背心和裤子组成。它在造型上延续了男士礼服的基本形式，属于日常服中的正统装束，使用场合甚为广泛，从欧洲影响到国际社会，并成为世界指导性服装，即国际服。

自20世纪开始，一些专职家庭主妇纷纷离开家庭走向社会，加上妇权运动蓬勃开展，特别是第二次世界大战以后，妇女参加工作越来越多，有的还身居要职和国家领导人（如总理、总统、国王等）地位。随着妇女地位的提高，她们需要尊严、尊重并力求像男性一样给人们留下一个扎实能干、沉稳老练的好形象，所以她们纷纷仿效男性穿上潇洒的西装，于是女式西套装应运而生，为众多的女人所穿用，一般为上衣下裤或上衣下裙。女式西装受流行因素影响较大，但根本性的一条是要合体，并能够突出女性体形的曲线美，一般应根据穿着者的年龄、体形、皮肤、气质、职业等特点来选择款式。

（二）西装的类型

西装可分为男西装、女西装和童西装三类。男式西装一般分为三件套西装（包括背心，也称马甲）、二件套西装和单件西装三种。它又可分为美式、欧式与英式三种基本式样。美式西装的主要特点是单挑扣，腰部略缩，后面开一个衩，肩部自然，垫肩柔软精巧，袖隆剪裁较低，以便于活动，翻领宽度中等，两粒扣或三粒扣。欧式西装的主要特点是剪裁合体，装有垫肩，腰身适中，袖隆开得较高，翻领狭长，大多采用双挑扣。英式西装的特点是垫肩较薄，贴腰，采用闪亮的金属扣，后身通常开两个衩。在这三种款式的西装中，以美式西装穿着最为舒服，而贴身的欧式西装，特别适合于身材修长的男性穿着。西装中比较考究的是背后开衩的燕尾服，它原是中世纪马夫的装束，后身开衩是为了上、下马方便。

西装的硬领是由古代军人防护咽喉中箭的胄甲演变而来的。西裤原取自于西欧"水手服"的样式,主要是便于挽起来干活。领带则源自北欧渔民系在脖子上的"御寒巾",以后改进成西装重要的装饰品。

(三) 西装的形制与特点

西装的基本形制为:翻驳领;翻领驳头、分枪驳角和平驳角,在胸前空着一个三角区呈"V"字形;前身有三只口袋,左上胸为手巾袋,左右摆各有一只有盖挖袋、嵌线挖袋或贴线袋;下摆为圆角、方角或斜角等;有的开背衩两条或三条;袖口有真开衩和假开衩两种,并钉衩纽三粒。按门襟的不同,可分为单挑扣和双挑扣两类。

在基本形制的基础上,部件则常有变化,如驳头的长短、翻驳领的宽窄、肩部的平跷、纽数、袋形、开衩和装饰等,而面料、色彩和花型等则随流行而变化。做工分精做和简做两种。前者采用的面料和做工考究,为前夹后单或全夹里,用黑炭衬或马棕衬作全胸衬;后者则采用普通的面料和简洁的做工,以单为主,不用全胸衬,只用挂面衬或一层黏合衬,也有采用半夹里或仅有托肩的。其款式也随着时间的变化而有所变化。如20世纪40年代,男西装的特点是宽腰小下摆,肩部略平宽,胸部饱满,领子翻出偏大,袖口裤脚较小,较明显地夸张男性挺拔的线条美和阳刚之气;此时的女外套也同样采用平肩掐腰的样式,但下摆较大,在造型上显得优雅而富于女性高雅之美。

20世纪50年代的前中期,男西装趋向自然洒脱,但变化不很明显;同期的女外套则变化较大,主要变化为由原来的掐腰改为松腰身,长度加长,下摆加宽,领子除翻领外,还有关门领,袖口大多采用另镶袖,并自中期开始流行连身袖,造型显得稳重而高雅。

在20世纪60年代中后期,男西装和女外套普遍采用斜肩、宽腰身和小下摆。男西装的领子和驳头都很小;女外套则较大,直腰长,其长度至臀围线上。袖子流行连身袖及十字袖。西装裙臀围与下摆垂直,长度达膝盖。裤子流行紧脚裤和中等长度的女西裤。这个时期的男女西装具有简洁而轻快的风格。

20世纪70年代,男西装和女外套又恢复到40年代以前的基本形态,即平肩掐腰,裤子流行喇叭裤(上小下大)。女装前期流行短裙,后期则有所加长,下摆也较大。这一时期的男女西装带有时间的推移性。20世纪在70年代末期至80年代初期,西装又有了一些变化,主要表现为男西装腰部较宽松,领子和驳头大小适中,裤子为直腿形,造型自然匀称;而女西装则流行小领和小驳头,腰身较宽,底边一般为圆角,下装大多配穿较长而下摆较宽的裙子。这些服装的造型古朴典雅并带有浪漫的色彩。

西装的主要特点是外观挺括、线条流畅、穿着舒适。西装若配上领带或领结后,则更显得高贵典雅、潇洒大方,一派绅士风度。

（四）西服的穿着讲究

西服以其设计造型美观、线条简洁流畅、立体感强、适应性广泛等特点而越来越深受人们青睐，几乎成为世界性通用的服装，可谓男女老少皆宜。西服七分在做、三分在穿。西装的选择和搭配是很有讲究的。选择西装既要考虑颜色、尺码、价格、面料和做工，又不可忽视外形线条和比例。西装的料子不一定高档，但必须裁剪合体、整洁笔挺。

穿着西装应遵循以下礼仪原则：

第一，西服套装的上下装颜色应保持一致。在搭配上，西装、衬衣、领带其中应有两样为素色。

第二，穿西服套装必须穿皮鞋，休闲鞋、布鞋和便鞋都不合适。

第三，配西装的衬衣颜色应与西服颜色协调，不能是同一色。白色衬衣配各种颜色的西服效果都不错。正式场合男士不宜穿色彩鲜艳的格子或花色衬衣。衬衣袖口应长出西服袖口1~2厘米。穿西服在正式庄重场合应打领带，其他场合不一定都要打领带。打领带时，衬衣领口扣子必须系好；不打领带时，衬衣领口扣子应解开。

第四，西服纽扣有单排、双排之分，纽扣系法有讲究：双排扣西装应把扣子都扣好。单排扣西装：一粒扣的，系上端庄，敞开潇洒；两粒扣的，只系上面一粒扣是洋气、正统，只系下面一粒是牛气、流气，全扣上是土气，都不系敞开是潇洒、帅气，全扣和只扣第二粒是不合规范；三粒扣的，系上面两粒或只系中间一粒都符合规范要求。

第五，西装的上衣口袋和裤子口袋里不宜放太多的东西。穿西装时，内衣不要穿太多，春秋季节只配一件衬衣最好，冬季衬衣里面也不要穿棉毛衫，可在衬衣外面穿一件羊毛衫。穿得过分臃肿，会破坏西装的整体线条美。

第六，领带的颜色、图案应与西服相协调。系领带时，领带的长度以触及皮带扣为宜，领带夹应戴在衬衣第四、第五粒纽扣之间。

第七，西服袖口的商标牌应摘掉，否则不符合西服穿着规范，高雅场合会让人贻笑大方。

第八，注意西服的保养。保养存放的方式，对西服的造型和穿用寿命影响很大。高档西服要吊挂在通风处并常晾晒，注意防虫与防潮。有皱折时，西服可挂在浴后的浴室里，利用蒸汽使皱折展开，然后再挂在通风处。

第九，西装在穿着上应体现性别差异。女性穿西服套裤（裙）或旗袍时，需要穿肉色的长筒或连裤式丝袜，不准光腿或穿彩色丝袜、短袜。穿衬衫时，内衣与衬衫色彩要相近、相似；穿面料较为单薄的裙子时，应着衬裙。男性出席正式场合穿西装、制服时，要坚持三色原则，即身上的颜色不能超过三种颜色或三种色系（皮鞋、皮带、皮包应为一个颜色或色系），不能穿尼龙丝袜和白色的袜子。

第十，领带夹要慎用。领带夹应在穿西服时使用，也就是说，仅仅单穿长袖衬衫时没必要使用领带夹，更不要在穿夹克时使用领带夹。穿西服时使用领带夹，应将其别在特定的位置，即从上往下数，在衬衫的第四与第五粒纽扣之间，将领带夹别上，然后扣上西服上衣的扣子，从外面一般应看不见领带夹。因为按照妆饰礼仪的规定，领带夹的主要用途是固定领带，如把它别得太靠上，甚至直逼衬衫领扣，就显得过分张扬。

三、当代西方女性服饰文化

（一）当代西方女性服饰文化具有东方风韵和异国情调

服饰是美丽与时尚的中心体现。在21世纪的今天，西方设计师们着眼于挖掘东方民族文化资源，不断地将东方和世界其他民族的传统符号揉进他们的设计作品中，构成东西方文化大融合的形式，创造了一个又一个流行时尚，从而形成西方现代都市女性追求优雅、美丽的外表与个性化服饰的全新时尚潮流。

在西方设计师们的设计作品中，我们能够看到东方风韵和异国情调，东方风格的服饰在西方的T形台上已经形成一股时尚潮流。我们经常可以看见身着绣花对襟衫或旗袍型晚礼服的西方女性。由此可见，东方文化已经成为西方女性服饰文化的一个组成部分。

（二）当代西方女性服饰文化中融入了"奢侈文化"

上流社会贵族气质的服饰系列成为当代西方女性的真爱，高档的花园酒会成为她们展示这些服饰的最佳场合。在西方，香水是女性服饰文化中不可缺少的重要部分，与香水同样时尚的配饰品也是女性服饰文化中的一个组成部分。西方对美育十分重视，从小就开有审美课程。很多西方女性对服饰的搭配、香水的运用、口红的选择、发型与脸型的协调以及妆型与服装、体型的关系等具有相当层次的审美水平，因此她们在服饰选择、自我形象设计上都十分讲究。服装配饰品、香水、化妆品构成了西方女性服饰文化中特有的追求。在西方，有人将此戏言为"奢侈品文化"。在西方"奢侈品文化"中，珠宝、钻石也是女性服饰文化中的一个主题，在服饰搭配、个人形象设计中，珠宝、钻石作为女性首饰，起着画龙点睛的作用，体现着女性高雅、贤淑的气质。

第三节 中西方服饰文化差异

一、中国传统服饰的主要特征

悠悠中华，礼仪之邦，自古以来就对服饰十分讲究，在漫长的历史长河中，中国的服饰文化璀璨华美、丰富多彩，对世界做出了重要贡献，并形成了一套完整的体系，具有自己鲜明的特点。

（一）横亘古今，精彩纷呈

中国服饰作为一种文化形态，贯穿了中国古代各个时期的历史。从服饰的演变中可以看出历史的变迁、经济的发展和文化审美意识的演变。无论是商的"威严庄重"，周的"秩序井然"，战国的"清新"，汉的"凝重"，还是六朝的"清瘦"，唐的"丰满华丽"，宋的"理性美"，元的"粗壮豪放"，明的"敦厚繁丽"，清的"纤巧"……在中国不同的朝代，服饰文化展现出的不同风貌，无不体现出中国古人的审美倾向和思想内涵。中国服饰总是在继承中有所发展，在稳定中有所变化，并不断与时俱进、推陈出新。

（二）含蓄稳重，技精艺湛

中国的服饰善于表达形与色的含蓄，朦朦胧胧，藏而不露，隐含寓意，给人以审美的感受。这种含蓄，有时通过款式展现，有时也可通过造型、布局、色彩、线条等手段给人以整体和谐之美，以此表达深刻的设计思想。比如清朝的服装，就演变成了后来的旗袍。

中国服饰注重精细的艺术手法和工艺表现，大量采用刺绣、飘带、图案以及其他装饰手法，表达丰富的想象，以浪漫主义情调达到现实主义的效果，如《红楼梦》中对王熙凤的着装刻画的表现。中国服饰注重气派稳重的氛围效果，服装的整体配合给人以秩序和谐美感，严肃庄重，美观高雅，能起到烘云托月之效；服饰文化与环境相配合，更具鲜明的时代感，如中山装的流行。

（三）突出政治，显示等级

服饰被统治者有意识地加以垄断，并成为统治权力的象征。例如，龙袍被古代帝王垄断，其他人穿则是欺君、谋逆，会惹来杀身之祸。服饰在等级社会中是身份地位的外在标志。在等级森严的社会中，人的尊卑贵贱常常是从服饰上表现出来的，如明清文武官员服饰、顶帽上的图案（如表5-1）。

表5-1　清朝官员服饰帽顶的等级差别

官　品	文官服饰全鸟图案	武官服饰兽图案	帽　顶
一　品	鹤	麒麟	红宝石
二　品	锦鸡	狮子	珊瑚
三　品	孔雀	豹	蓝宝石
四　品	雪雁	虎	青晶石
五　品	白鹇	熊	水晶
六　品	鹭鸶	彪	砗磲

续表

官 品	文官服饰全鸟图案	武官服饰兽图案	帽顶
七品	鸳鸯	犀牛	素金
八品	鹌鹑	犀牛	阴文镂花金
九品	练雀	海马	阳文镂花金

资料来源：胡兆量等．中国文化地理概述．北京：北京大学出版社，2001：32．

（四）突出民族，创造和谐

服饰文化是一个民族个性的重要标志之一。服饰作为一种民俗现象，具有鲜明的民族性。自古以来，中国文化注重实际和应用，与之相适应的中国服饰文化则以伦理道理观自律，中国传统服饰文化的价值观念是以情意为主线、以家庭人伦关系为中心，从而实现人际关系的和谐、维持礼仪之邦的声誉。孔子曰："见人不可不饰，不饰无貌，无貌不敬，不敬无礼，无礼不立。"时过千年，中国服饰仍是力求稳重、平静，有助于建立安宁、融洽和礼让之先的人际关系。

二、西方服饰的主要特征

（一）崇尚人体之美，追求感官刺激

从古希腊时代至今，西方服饰常以展现"人体美"为主要特征。因此，女性通过裸露或挂丝尽显其形体之美，男性则更赤裸地表现肌肤的健康和力量的强大。

西方服饰可以使欣赏者形成不寻常的感官刺激。设计大师通过精心设计、独特的色彩搭配组合和特殊的线条分割，充分体现性的心理、生理特征。因此在西方，性感明显的服饰比比皆是。

（二）表现自我，张扬个性

西方人着装重在表现自我，寻求对平衡的突破和片面性的掘进，自我设计、自我表现、自我创造都别具一格；通过着装充分表明自我的理想境界和各种观念，借以标明自我。西方服饰通过对人体曲线和对某些敏感部位作裸露处理，最大限度地发挥服饰吸引力，给人以不可名状的美感。

三、中西方服饰文化差异比较

服饰文化是一种整体文化。它是指服装、饰物、穿着方式、装扮（包括发型、化妆在内）的多种因素的有机整体。服饰文化是一个民族、一个国家文化素质的物化，是内在精神的外观，是社会风貌的显示。由于不同历史条件、生活方式、心理素质和文化观念等的影响，中西方的服饰文化有着较大的差别。

（一）中西方服饰用料方面存在着差异

从服装面料看，中国最早使用的纺织品是葛布、苎麻布和大麻布。葛布是由葛藤的茎皮纤维加工制成的。苎麻是中国特有的植物，欧洲人称之为"中国草"。大麻被称之为"汉麻"。中国享誉世界的服装面料是丝绸。养蚕、缫丝、织绸是中国先民对世界纺织服装发展做出的杰出贡献。中国人穿棉布较晚，棉花是从印度引进的，到元明之时，棉布才成为人们普遍穿着的衣料。

古希腊、古罗马的服装面料主要是半毛织物和亚麻布。古希腊人喜爱白色，古罗马服饰最流行的色彩是白色和紫色，紫色象征高贵，白色象征纯洁、正直。一般庶民衣服是羊毛、亚麻天然的原色，很朴素。中世纪西方已有了许多名贵的面料，除东方丝绸、锦缎之外，还有天鹅绒、高级毛料、北欧的珍贵裘皮等。

（二）中西方服饰的造型结构有别

中国传统服装的主体形式是前开型的大襟和对襟式样。前开衣最早起源于中国，形成于黄帝时代。中国服装有两种基本形制，即上衣下裳制和衣裳连属制，两种形制在中国几千年的历史中交叉使用，相容并蓄。女子穿上衣下裳式样的较多，男子多穿上下连属的袍衫。

西方服装在样式上有一个演变过程。古希腊的服装是披裹式，古罗马到中世纪，服装的式样以披裹式的非成型类衣和前开式的半成型类衣为主。公元4世纪，日耳曼民族南下，其四肢分离的体形型服装逐渐渗入到欧洲服装的基本样式中。从13世纪开始至今，体形型服装逐渐占据了主体地位，其基本形制是男子上衣下裤，女子为上下连属的裙装。

中国服装是斜交领、对开V领、直立领、衣服下摆两侧开衩、清代箭袍式的前后左右开四衩以及衣服的对襟、大襟、一字襟、琵琶襟等，都是有东方特色的局部细节，常被设计师用作表现中国服装趣味的处理手法，其中中式立领和衣服下摆两侧开衩更为典型。西方服装的袒领和轮状褶领（像扇面一样环绕脖颈）运用较为广泛。轮状褶领连续的褶裥是用布料上浆后熨烫成形的，有时需用细金属丝做支撑。服装造型喜用填充物衬垫或支撑，如垫肩、垫胸、垫袖、垫臀、裙撑等。由于西式服装不是连袖而是装袖，所以肩饰造型多样。袖子款式变化很多，如半腿袖、主教袖等。

中国服装结构是整片式平面型的，平直宽松；西方服装结构是分割式立体的，适身合体；中式服装的造型封闭、含蓄；西式服装的造型开放、显露。

（三）中国服饰外形强调纵向感觉，西方服饰外形注重横向感觉

中国传统服装的外形强调纵向感觉，自衣领部位开始自然下垂，不夸张肩部，常用下垂的线条、过手的长袖、筒形的袍裙、纵向的装饰等手法，使着装人体显得修长，特别是使四肢有拔长感。亚洲许多国家的服装都有类似特点。清代服装相对来说是比较肥大的，袖口、下摆都有向外扩张之势。

西洋古典服装的外形强调横向感觉，常采用横向扩张的肩部轮廓、各种硬领、轮状领、膨胀的袖型、庞大的裙撑、重叠的花边以及浆过的纱料和各部位的衬垫，使服装线条产生夸张和向外放射的效果。

（四）中国服饰重平面直线裁剪，西方服饰重立体裁剪

从结构特征看，中式服装采用中国传统的平面直线裁剪方法，无论袍、衫还是襦、褂，通常只有袖底缝和侧摆相连的一条结构线，无起肩和袖窿部分，整件衣服可以平铺于地，结构简单舒展。

西方服装采用立体裁剪方法。立体裁剪方法视人体为多面体至少是四面体，细心对待人体从上到下、从前到后各个方面的凸凹起伏关系，利用打褶等服装工艺手段，最终取得与三维人体相吻合的具有立体效果的服装。

中式服装恰似平面的绘画；西洋服装宛如立体的雕塑。中式服装表现两维效果，忽视侧面结构设计；西式服装强调三维效果，适合人体结构特点并适应人体运动规律，既合体又实用，因此，受到世界各国人们的普遍青睐。

中国服装裁制时注意工艺装饰；西方服装裁制时讲究立体塑型。中国服装的制作是静态的；西式服装的制作是动态的。

（五）中西方服饰修饰文化各异

1. 装饰效果不同

中国服饰装饰以二维效果为主，强调平面装饰。装饰手段是中国传统的镶、嵌、绲、盘、绣几大工艺。这些工艺的巧妙运用，使中式服装虽造型简练，但纹样色彩斑斓、美不胜收。刺绣用于服装历史久远，运用平面刺绣方法装饰服装表面空间，是中式服装设计的惯用手法，沿用至今。尤其是，精妙绝伦的刺绣工艺与丝绸面料配合，使服装充满东方风韵，令人赞叹不已。除刺绣外，镶、绲工艺在中式服装上运用也很多。例如，清末，市井流行在衣缘处镶、绲装饰，女子衣缘越来越阔，从三镶三绲、五镶五绲发展到"十八镶绲"。

西洋服装是立体构成设计，表现三维效果，所以装饰与整体结构造型相对应，强调立体感和空间感，装饰手段是借助各种立体物（如穗饰花结、荷叶边、金银丝带、褶裥、切口等）点缀服装表面。最初，花朵、花边等只是少量装饰服装表面，以丰富表面效果；到了罗可可时期，某些礼服竟是用立体花堆砌而成的。

西洋服装采用立体装饰有其精彩之处：一是立体装饰与立体结构造型相呼应，天然协调；二是装饰效果符合审美心理，因为凡是平铺直叙、一览无余的表面，都容易引起人的单调感觉，而层次丰富、虚实搭配、重叠穿插的表面空间有耐人寻味的效果，易于激起观赏美感。

2. 色彩运用有别

从服装色彩看，在上古时代，黑色被中国的先人认为是支配万物的天帝色

彩，夏、商、周时天子的冕服为黑色。后来，随着封建集权专制的发展，人们把对天神（黑色）的崇拜转向对大地（黄色）的崇拜，所以形成了"黄为贵"的传统观念。黄色成为帝王的专用色，隐喻着统治者至高无上的地位。传统服装色彩受阴阳五行影响，有青、红、黑、白、黄五色之说。青、红、黑、白、黄色被视为正色，其余颜色则为间色，正色在大多数朝代为上等社会专用，表示高贵。在民间，正色是人们衣着配色所喜爱和追求的颜色。从配色方法看，高艳度、强对比是中国传统的配色方法。强烈的对比色在金、银、黑、白等中性色的缓冲配合下，使服装洋溢着富丽堂皇、浑朴大方的气氛。中国民间对蓝色有传统喜爱，如蓝印花布、靛蓝蜡染布等。蓝色与黄种人的肤色相配，容易协调，可产生柔和的色对比效果。

西方服饰充满了宗教气氛的色彩。欧洲文艺复兴以来，随着服饰奢华程度的升级，明亮的色彩受到人们欢迎，在织锦缎和天鹅绒中织进了闪闪发光的金银丝线。法国人特别喜欢丁香色和蔷薇色，也很迷恋含蓄的天蓝和圣洁的白色。西班牙人崇尚高雅的玫瑰红和银灰色调。在英国，黑色被认为是神秘、高贵的色彩，特别是黑缎子和黑天鹅绒常是贵妇的首选……

中国用青、红、黑、白、黄代表阴阳五行之说；西方则用白、紫、蔷薇色加之黑色代表圣洁、纯洁、含蓄、神秘和高贵。

3. 图案纹样不同

中国服装的图案纹样丰富多彩，有飞禽走兽、四季花卉、山峦亭阁、几何纹样等，抽象、具象、夸张、写实等风格俱全，图案纹样不仅精美，而且具有丰富的内涵。中式服装喜好运用图案表示吉祥的祝愿。从古至今，从高贵的绸缎到民间的印花布，吉祥纹样运用极为广泛。例如，龙凤呈祥、龙飞凤舞、九龙戏珠、蜥龙闹灵芝等纹图，不仅隐喻着图腾崇拜，而且抒发着"龙的传人"的情感。像鹤鹿同春、喜鹊登梅、凤穿牡丹、团鹤仙寿、福禄寿喜、连年有余、吉祥八宝等图案，反映了人民对美满生活的向往。另外，官服的图案重视标志作用，体现等级差别，如明清文官为飞禽图案、武官为走兽图案。皇帝的龙袍象征真龙天子，龙袍上的十二章纹图案各有寓意："日、月、星"取其照临；"山"取其稳重；"华虫"取其文丽；"火"取其光明；"藻"取其洁净；"粉米"取其滋养；"宗彝"取其忠孝；"黼"取其决断；"黻"取其明辨。

西欧服装上的图案随着历史的变迁而不断变化。古代多流行花草纹样，意大利文艺复兴时期流行华丽的花卉图案，法国路易十五时期，受罗可可装饰风格的影响，流行表现 S 形或涡旋形的藤草和轻淡柔和的庭园花草纹样。近代，有影响的流行图案花样有野兽派的杜飞花样、以星系、宇宙为主题的迪斯科花样、利用几何错视原理设计的欧普图案、用计算机设计的电子图案等。

（六）中西方对服装功能认识的不同

中国人与西方人对于服装的功能在认识和侧重点上存在着明显的差异。

自古以来，中国人就非常重视服装的社会伦理功能。《易·系辞下》中称："黄帝、尧、舜垂衣裳而天下治。"可见，中国人从一开始就不仅仅把穿衣局限于保暖或装饰的功能，而更加关注的是其"治国安天下"的社会伦理功能。从夏、商到周朝，随着服饰礼仪制度的完善，这种观念几乎贯穿整个中国历史，历朝历代的统治者都非常重视用穿戴装束来统一人的思想，不厌其烦地反复修订服饰制度，以此来规范各阶层人的行为，来"治国安邦"。中国服装色彩偏重伦理，要求能维系社会秩序。

西方在这方面就无法与中国相提并论，虽然古罗马人也曾十分重视衣服对于身份的表示，封建时代也曾不断推出各种服饰禁令，但大多是一些奢侈禁令，很少有像中国人这样充分地把服装的社会功能发挥到极致的，而更多注重的是服装的财富价值和审美功能。西方服装色彩偏重感情，重视对人心理的调节。

（七）中国服饰重视封闭美，西方服饰重视开放美

中国服饰文化在一定程度上可说是一种"包"的文化，既不能"显露"体形，更不能随便"裸露"肌肤。前者使中国的衣服始终保持在"宽衣"这个范畴当中，即所谓的"宽衣博带"，衣服与人体之间保持着一个宽大的空间，这促使衣服在造型变化上相对较为平稳，很少有大的起伏，而在表面装饰上，在纹样、色彩的象征意义上，在衣料质地和装饰手段的开发等方面却得以发展；后者使中国的衣服始终保持着严谨的造型，除魏晋时期的部分男装和盛唐时期的贵族女装外，一般很少有裸露肌肤的表现。

无论是古代的"宽衣"文化，还是文艺复兴以来的"窄衣"文化，西方的衣服都非常写实地甚至是夸张地表现人的体形，尤其是自中世纪末期的"哥特式"时代以来，更是十分"露骨"地"强化"男、女两性在体形上的性别特征，不仅想方设法来"显露"两性这种外形特征，而且不断地扩大裸露的面积和部位（尤其是女装）。例如，男装以填充物加强肩和胸的"雄健"；而女装则以紧身胸衣把纤腰勒得更细，把双乳托得更高，用裙撑或臀垫把臀部夸张得更加丰满，以"强化"女性的生理特征（生殖功能）。这种方式促使西方的服装在造型上起伏很大，在衣服结构上出现许多人为的创造性。

（八）中西方服饰文化的变迁进程不同

中国人"尊祖"的观念十分浓厚，虽然历朝历代都有服饰革新并不断地修订服饰制度，但受儒家思想的影响，对祖先遗制，特别是对"周礼"（周朝的冠服制度）仍是极为尊崇。纵观整个中国服装史，可以看到中国的服饰在其造型和结构上的变化并不大。进入20世纪以后，由于受西方文化的冲击，中国人逐渐接纳西方服饰文化，与国际接轨并形成现代这种"国际化"的服饰文化。

西方服装的变迁过程大体经过了一个从古代的"宽衣"、中世纪的过渡再到文艺复兴之后的"窄衣"的落差过程。所谓古代的"宽衣文化",是指以地中海为中心的古代诸文明所创造的服装文化。其经典即古希腊、古罗马的服饰文化。从服装上看,那是"一块布的艺术",是披挂式和贯头式结构的经典。同样是"宽衣",但与中国相比,无论在内容上还是在形式上都完全不同。所谓"中世纪的过渡",是指中世纪西罗马帝国灭亡之后,日耳曼民族大迁徙形成的西欧封建国家,以基督教文化为精神支柱,以北方的窄衣文化为基础,同时继承和吸纳古罗马的宽衣文化而形成的"从宽衣向窄衣的、从南方型向北方型、从古代向近代的过渡"。所谓"窄衣文化的发展",是指中世纪末期的"哥特式"时代以来(13~15世纪)、尤其是文艺复兴以来出现的以人为塑造体形型的服装造型为特色的西方服饰文化。因为,其根源来自北方的日耳曼窄衣文化,所以称之为"窄衣文化的发展"。

第四节 如何审视中西方服饰文化差异

一、中西方服饰文化差异透析

(一)中西方哲学思想不同

中国经历了封建王朝的更替,随着封建制度的日趋稳定、封建礼教观念的日趋深化,儒家思想含蓄与内敛在"中华文化圈"中发挥着核心作用。儒道互补的哲学观、美学观成为中国社会的主要思潮。因此,中国的传统服饰始终以繁冗、宽博为主要特征。中国服装造型采用的是传统的、平面的、直线裁剪的造型方式。其特点为上下平直、宽、松、离体、遮盖严谨,服装造型的精神内涵贯穿始终,体现出中国传统文化"天人合一"的宇宙观和雍容气度。另外,受中庸思想的影响,中国人着装十分讲求和谐。

西方哲学强调主、客观世界的分离,明确提出主观为我,客观为物,"物"与"我"是相对立的,因而在对待服饰上表现出一种理性的或科学性的态度。服饰在西方常被看做是人体艺术的一个组成部分,在服装造型上强调三维空间效果。在结构处理上,以立体裁剪为本,注重试缝、修订和补正,以求最大限度上的合体,使身体与纤维衣料之间的空隙极小,追求用服饰突出人体的曲线美,讲究服饰的外轮廓线,使服装成为科学性与艺术性的综合反映。另外,人文主义思想从文艺复兴时期就开始深入人心,人们大胆追求个性的解放,也使西方服装朝着人工装饰美的方向发展。服饰形态朝着表现人体和追求塑造女性胸、腰、臀三围曲线、强调服装的外部曲线特征方面发展,尤其是强调两性的区别。

(二)中西方穿着观念不同

观念就是看法和思想,是思维活动的结果。观念来自对外界事物或内心活动的观察。古今中外,人们的服装穿着状态、行为以及它的演变和发展都受服装穿着观念的支配。服装的穿着观念又是一个比较复杂的问题,它是由服装个体或群体的主客观多重因素的综合而形成的。它包括自然和生活条件、生活方式、伦理道德、文化传统观念、时尚价值观念以及审美观念等。不同的个人、不同的民族、不同的时代可以形成不同的服装穿着观念,从而产生不同的服装文化。

由于对服装的社会伦理功能的重视,中国人穿衣始终保持着一种东方式的矜持,对肌肤严密地包藏和掩蔽。对服装的穿着,中国讲究仪表的修饰。中国人的服装行为注重自我调节,所以较保守、少变化。中国人对服装重装饰之美,讲究与环境的和谐。

西方人的服装行为注重自我表演,所以较开放、多变革。西方人对服装重造型之美,讲究与环境的对比。西方服装的造型观念带给服饰形态以变异性、丰富性、复杂性与创新性。在服装款式造型的法则上,西方服装的造型意识,以服装抽象的形式美追求外在造型的视觉舒适性,设计师对纯粹的形状、色彩、质感等形式因素有特殊的创造灵感,常采取自由、拟动、与习惯冲突、与和谐对立等表现手法。

(三)中西方审美文化不同

中式服装的美学特点,反映了中华民族的审美心态和文化特征。中国人受儒道互补的美学思想影响,重视情理结合,以理节情,追求闲适、平淡、中庸和超出形体的精神意蕴。中式女装严密包裹人体,使人难窥其详,从而增加了神秘感。中式男装严整修长,洋溢着中和之美。皇帝的礼服,宽博繁复,辉煌壮观,这既是权力的象征,又是中国人审美观的表现。中国文化起源于大陆文明,文化本能比较封闭,在服装上具有固执的"原体"意识,传统服装形制几千年来地位稳定,吸收异域服装相对困难。中国文化是和谐文化,强调均衡、对称、统一的服装造型方法,以规矩、平稳为最美。中国文化是一种隐喻文化,艺术偏重抒情性,追求服装构成要素的精神寓意和文化品位。中国文化漠视"性"的存在,服装不表现人体曲线,不具备感官刺激要素,宽衣博带,遮掩人体,表现的是一种庄重、含蓄之美。

西方文化起源于海洋文明,文化本能比较开放,易于融合外域服装文化。西方文化善于表现矛盾、冲突,在服装构成上强调刺激、极端的形式,以突出个性为荣。西方文化是一种明喻文化,重视造型、线条、图案、色彩本身的客观化美感,以视觉舒适为第一。西方文化崇尚人体美,重视展示人体的性差异,不忌讳表现性感。古典模式是表现女性的第二性征,如露颈、露肩、露背、半胸,以紧缩腰围和垫臀来表现女性胴体曲线;现代模式是以简约的形式表现人体的自然身形,以短露和紧身为现代时髦。

(四) 中西方古代文明程度不同

原始社会以后,人类在不同的地理环境中创造出不同的衣料文化。中国人很早就开始利用葛、大麻、苎麻等植物纤维和羊毛等动物纤维来织布,而且早在6900年前,就已经开始养蚕织丝,丝绸是中国人对人类衣着生活的一大贡献。

古埃及主要是亚麻文化,两河流域主要是羊毛文化,印度是棉文化的发源地。古希腊和古罗马是亚麻文化与羊毛文化兼而有之,直到13~14世纪意大利文艺复兴之后,欧洲人才开始有了自己的丝绸。

二、正确审视中西方服饰文化差异

(一) 中国服饰文化历史辉煌

中国的祖先最初用一些树叶做衣服,之后逐渐学会了用骨针缝合兽皮制作衣服。在六千多年前,人们能把野生麻的秆撕开,织成麻布,用麻布做衣服。在两三千年前,中国的祖先能够种植棉花,用棉花纺成棉线制作衣服。两千多年以前,中国就能够织就丝衣,其技术精湛令人叹为观止。

唐代时期,服饰从面料到款式,都十分讲究,而且对周围国家的影响也较大。例如,日本的国服——和服就是由中国唐朝的仕女服饰演变而来的;韩服的问世也深受中国唐代服饰的影响。

宋代时,统治者崇尚理教,提倡节俭,服饰上也较简单。这时的服饰有一个重要的突破——开始使用纽扣。

清朝是中国历史上服饰较有特色的一个时期,由于统治者是少数民族,他们在入主中原后,也将其服饰习惯带到了中原大地上,他们要求汉族人也穿他们的服饰,旗袍就是在这个过程中得以发展的,汉族的妇女把满族人用来骑马、打猎的旗袍进行了改良,收了腰身,成为我们今天看到的既美观又大方的国服。

民国时的中山装是一个时代的标志。

新中国成立后的现代社会,中国服饰更是丰富多彩,无论是款式还是面料都给人一种五花八门的感觉,全面展示着现代人的魅力。

中国服饰发展的历史,就是一部社会文明发展史,透过服饰,可以看到我们祖先的智慧和社会文明进程。1985年,法国著名设计师伊夫圣洛朗在中国美术馆举办的二十五周年服装设计回顾展中说道:"中国一直吸引着我,吸引着我的是中国的文化、艺术、服装、传奇,中国过去的历史,它的手工业和厨艺,我们西方人受中国之赐可谓多矣。"中国服饰文化以她自己特有的东方神韵征服了西方人。

(二) 当今社会西方服饰引领潮流

当代世界正处于一个以西方文明为强势文明的时代,西方服饰文化事实性地主导着世界服饰文化的总体潮流与演化趋势。西方服装处于领先地位，是遵循了欧罗巴文化发展脉络的产物，它在吸收外来文化的基础上不断丰富自己，因此，国际性的欧洲服饰是自己民族文化的现代形态，表现出一种强烈的文化特征，体现了自己的民族性。

近代资本主义的发展，使欧洲人率先冲破封建服饰制度的禁锢，使西方服装领先于世界其他地区，处于服装文化的领导地位。世界各国以西方服饰作为流行时尚。如今，中国人的着装以洋服为主（少数民族地区仍保留着自己的民族服装）。虽然我们常以旗袍、唐装、中山装作为民族服装等得到承认时而感到自豪，但在现实的生活中，它们已退居到点缀的地位，而占主导地位的是西服、夹克、衬衫、牛仔服等纯西方服装。

（三）中国服饰需要发扬传统、加强融合、提高自我

1. 发扬优秀的中华服饰文化传统

中国是一个文明古国，历经几千年的沧桑变化，形成了博大精深、源远流长的文化体系。在这个中华文明的体系中，传统服饰文化是一个极其重要的组成部分。它直接或间接地反映中国社会的政治变革、经济发展和风俗变迁，它标示出中国社会在不同历史阶段的文化状态和精神面貌。许多鲜为人知的瑰宝在历史中沉淀下来，其中包括先秦精美的玉佩、秦汉儒雅的袍服、魏晋飘逸的衫子、盛唐华美的妆靥、宋代朴素的背子、明代端庄的补服等，它们既属于中国，也属于世界。

在当今的国际环境中，世界上任何一个民族都不可避免地在物质领域与其他发达国家趋向统一；与此同时，人们的思维方式、文化观念、审美情趣以及语言表达也会不可避免地朝着一个潜在的国际标准靠拢，服饰也是如此。因此，我们不能忘记先辈给我们留下的丰富而又宝贵的服饰文化遗产，因为中国几千年的服饰发展史，是民族生命力和民族精神的象征。中国民族服饰不仅是历史发展的产物，而且也是民族文化传统的结晶。当今世界，虽然经济趋于全球一体化，但政治多极化、文化多元化的特征日益凸显。我们在努力学习西方先进的科学技术和服饰文化的同时，切不可妄自菲薄，而要更好地珍重我们五千年的文明史，积极弘扬我们中华民族独创的服饰文化，为丰富全人类的文化做出中国人自己的贡献。

2. 加强与西方服饰文化融合的过程

每一个民族文化的产生和发展，都有一个一脉相承的关系，服饰文化也是如此。但每一个民族的文化，在其历史演进过程中，总是要吸纳外来文化和异族文化，这是历史的必然，也是必需的。中国和西方服饰文化各具丰富的内涵和鲜明的特色，它们都是人类祖先留下来的宝贵文化遗产，是世界文化宝库的瑰宝，我们应在继承和发扬中国传统服饰的基础上，广泛汲取外来文化的营养成分，与西

方先进的服饰文化思想和理念相融合,只有这样才能使中华民族服饰文化的特质更显个性、更具活力。

在今天,中西方的服饰文化相互渗透、相互影响,中国人穿西装、西方人穿唐装,已屡见不鲜了。无论是来中国旅游的西方游客、经商的西方人,还是来中国学习的西方学生,无论是国家元首,还是平民百姓,也不管是男女老幼,回国前都会买一件中国特色的服饰,尤以唐装、旗袍为甚。在新的世纪,中国的服饰文化不仅是民族的,也是世界的。现今,中国加入了WTO、申奥成功,更大的机遇在等着我们争取,更大的挑战也正等着我们去克服。我们不能一味地看着门外,应该更好地运用已有的财富,创造出中国人自己的特色服装品牌,让世界刮目相看!

复习思考题

1. 中国服饰文化是如何演进的?
2. 列举几种有特色的中国民族服饰?分析中国少数民族服饰文化的主要特点。
3. 中国具有时代特征的服饰有哪些?其发展如何?
4. 举例说明中国服饰文化与旅游的关系。
5. 西方的传统服饰有哪几种?西装的主要类型有哪些?其形制和特点是什么?西装的穿着有哪些讲究?
6. 当代西方的女性服饰文化有什么特点?
7. 中国传统服饰的基本特征有哪些?西方服饰的主要特征是什么?
8. 举例分析中西方服饰文化存在的主要差异,并深刻透析存在差异的深层原因。
9. 如何正确审视中西方服饰文化之差异?

案例分析:中西合璧的魅力

中西方服饰文化由于受不同历史传统的影响存在着明显的差异,因此有着不同的审美价值。古今结合、中西合璧的穿着理念打造了现代人的着装风格——传统中追求时尚、古老中追求流行、国际化中追求民族。在国际旅游中,异域民族风格的服饰在融合了流行时尚元素之后备受游客青睐,现实生活中不乏其例。

琼斯是一位英国老太太,从小就酷爱中国文化,她的这种酷爱也潜移默化地影响了她的家人。2006年10月,琼斯偕全家(包括她的丈夫、儿子、女儿及儿子的未婚妻)来华旅游购物。一来是为了体验中国文化,二来是旅游购物,为她的儿子和未婚妻选购结婚礼服,毋庸置疑,后者是其来华的主要动机。

小孙是北京某国际旅行社的知名导游员，琼斯一家人在华的旅游购物就由他全程陪同。小孙知识渊博，深谙中西方文化之差异。接机当天，琼斯就向小孙表达了自己来华的目的是想为将要结婚的儿子、儿媳置办几套中国特色的结婚礼服。小孙告诉琼斯时下比较流行的、具有中国传统特色的服饰当属唐装和旗袍。琼斯事先心里早已有数，经小孙这么一说，十分高兴，真是英雄所见略同，两人的不谋而合更加坚定了琼斯的想法。

小孙根据自己多年来的带团经验，再加上多方打听，很快便锁定了一家规模宏大、中西方礼服品种齐全的购物商厦。于是，小孙带琼斯一家人来到商厦。琳琅满目的礼服让人目不暇接，中西礼服形成了鲜明的对比，白得像雪，红得像火……不同颜色、不同款式、不同风格一下子惊呆了琼斯一家人，令她们不知从哪看起。琼斯迫不及待地让小孙给作介绍，小孙自信地说："总体来说，这里的服饰分为两大类，一类是中式礼服，另一类是西式礼服。中式礼服主要有旗袍和唐装，有纯传统的中国服饰和受西方服饰文化影响改良后的服饰。西式服饰也分为纯西洋化的服饰和受中国传统思想影响改良后的服饰，融入了很多中国服饰的理念。"琼斯非常惊讶："原来服饰有如此深奥的文化内涵。"

当她们来到西式服饰区域时，小孙告诉她们说："西式婚纱演绎的文化语言是'圣洁的、神圣的、梦想的、合法的'。白色在西方是表示纯真和洁白的颜色，象征纯洁、和平、高雅及纯真，所以婚纱采用白色。大家看这里有两种风格的婚纱，这种紧身胸衣，手臂、脖子以及胸部以上完全暴露的婚纱是纯西洋化的婚纱，体现了新娘的美丽、性感、高贵与纯洁。这种长袖婚纱，胸部以上暴露部分减少或加一层薄纱的婚纱是根据中国人的观念改良后的婚纱，体现出一种朦胧的意味。另外，这种西式礼服的设计风格大都比较简约，多以简洁的小 A 字和直身鱼尾造型为主，面料上大都应用华贵的双宫缎、轻盈的雪纺、闪亮的射钉和奢侈的蕾丝，基本上没有太多奢华的缀饰。"因为主要是想选购中式礼服，所以听完小孙对西式礼服的讲解后，她们马上想到中式礼服区域看看。小孙接着介绍说："中式婚礼需要一种'喜庆、吉祥、高贵、欢快'的语言，红色在中国是幸福、吉祥、喜庆的颜色，传统性的新娘装红色是首选。中式婚礼服的设计则尽显雍容华贵，在面料上以缎料、丝绸为主，讲究多种元素的搭配，如刺绣等。大家看这两种不同风格的旗袍，这种宽腰身近似直筒式的旗袍是中国纯传统的服饰，而这种线条流畅、贴身合体、尽显女性魅力的流线型旗袍是中国现代服饰的代表，这汲取了西方服饰突出人体美的设计理念。"经小孙一介绍，琼斯一家对两款真丝、织锦缎面料、线条明显、镂金花、高开衩、低领无袖的高档红色长旗袍非常感兴趣，当即买下。因为这两款旗袍既继承了中国传统服饰的雍容华贵，又融合了西洋风格，与人的体态相吻合，从而尽显女性曲线美。买完旗袍，小孙又带她们来到唐装专柜。小孙介绍说："传统的唐装的特点是立领、连袖、对襟或斜襟、盘扣、宽腰松体，而现代唐装进行了收腰、分袖、无袖等改良，更显人体的挺拔与曲线。上身穿唐装，下身男士可配西裤，女士可配西裤和裙子。"琼斯一家被小孙的介绍所打动，欣喜若狂地买了几套男女唐装，都是真丝面料、刺绣精美、挺拔大方、婉约动人的款式，颜色以红黄为主，价格不菲……

小孙确实是一个不错的购物指导，她丰富的服饰知识令琼斯一家人深深折服。离开中国前，琼斯还盛情邀请小孙参加她儿子的婚礼。

案例思考题：
1. 从导游小孙的介绍中可以看出，中西方服饰文化各有什么特点，其差异在哪？
2. 结合案例，分析中西方服饰文化融合的价值所在。

第六章

礼仪文化

第一节　中国礼仪文化概况

一、礼仪的基本概念

（一）礼仪的概念

礼仪，是礼和仪的综合。礼，是表示敬意的通称；为表示敬意而隆重举行的仪式，叫做礼仪。换句话说，礼仪是指一个国家、一个民族、一个部门、一个行业、一个团体、一个家庭乃至一个人，在其内部和在其与外界进行各种交往活动时，以一定的、约定俗成的程序、方式来表示尊重对方的过程和手段，是人们必须遵循的道德行为规范和准则。

礼仪，是受历史传统、风俗习惯、宗教信仰、时代潮流等因素的影响而形成的，是人们所认同并遵守，以建立和谐关系为目的的各种符合礼仪的精神及要求的行为准则或规范的总和。由于礼仪是社会、道德、习俗、宗教等方面人们行为的规范，所以它是人们文明程度和道德修养的一种外在的表现形式。

礼仪，是在人际交往中，以一定的、约定俗成的程序、方式来表现的律己、敬人的过程。涉及穿着、饮食、交往、沟通、情商等内容。从个人修养的角度来看，礼仪可以说是一个人内在修养和素质的外在表现。从交际的角度来看，礼仪可以说是人际交往中适用的一种艺术、一种交际方式或交际方法，是人际交往中约定俗成的示人以尊重、友好的习惯做法。从传播的角度来看，礼仪可以说是在人际交往中进行相互沟通的技巧。

礼仪的本质，就是通过一些规范化的行为以表示人际间的相互敬重、友善和体谅。礼仪的根本内容是"约束自己，尊重他人"；礼仪的目的是为了让人们能轻松愉快地交往；礼仪的基本原则是"为他人着想"；"己欲立而立人，己欲达而达人"、"己所不欲，勿施于人"则是礼仪的精髓。礼仪是人际交往的通行证。

（二）礼仪的基本原则

礼仪的基本原则有：宽容的原则，即人们在交际活动中运用礼仪时，既要严于律己，更要宽以待人；敬人的原则，即人们在社会交往中，要敬人之心常存，处处不可失敬于人，不可伤害他人的个人尊严，更不能侮辱对方的人格；自律的原则，这是礼仪的基础和出发点，学习、应用礼仪，最重要的就是要自我要求、自我约束、自我控制、自我对照、自我反省、自我检点；遵守的原则，在交际应酬中，每一位参与者都必须自觉、自愿地遵守礼仪，用礼仪去规范自己的交往活动中的言行举止；适度的原则，应用礼仪时要注意做到把握分寸、认真得体；真诚的原则，运用礼仪时，务必诚心无欺、言行一致、表里如一；从俗的原则，由于国情、民族、文化背景的不同，必须坚持入乡随俗，与绝大多数人的习惯做法保持一致，切勿目中无人、自以为是；平等的原则，是礼仪的核心，即尊重交往对象、以礼相待，对任何交往对象都必须一视同仁，并给予同等程度的礼遇。

社交礼仪的主要原则，有礼貌原则、诚实守信的原则、女士优先的原则、礼仪顺序的原则、TOP（时间——Time、地点——Place、目的——Objective）原则、互动发展的原则、尊重风俗的原则、理解宽容的原则、遵纪守法的原则、平等互惠的原则等。

（三）礼仪的主要功能

1. 沟通的功能

人们在社会交往中，只要双方都自觉地遵守礼仪规范，就容易沟通感情，从而使交际往来容易成功。

2. 协调的功能

在社会交往时，只要人们注重礼仪规范，就能够互相尊重、友好合作，从而缓和或避免不必要的冲突和障碍。

3. 维护的功能

礼仪是社会文明发展程度的反映和标志，同时也对社会的风尚产生广泛、持久和深刻的影响。讲礼仪的人越多，社会便会越和谐安定。从个人的角度来看，一是有助于提高人们的自身修养；二是有助于美化自身、美化生活；三是有助于促进人们的社会交往，改善人们的人际关系；四是有助于净化社会风气。从团体的角度来看，礼仪是企业文化、企业精神的重要内容，是企业形象的主要附着点。大凡国际化的企业，对于礼仪都有高标准的要求，都把礼仪作为企业文化的重要内容，同时也是获得国际认证的重要软件。

4. 教育的功能

礼仪通过评价、劝阻、示范等教育形式纠正人们不正确的行为习惯，倡导人们按礼仪规范的要求协调人际关系，从而维护社会正常生活。讲究礼仪的人同时也起着榜样的作用，潜移默化地影响着周围的人。

(四) 礼仪的主要类型

如果对礼仪进行分类,可以大致分为政务礼仪、商务礼仪、服务礼仪、社交礼仪、涉外礼仪五大分支。具体包括政务礼仪、商务礼仪、外交礼仪、谈话礼仪、服饰礼仪、仪态礼仪、就餐礼仪、电话礼仪、接待礼仪、拜访礼仪、办公礼仪、婚庆礼仪、丧事礼仪、演出礼仪、谈判礼仪、医护礼仪、教师礼仪、学生礼仪、军人礼仪等。

二、中国礼仪文化的历史渊源

在世界民族之林中,具有五千年历史的中华民族,素有"礼仪之邦"的美称。中国礼仪的形成和发展,经历了一个从无到有、从低级到高级、从零散到完整的渐进过程。

礼仪起源于原始社会时期,在长达100多万年的原始社会历史中,人类逐渐开化。公元前1万年左右,人类进入新石器时期,不仅能制作精细的磨光石器,并且开始从事农耕和畜牧。在其后数千年岁月里,原始礼仪渐具雏形。仰韶文化时期的其他遗址及有关资料表明,当时人们已经注意尊卑有序、男女有别。而长辈坐上席、晚辈坐下席,男子坐左边、女子坐右边等礼仪日趋明确。约公元前21世纪至公元前771年,中国由金石并用时代进入青铜时代。在此期间,尊神活动升温。敬畏"天神"、祭祀"天神"的礼仪渐兴。周朝时对礼仪建树颇多。特别是周武王的兄弟、辅佐周成王的周公,对周代礼制的确立起了重要作用。他制作礼乐,将人们的行为举止、心理情操等统统纳入一个尊卑有序的模式之中。全面介绍周朝制度的《周礼》,是中国流传至今的第一部礼仪专著。于商周之际的《易经》和在周代大体定型的《诗经》,也有一些涉及礼仪的内容。这些礼仪中等级观念强烈。此外,尊老爱幼等礼仪,也已明显确立。

春秋战国时期,是中国的奴隶社会向封建社会转型的时期。在此期间,相继涌现出孔子、孟子、荀子等思想巨人,发展和革新了礼仪理论。孔子,是中国古代大思想家、大教育家,他首开私人讲学之风,打破贵族垄断教育的局面。他删《诗》、《书》,定《礼》、《乐》,赞《周易》,修《春秋》,为历史文化的整理和保存做出了重要贡献。他编订的《仪礼》,详细记录了战国以前贵族生活的各种礼节仪式。《仪礼》与前述《周礼》和孔门后学编的《礼记》,合称"三礼",是中国古代最早、最重要的礼仪著作。孔子认为,"不学礼,无以立"。"质胜文则野,文胜质则史。文质彬彬,然后君子。"他要求人们用道德规范约束自己的行为,要做到"非礼勿视,非礼勿听,非礼勿言,非礼勿动"。他倡导的"仁者爱人",强调人与人之间要有同情心,要互相关心、彼此尊重。总之,孔子较系统地阐述了礼及礼仪的本质与功能,把礼仪理论提高到一个新的高度。孟子,是战国时期儒家的主要代表人物。在政治思想上,孟子把孔子的"仁学"思想加以发展,提出了"王道"、"仁政"的学说和民贵君轻说，主张"以德服人"，在道德修养方面，他主张"舍生而取义"，讲究"修身"和培养"浩然之气"等。荀子是战国末期的大思想家。他主张"隆礼"、"重法"，提倡礼法并重。他说："礼者，贵贱有等，长幼有差，贫富轻重皆有称者也。"荀子指出："礼之于正国家也，如权衡之于轻重也，如绳墨之于曲直也。故人无礼不生，事无礼不成，国家无礼不宁。"此外，荀子还提出，不仅要有礼治，还要有法治。只有尊崇礼仪、法制完备，国家才能安宁。荀子重视客观环境对人性的影响，倡导学而至善。

公元前221年，秦王嬴政最终吞并六国、统一中国，建立起中国历史上第一个中央集权的封建王朝，秦始皇在全国推行"书同文"、"车同轨"、"行同伦"。秦朝制定的集权制度，成为后来延续两千余年的封建体制的基础。西汉思想家董仲舒，把封建专制制度的理论系统化，提出"唯天子受命于天，天下受命于天子"的"天人感应"之说。他把儒家礼仪具体概况为"三纲五常"。"三纲"即"君为臣纲，父为子纲，夫为妻纲"。"五常"即仁、义、礼、智、信。汉武帝刘彻采纳董仲舒"罢黜百家，独尊儒术"的建议，使儒家礼教成为定制。汉代时，孔门后学编撰的《礼记》问世。《礼记》共计49篇，包罗宏富。其中，有讲述古代风俗的《曲礼》；有谈论古代饮食居住概况的《礼运》；有记录家庭礼仪的《内则》；有记载服饰制度的《玉藻》；有论述师生关系的《学记》；还有教导人们道德修养的途径和方法即"修身、齐家、治国、平天下"的《大学》等。总之，《礼记》堪称集上古礼仪之大成，上承奴隶社会、下启封建社会的礼仪汇集，是封建时代礼仪的主要源泉。

盛唐时期，《礼记》由"记"上升为"经"，成为"礼经"三书之一（另外两本为《周礼》和《仪礼》）。宋代时，出现了以儒家思想为基础，兼容道学、佛学思想的理学，程颐兄弟和朱熹为其主要代表。二程认为，"父子君臣，天下之定理，无所逃于天地间"，"礼即是理也"。朱熹进一步指出，"仁莫大于父子，义莫大于君臣，是谓三纲之要，五常之本。人伦天理之至，无所逃于天地间"。朱熹的论述使二程"天理说"更加严密、精致。家庭礼仪研究硕果累累，是宋代礼仪发展的另一个特点。在大量家庭礼仪著作中，北宋史学家司马光的《涑水家仪》和南宋理学家朱熹的《朱子家礼》最为著名。宋代时，礼仪与封建伦理道德说教相融合。

明代时，交友之礼更加完善，而忠、孝、节、义等礼仪日趋繁多。满族入关后，逐渐接受了汉族的礼制，并且使其复杂化，导致一些礼仪显得虚浮、烦琐。例如，清代的品官相见礼，当品级低者向品级高者行拜礼时，动辄一跪三叩，重则三跪九叩。清代后期，清王朝政权腐败，民不聊生，古代礼仪盛极而衰；而伴随着西学东渐，一些西方礼仪传入中国，北洋新军时期的陆军便采用西方军队的举手礼等，以代替不合时宜的打千礼等。

1911年末，清王朝土崩瓦解，当时远在美国的孙中山先生（1866—1925）火速赶回祖国，于1912年1月1日在南京就任中华民国临时大总统。孙中山先生和战友们破旧立新，用民权代替君权，用自由、平等取代宗法等级制；普及教育，废除祭孔读经；改易陋俗，剪辫子、禁缠足等，从而正式拉开现代礼仪的帷幕。民国期间，由西方传入中国的握手礼开始流行于上层社会，后逐渐普及民间。20世纪三四十年代，中国共产党领导的苏区、解放区，重视文化教育事业及移风易俗，进而谱写了现代礼仪的新篇章。

1949年10月1日，中华人民共和国宣告成立，中国的礼仪建设从此进入一个崭新的历史时期。新中国成立以来，礼仪的发展大致可以分为三个阶段：1949年至1966年，是中国当代礼仪发展史上的革新阶段。此间，摒弃了昔日束缚人们的"神权天命"、"愚忠愚孝"以及严重束缚妇女的"三从四德"等封建礼教，确立了同志式的合作互助关系和男女平等的新型社会关系，而尊老爱幼、讲究信义、以诚待人、先人后己、礼尚往来等中国传统礼仪中的精华，则得到继承和发扬。1966年至1976年，中国发生了"文化大革命"。"十年动乱"使国家遭受了难以弥补的严重损失，也给礼仪带来一场"浩劫"。许多优良的传统礼仪，被当作"封资修"货色扫进垃圾堆。礼仪受到摧残，社会风气逆转。1978年党的十一届三中全会以来，改革开放的春风吹遍了祖国大地，中国的礼仪建设进入新的全面复兴时期。各行各业的礼仪规范纷纷出台，岗位培训、礼仪教育日趋红火，讲文明、重礼貌蔚然成风。具有优良文化传统的中华民族掀起了精神文明建设的新高潮。

三、丰富多彩的中国礼仪文化

在长期的人类历史发展中，每个民族都确立了自己的礼仪和习俗，并要求其每个成员都自觉遵守。世界上每一个民族无不把自己的习俗礼仪当做神圣不可侵犯的财富加以维护和崇敬，每一个民族的习俗礼仪无不凝结着本民族群众的感情。中国的礼仪文化深受传统文化的影响，它不仅内涵深刻，而且外延广泛。

（一）热情友善的措辞

中华民族以友善好客而闻名天下，重文明、讲礼貌世人皆知，待客热情诚恳。常用词有：初识相见称"久仰"；初次见面说"幸会"；久别重逢叫"久违"；征询意见用"指教"；拜求指点用"赐教"；借助帮忙说"劳驾"；请人帮忙说"烦请"；请人解答用"请问"；求给方便用"借光"；托人办事说"拜托"；麻烦别人说"打扰"；表示歉意说"包涵"；伴朋随友称"奉陪"；等客会友称"恭候"；宾朋登门叫"光临"；看望客人叫"拜访"；聚友先离为"失陪"；劝止送行用"留步"；与人分别说"告辞"；赞人见解用"高见"；归还原物说"奉还"；欢迎顾客叫"光顾"；老人年龄叫"高寿"；赠送作品称"雅正"；对方来信称"惠书"……

(二) 内容丰富的寓意

中国的语言复杂，表达内容丰富。吉祥话、吉利语有："恭贺新禧"、"万事如意"、"一路顺风"、"健康长寿"等。吉利礼、吉利物有："苹果"（含平平安安之意）、"寿桃"（含健康长寿之意）、鱼（含富裕、年年有余之意）等。中国有句俗话"好事成双"，一般都以双数为吉利的数字，尤以"6"数为最受欢迎的数字，人们常言"六六顺"。这还因"6"与"禄"谐音，是有钱财、有福气的意思。对单数中的"9"数也很赞赏。这主要是因为"9"是个位数中的最高之数，人们称之为"天数"，其象征着极高、极广、极大、极深之意。又因"9"与"久"同音，有长久、永久的预示，所以也被人们誉为吉祥之数。

中国人普遍爱红色，并把红色称之为胜利之色；喜欢绿色，认为绿色代表春天与幸福；重视黄色，把其视为安全象征色。蒙古族人喜欢白色，认为白色象征着纯洁和吉祥。中国人偏爱把"福"字倒贴，即福到了，寓意着幸福即将到来。最崇拜龙，有龙为神之说。最爱珍稀动物大熊猫，并将其视为国宝和吉祥物。爱牡丹花，是因为它雍容华贵、富丽堂皇，是中华民族兴旺发达、美好幸福的象征。还爱梅花，人们视其为民族团结、勤劳勇敢的象征。

(三) 独具特色的礼节

由于受中国传统文化的影响，中国人都遵从"温、良、恭、俭、让"的道德规范，并形成了一整套待人接物的原则。

在介绍客人时，要将男士介绍给女士，将主人介绍给客人，将后辈介绍给前辈，将下属介绍给上司，将未婚的介绍给已婚的……席间用餐，有奉菜、劝酒的礼节。逢年过节，走亲访友要带礼物以示尊重等。

中国古老的传统礼节有作揖、跪拜。目前，中国人在社交场合最为普及的见面或辞别礼节是握手礼，有时告辞握手后往往还要目送和摆手示别。亲朋好友久别重逢时，也有施拥抱礼的。港、澳、台地区，通行的礼节为握手礼。信奉佛教的人要施双手合十礼。维吾尔族人相见时，一般要以右手近胸同时深鞠躬为礼。藏族、蒙古族等同胞，以敬献哈达为最高礼节。朝鲜族，是一个能歌善舞的民族，他们表达感情的方法细腻、含蓄，待人友好热情、彬彬有礼，一般行鞠躬礼。军人相见，要行举手注目礼（即敬礼）。学生晋见老师，以及舞台演员谢幕，常用鞠躬礼，以表达崇敬。人们祝贺胜利或表示欢迎，普遍以鼓掌为礼。中国人常用的手语、头语有：常以右手或左手在前左右单摇摆的手势（手掌心朝外），表达"没有"或"不行"的意思；常以右手成拳同时上立拇指的手势，表达"称赞"和"好"的意思；常用点头的同时并躬身的动作来表达"谢谢"；常用右手臂上伸同时直立仰手的动作表示"再见"的意思……

（四）与众不同的禁忌

中国人普遍忌讳旁人在自己面前吐痰、挖鼻孔、擤鼻涕等，认为这是不讲公德的行为；普遍忌讳有人双目盯视自己，认为这是不怀好意；普遍忌讳礼物"送钟"，因其与"送终"同音，使人感到丧气；有些地区的人忌讳把雨伞送人，因"伞"与"散"同音，容易引起对方的误解；吃梨忌讳分着吃，或一梨切成几瓣分着吃，因为"分梨"与"分离"同音，是一种不祥的预兆；忌讳听到乌鸦的叫声，认为这是不祥的兆头；普遍忌讳用筷子敲击碗碟，因为这会使人联想到乞丐要饭；禁止把筷子插在饭碗中间，因为只有给死人上供品时才这样做；船民吃鱼时禁忌把鱼在盘中翻身，饭后，禁忌把饭碗扣在桌上，因为这两种做法都表示着要翻船。普遍忌讳用红笔写信及签字，因为这含有断交之意。

受古代阴阳学说的影响，中国人对数字有一定的忌讳。江浙一带对"13"有所忌讳，他们常把呆笨、愚蠢的人称为"13点"。有些地方的人不喜欢"14"数，认为"14"和"失事"音相似。"4"字在中文中与"死"近音，所以将它视为不吉利的数字，如遇到"4"，且非说不可时，忌讳的人往往说"两双"或"两个二"来代替。春节期间，晚辈给长辈拜年磕头只能磕单数、不能磕双数，因为单数（奇数）为阳数、双数（偶数）为阴数，只有给死者磕头时才是双数。逢年三十，嫁出去的女儿不能回娘家，只有正月初一以后才能回娘家。春节期间吃饭时，忌讳说"没有"二字……

信奉伊斯兰教的回族、东乡族、乌孜别克族、维吾尔族、哈萨克族、柯尔克孜族、撒拉族等，都视猪、狗、驴、骡为"不洁之物"，禁忌食用。尤其禁忌食猪肉，并不能言及和接近。伊斯兰教还禁忌食用自死物、血液，认为这些同样是不洁净的"秽物"。回族人男女外出必须戴帽子或头巾，严禁露顶。蒙古族人最厌恶黑色，认为黑色是不祥的颜色。在餐食中，蒙古族人忌食虾、蟹、鱼、海味等食品。朝鲜族在饮食方面的忌讳很多。例如，不喜欢吃鸭子、羊肉、肥猪肉、河鱼、花椒，并且不吃带甜味的菜肴；喜欢吃狗肉，尤其是狗肉汤，但是在婚丧及佳节期间禁止杀狗、忌食狗肉。藏族人虽然食用偶蹄动物，但却忌食鱼、骡、马、驴、狗肉。藏族人一般还不愿吃海味。傣族的禁忌大多与他们信奉的佛教密切相关，佛寺是神圣的地方，平时俗人不可进入；若必须进去，要将鞋脱在外边；在佛寺内不许触摸佛像、法器、仪仗；不许敲打寺内的链锣和鼓；不许跟僧侣攀谈、嬉笑，更不许触摸僧侣的身躯和头部。瑶族、苗族、锡伯族、满族、拉祜族等忌食狗肉，他们还禁止打狗和杀狗。

台湾地区，禁用粽子送人，禁用鸭子送产妇，禁用甜果（年糕）、糕点送人，禁用扇子送人，禁用手巾（手帕）送人，禁用雨伞送人，禁用刀剪送人，禁用镜子送人，禁用钟送人；香港地区，忌送"茉莉花"、"梅花"，忌介绍配偶时称"爱人"。澳门地区，上了年纪的老辈澳门人忌讳说不吉利的话，喜欢讨口彩，如忌讳说"四"字，因为其谐音"死"。若讲"四"，可改说成"双"、"对"，他们听了乐意接受。例如，住饭店不愿意住"324"，因其在广东话里的发音与"生死"谐音，不吉利。过年喜欢别人说"恭喜发财"之类的恭维话，不说"新年快乐"，因"快乐"音近"快落"，不吉利。

四、独树一帜的中国结婚礼仪

婚礼，无论古今，都被认为是人生仪礼中的大礼，但对其的认识则古今大不一样。

（一）中国传统结婚礼仪

古人认为，家族和血统的延续，是做晚辈不容推卸的重任，即所谓"不孝有三，无后为大"，因此，把交合男女阴阳、产生子嗣的婚姻之礼放在一个很重要的地位。婚礼和婚姻制度有密切联系，从一个侧面反映了人们的文明教化程度。以汉族为主体的中华民族祖先和世界各民族一样，在原始时期经历过乱婚、群婚的阶段，进入文明社会之后则基本采取"一夫一妻"的婚姻形式。

最初的婚礼形式大约始于原始社会末期，从相传始于伏羲时代的订婚"以俪皮（成对的鹿皮）为礼"逐渐演进，到夏商时的"亲迎于堂"，再到周代所具备的完整的"六礼"，已初步奠定了中国传统婚礼的基础。又经历代的发展，使各种各样的婚礼仪节更趋繁缛、热烈。

概略而言，中国传统婚礼大约分为婚前礼、正婚礼、婚后礼三个阶段。婚前礼是在婚姻筹划、准备阶段所举行的一些仪节。在古代封建社会，婚姻取决于"父母之命，媒妁之言"，因此，婚前礼的一切仪节，包括从择偶至筹备正式婚礼的一系列环节，几乎都由双方的家长包办，真正婚姻的当事人反而被排除在外。又因为男子的社会地位比女子尊贵，所以求婚也多以男方为主动。男方家长想为儿子娶亲，便先请媒人向女家提亲（称"下达"），如果女家接受了这门亲事，就开始进行纳采、拜堂等一系列正婚礼。纳采，是男方向女方正式求婚的第一步。催妆，是男家派人携礼催请女家及早为新娘置妆的礼节。送妆，是亲迎前数日，女家派人将嫁妆送至男家的礼节。铺房，是女家派人至男家铺设新房的礼节，有时和送妆同时进行。亲迎，是新郎亲往女家迎娶新娘的礼节，也是古今婚礼中最为繁缛隆重的礼节。拜堂，是新娘过门后拜见天神地祇、男家祖宗、公婆亲戚及夫婿的礼节。新郎新娘先拜天地，然后依次拜见公婆及尊长亲戚。这时，拜与被拜的双方往往要互赠礼物。最后夫妻交拜，礼毕之后，新人由亲友送入新房。酒筵，几乎是每对新婚夫妇行婚礼时必不可少的仪式，流传到今天，"吃喜酒"已成为民间行婚礼的简称。当然，酒筵有繁有简，规模不等，但最主要的意义，则是新郎新娘的婚姻得到了亲朋好友的承认。因此，酒筵也是婚礼中最具有社会意义的环节。秦汉以后，在婚礼酒筵前后，又增加了"撒帐"、结发等仪式。当新郎将新娘迎入新房后，两人一起在婚床帐中女左男右对坐，随后由前来参加婚礼的女宾或司仪边唱边向帐中抛撒金钱彩果，即所谓"撒帐"。接着，将一些预先从新郎头上取下的头发交给新娘，让她和自己的头发梳结在一起，称为"结发"。这以后，新郎就从床上下来，到外室接受亲友道贺，招待众人参加酒筵，而新娘则仍然在帐中继续安坐，直到酒筵结束，新郎再度回房为止。闹房，是近代新婚夫妇在婚礼之夜在新房接受亲友祝贺、嬉闹的礼节，民间有"新婚三日无大小"，"闹喜闹喜，越闹越喜"的说法。婚后礼，指的是新婚夫妇于婚后第三天回娘家，称"三朝回门"。这是婚事的最后一项仪式。回门时，夫家备上礼品，包括烧猪、鸡和礼饼等。新婚夫妇必须于当天日落前返回夫家，且往返都顺着迎亲时的原路走，不能"三天走两条道"。

（二）中国现代结婚礼仪

中国的现代婚礼，除少数人按西式婚礼举行以外，大部分人还是按照中国传统婚礼的模式进行。只不过这种现代婚礼比起传统婚礼的繁文缛节已经简单多了。中国的现代婚礼已经演变成古今结合、中西合璧的一种新式的婚礼形式。婚礼的过程既承袭了传统的一些做法，婚纱、戒指、蛋糕、玫瑰花、葡萄酒、接吻等一些元素又融合了西方的风格。

由于地域环境、民俗风情、宗教信仰、社会经济等因素的不同，中国不同地区、不同民族、不同个人的婚礼略有差别。即便是同一地区，城市和农村也大不一样，农村婚礼比较传统，城市婚礼借鉴了西方婚礼的成分，比较洋气。无论如何，基本的婚礼礼仪都是相通的。中国民族众多，婚礼形式也是千姿百态，下面就以汉族为例作一简单介绍。

汉族的订婚方式，新中国成立前大多由父母包办，买卖婚姻。新中国成立后男女自由恋爱成婚。"办喜事"（即结婚）、娶新娘要选良辰吉日。定亲后，男方家要选择"大日子"，即举行结婚仪式的月份和大概日期。女方家要选定"小日子"，即具体举行婚礼的日期。婚礼举行之前，女方家还要给男方家陪送嫁妆，嫁妆一般为新人结婚时的床上用品和衣料；男方要负责住房和家用电器的置办。娶亲时去的人要成双成对，一般是新郎的亲戚。迎亲车队也以双数为佳。娶亲人进门后，女方家简单摆些茶点招待。茶点后，新郎向岳母、岳父道别，娶亲人把新娘接出门。娶亲和送亲的队伍抵达男方家时，鞭炮齐鸣，待到鞭炮声快消失时，新郎同新娘及娶、送亲的人们一起步入新郎家门。随后拜堂成亲。拜堂时由一个司仪主持，新郎、新娘首先给父母施礼，然后再给在座的长辈、平辈（亲戚）施礼，最后是夫妻互拜，再由新郎将新娘引入洞房。喜宴时下颇流行中西合璧式的婚礼，宴请客人同时举行观礼仪式。在喜宴上，新娘可褪去婚纱，换上礼服向各桌一一敬酒。送客喜宴完毕后，新人须端着盛香烟、喜糖之茶盘立于家门口送客。

中国的现代婚礼已经抛却了传统婚礼的繁缛与陈腐，在继承传统的基础上融合了东西方的现代婚礼理念，成为一种简洁明了、科学合理的特色婚礼形式。

第二节 西方礼仪文化概况

一、西方礼仪文化发展中的成果

爱琴海地区和希腊是亚欧大陆西方古典文明的发源地。约自公元前6千年起，爱琴海诸岛居民开始从事农业生产。此后，相继产生了克里特文化和迈锡尼文化。公元前11世纪，古希腊进入因《荷马史诗》而得名的"荷马时代"。《荷马史诗》包括"伊利亚特"和"奥德赛"两部分。这部著名的叙事诗主要描写特洛亚战役和希腊英雄奥德赛的故事，其中也有关于礼仪的论述，如讲礼貌、守信用的人才受人尊重。古希腊哲学家对礼仪有许多精彩的论述。毕达哥拉斯率先提出了"美德即是一种和谐与秩序"的观点；苏格拉底认为，哲学的任务不在于谈天说地，而在于认识人的内心世界，培植人的道德观念。他不仅教导人们要待人以礼，而且在生活中身体力行，为人师表；柏拉图强调教育的重要性，指出理想的四大道德目标：智慧、勇敢、节制、公正；亚里士多德指出，德行就是公正，他说："人类由于志趣善良而有所成就，并成为最优良的动物，如果不讲礼法、违背正义，那么他就堕落为最恶劣的动物。"

公元1世纪末至公元5世纪，是罗马帝国统治西欧时期。此间，教育理论家昆体良撰写了《雄辩术原理》一书。书中论及罗马帝国的教育情况，认为一个人的道德、礼仪教育应从幼儿期开始。而诗人奥维德通过诗作《爱的艺术》，告诫青年朋友不要贪杯、用餐不可狼吞虎咽等。

公元476年，西罗马帝国灭亡，欧洲开始封建化过程，12世纪至17世纪，是欧洲封建社会的鼎盛时期。中世纪欧洲形成的封建等级制，以土地关系为纽带，将封建主与附庸联系在一起，此间制定了严格而烦琐的贵族礼仪、宫廷礼仪等。

14世纪至16世纪，欧洲进入文艺复兴时代。该时期出版的涉及礼仪的名著有：意大利作家加斯梯良编著的《朝臣》，论述了从政的成功之道和礼仪规范及其重要性；尼德兰人文主义者伊拉斯谟撰写的《礼貌》，着重论述了个人礼仪和进餐礼仪等，提醒人们讲究道德、清洁卫生和外表美。英国哲学家弗兰西斯·培根指出："一个人若有好的仪容，那对他的名声大有裨益，并且，正如女王伊莎伯拉所说，那就'好像一封永久的推荐书一样'。"

17、18世纪，是欧洲资产阶级革命浪潮兴起的时代，尼德兰革命、英国革命和法国大革命相继爆发。随着资本主义制度在欧洲的确立和发展，资本主义社会的礼仪逐渐取代封建社会的礼仪。资本主义社会奉行"一切人生而自由、平等"的原则，但由于社会各阶层经济上、政治上、法律上的不平等，因此未能做到真正的自由、平等。不过，资本主义时代也编撰了大量礼仪著作。捷克资产阶级教育家夸美纽斯（1592—1670）编撰了《青年行为手册》等；英国资产阶级教育思想家约翰·洛克，于公元1693年写作了《教育漫话》。《教育漫话》系统地、深入地论述了礼仪的地位、作用以及礼仪教育的意义和方法。德国学者缅南杰斯的礼仪专著《论接待权贵和女士的礼仪，兼论女士如何对男士保持雍容态度》，于1716年在汉堡问世。英国政治家切斯特菲尔德勋爵（1694—1773），在其名著《教子书》中指出："世间最低微、最贫穷的人都期待从一个绅士身上看到良好的教养，他们有此权利，因为他们在本性上是和你相等的，并不因为教育和财富的缘故而比你低劣。同他们说话时，要非常谦虚、温和；否则，他们会以为你骄傲，而憎恨你。"

西方现代学者编撰、出版了不少礼仪书籍，其中比较著名的有：法国学者让·赛尔著的《西方礼节与习俗》，英国学者埃尔西·伯奇·唐纳德编的《现代西方礼仪》，德国作家卡尔·斯莫卡尔著的《请注意您的风度》，美国礼仪专家伊丽莎白·波斯特编的《西方礼仪集萃》，以及美国教育家卡耐基编撰的《成功之路丛书》，等等。

二、西方社交礼仪文化

（一）不拘小节

西方人在人际交往上比较随便。朋友之间通常是熟不拘礼地招呼一声"Hello"，哪怕两个人是第一次见面，也不一定握手，只要笑一笑、打个招呼就行了，还可直呼对方的名字，以示亲热。大多数西方人不喜欢用先生、夫人或小姐这类称呼，他们认为这类称呼过于郑重其事了。美国男女老少都喜欢别人直呼自己的名字，并把它视为亲切友好的表示。西方人之间，不论职位、年龄，总是尽量喊对方的名字，以缩短相互间的距离。西方人很少用正式的头衔来称呼别人。正式的头衔一般只用于法官、高级政府官员、军官、医生、教授和高级宗教人士等，如哈利法官、史密斯参议员、克拉克将军、布朗医生、格林教授、怀特主教等。值得注意的是，西方人从来不用行政职务（如局长、经理、校长等）头衔称呼别人。

但在正式场合下，人们就要讲究礼节了。握手是最普通的见面礼。在西方，握手时，男女之间由女方先伸手。男子握女子的手不可太紧，如果对方无握手之意，男子就只能点头鞠躬致意。长幼之间，年长的先伸手；上下级之间，上级先伸手；宾主之间，则由主人先伸手。握手时应注视对方，并摘下手套。如果因故来不及脱掉手套，须向对方说明原因并表示歉意。还应注意人多时不可交叉握手，女性彼此见面时可不握手。同握手的先后顺序一样，介绍两人认识时，要先把男子介绍给女子,先把年轻的介绍给年长的,先把职位低的介绍给职位高的……

(二) 忌问隐私

西方国家人们的一切行为都以个人为中心,个人利益是神圣不可侵犯的。这种准则渗透在社会生活的各方面。人们日常交谈,不喜欢涉及个人私事。有些问题甚至是他们所忌谈的,如询问年龄、婚姻状况、收入多少、宗教信仰、竞选中投谁的票等。西方人讲究"个人空间"。和西方人谈话时,不可站得太近,一般保持在50厘米以外为宜。平时无论到饭馆还是图书馆也要尽量同他人保持一定距离。不得已与别人同坐一桌或紧挨着别人坐时,最好打个招呼,问一声"我可以坐在这里吗",得到允许后再坐下。

(三) 礼貌有加

西方人讲话嘴很甜,他们对好听的话从不吝啬,常令听者心舒意畅。"请"、"谢谢"、"对不起"之类的语言在西方国家随处可闻、不绝于耳。在美国,不论什么人得到别人的帮助时都会说一声"谢谢",即使总统对侍者也不例外。在商场里,售货员的脸上总是堆着笑容,当顾客进门时,他们会主动迎上来,问一声"我可以帮助你吗";当顾客付款时,他们会微笑着道谢,最后还会以谢声送你离去。同样,顾客接过商品时也会反复道谢。西方人把在公共场所打嗝或与别人交谈时打喷嚏、咳嗽等都视为不雅,遇到这种情况,他们就会说声"对不起",请对方原谅。

(四) 讲求效率

西方人办事讲求效率,时间观念强,重视有计划地安排自己每天的时间。因此,他们绝对不希望有人突然来访,并打乱他们的计划,只有至亲好友才可以例外。不仅平时这样,周末也是如此。到别人家做客、到饭店吃饭、应聘工作等一切约会或会面都应该提前一两天写信或打电话预约,约会之后不得失约,失约是非常失礼的行为。一旦临时有事不能赴约,就要尽早通知对方,并表示自己的歉意。前往赴约时,最好准时到达。

(五) 女士优先

西方人的社交礼仪把女人放在尊贵的地位,也就是"女士优先"是国际社会公认的"第一礼俗"。所谓"女士优先"(LADIES FIRST),是国际社会公认的一条重要的礼仪原则,它主要适用于与成年的异性进行社交活动之时。

"女士优先"的含义是:在一切社交场合,每一名成年男子,都有义务主动自觉地以自己的实际行动,去尊重妇女、照顾妇女、体谅妇女、关心妇女、保护妇女,并且还要想方设法、尽心竭力地去为妇女排忧解难。倘若因为男士的不慎,而使妇女陷于尴尬、困难的处境,便意味着男士的失职。人们一致公认,唯有如此这般的男子,才会被视为具有绅士风度。反之,则会被认作是一个没有丝毫修养的粗汉莽夫。"女士优先"原则还要求，在尊重、照顾、体谅、关心、保护妇女方面，男士们对于所有的妇女都要一视同仁。不论她是同一种族的，还是其他种族的；不论她是熟悉的，还是陌生的；不论她是年轻美貌的，还是年老色衰的；不论她是有权有势的，还是一无所有的。

西方人强调"女士优先"的主要原因，起源于欧美国家尊重妇女的传统习俗，从历史角度分析，是受到欧洲中世纪骑士作风的影响；若从宗教的角度分析，它是出于对圣母玛丽亚的尊敬。对女士的尊重并非是因为妇女被视为弱者，值得同情、怜悯，最为重要的是，他们将妇女视为"人类的母亲"。他们认为，对妇女处处给予优遇，就是对"人类的母亲"表示感恩之意。

（六）慎用名片

在西方，名片的用途十分广泛。最主要的是用作自我介绍，也可随赠送鲜花或礼物以及发送介绍信、致谢信、邀请信、慰问信等使用。

在名片上面还可以留下简短附言。西方人在使用名片时，通常写有几个法文单词的首字母，分别代表如下不同含义：P.P.（pour presentation）：意即介绍。通常用来把一个朋友介绍给另一个朋友。当你收到一个朋友送来左下角写有"P.P."字样的名片和一个陌生人的名片时，便是为你介绍了一个新朋友，应立即给新朋友送张名片或打个电话。P.f.（pour felicitation）：意即敬贺。用于节日或其他固定纪念日。P.c.（pour condoleance）：意即谨唁。在重要人物逝世时，表示慰问。P.r.（pour remerciement）：意即谨谢。在收到礼物、祝贺信或受到款待后表示感谢。它是对收到"P.f."或"P.c."名片的回复。P.P.c.（pour prendre conge）：意即辞行。在分手时用。P.f.n.a.（pour feliciterle nouvel an）：意即恭贺新禧。N.b.（nota bene）：意即请注意。提醒对方注意名片上的附言。

按照西方社交礼仪，递送名片应注意：一个男子去访问一个家庭时，若想送名片，应分别给男、女主人各一张，再给这个家庭中超过18岁的妇女一张，但绝不在同一个地方留下三张以上名片。一个女子去别人家做客，若想送名片，应给这个家庭中超过18岁的妇女每人一张，但不应给男子名片。如果拜访人事先未约会，也不想受到会见，只想表示一下敬意，可以把名片递给任何来开门的人，请他转交主人。若主人亲自开门并邀请进去，也只应稍坐片刻。名片应放在桌上，不可直接递到女主人手里。

（七）重视小费

在西方国家，一般来说，当你得到别人的服务时就应付小费，如果服务特别周到，还要多付。坐船或坐火车应付小费，但坐长途汽车和飞机则不必付；对车站或码头上的搬运工应付小费，但存取行李时不必付服务员小费；在旅馆中对帮你提行李或打扫房间的服务员应付小费，但对柜台上的服务员则不用付；在餐馆中对给你上菜上饭的服务员应付小费，但对领班服务员不必付；乘车时，对出租汽车司机应付小费，但对公共汽车司机则不必；对理发师和美容师应付小费，但对售货员和自助洗衣店里的服务员则不必付。妇女上理发店花费最多，对洗头、剪发和烫发的理发员都得分别付给小费。

另外，对警察、海关检查员、大使馆职员、政府机关职员等公务人员给你的服务绝不可付小费，对他们只能口头道谢或者写信表示感谢，否则会被视为一种不恭敬的行为。在习惯上，凡是站柜台的服务员一般都不收小费，如询问处职员、售票处职员等。画廊和博物馆等处的导游、电梯司机等一般也不收取小费。

小费的数额，因人因地而异。在大城市，顾客付出的小费若占总费用的15%，表示对服务满意；若占20%，则表示服务特佳。在其他地方，小费通常占费用的15%。付小费的方式有多种：顾客可以将小费放在茶盘、酒杯下；也可把小费塞在服务员手里；或是在付款时，只将找回来的整票收起，零钱不收，就算是付小费了。

（八）舞会讲究

在西方国家，进行家庭舞会司空见惯，但舞会上的礼仪却非常地讲究，不可怠慢。舞会开始时，女主人在客厅迎接每一位到会的宾客，并将新来的客人向就近来宾作介绍。进舞厅时，女子在前、男子在后，不要双双挽臂而行。在舞场上，男子可以要求女子伴舞，但女子不能主动邀请男子伴舞。男子邀请已婚女子跳舞时，应先请求其丈夫，得到许可后再与之跳舞。在跳舞进行中，允许插入、换舞伴，但绝不能两个男子或两个女子共舞。当女子不愿和某男子跳舞时，可以有礼貌地找个借口推辞，男子不可勉强。舞厅提供饮食时，男子应陪同女伴进餐，并负责照顾她。男宾应主动邀请女主人或主人的女儿跳舞，以表敬意。当女伴打算回家时，男舞伴应立即允诺并略略送行。如果男子先行，则应向女舞伴说明理由，请求原谅。离开舞厅不一定要惊动主人，可以不辞而行。但如适值主人在附近，就应向她表示感谢，然后告别。参加舞会后的一周之内，应给主人打电话或写信表示谢意。

三、西方礼仪禁忌

西方人认为"13"是不吉利的数字，应当尽量避开，甚至每个月的13日，有些人也会感到忐忑不安。西方人认为"星期五"也是不吉利的，尤其是逢到"13日"又是"星期五"时，最好不举办任何活动。在日常生活中的编号，如门牌号、旅馆房号、宴会桌编号、汽车编号等也尽量避开13这个数字。

巴西人以棕黄色为凶丧之色；欧美许多国家以黑色为丧礼的颜色，表示对死者的悼念和尊敬；德国人认为郁金香是没有感情的花；菊花在意大利和南美洲各国被认为是"妖花"，只能用于墓地与灵前；在法国，黄色的花被认为是不忠诚的表示；绛紫色的花在巴西一般用于葬礼；在国际交际场合，忌用菊花、杜鹃花、石竹花及黄色的花献给客人，已成为惯例。

在欧洲国家，新娘在婚礼前是不试穿结婚用的礼服的，因为害怕幸福婚姻破裂；还有些西方人将打破镜子视作运气变坏的预兆；另外，西方人不会随便用手折断柳枝，他们认为这是要承受失恋的痛苦的；在匈牙利，打破玻璃器皿，就会被认为是厄运的预兆。英、美两国人认为，在大庭广众中节哀是知礼。

四、西方结婚礼仪

（一）解结的寓意

解结，通常被人们认为是一种始自罗马的传统。在结婚典礼上，新娘要系一条束满了结的腰带，新郎则被要求去解开这条腰带上面所有的结。在其他的文化里，这种传统还有不同的含义。例如，在非洲的文化中，传统上是把新郎和新娘的手腕绑在一起，这象征着他们将合为一体开始新的生活。而这种"结"实际上也可以被视作是一种同伴关系的象征。

（二）蛋糕的象征

结婚典礼上的蛋糕主要有两个历史渊源：第一种说法是，蛋糕象征着丰产、子嗣兴隆。在结婚典礼上，人们通常用小麦制成的小蛋糕拍碎在新娘的头上，表示希望她能"早生贵子"。另一种说法是，人们把小的圆形蛋糕叠置在一起，能成功越过这个"蛋糕塔"接吻的新郎新娘，被认为在今后能够获得更美满、更富裕的生活。这两种说法都揭示了蛋糕对于婚礼的意义，以及为什么在现今西方的结婚典礼中，大都会放置叠成塔状的分层蛋糕。

（三）戒指的魅力

戴结婚戒指的习俗，最早来源于远古时期，丈夫将草编织成带状然后套在妻子的手腕与脚踝上；否则，他认为妻子的灵魂会离开她的身体。戒指最初是在订婚仪式上交换的。交换戒指被视为"约束"与"永恒"的象征。《圣经》上说，在远古时代，男子向女子求婚时的证物就是指环。9世纪时，教皇尼古拉一世颁布法令，规定男方赠送婚戒给女方是正式求婚所不可缺少的步骤。直到17世纪前，戒指还是戴在右手，并在戒指上刻铭文，比如"即使当一方不在场时，上帝也会看着你行事的"，意为不要以为自己的另一半不在就可以胡作非为。后来，戒指开始戴在左手第三个手指，据说这是有生理原因的，因为人的这个手指上与心脏连接，因此戴在这个手指上意味着"与心相连"。戒指在开始被认为是世俗的产物，并不受到教会的认可。随着时间的推移、风俗的转变，戒指开始被教会接受，并且会在结婚时一起接受教会的祝福。

（四）服饰的含义

新娘礼服的颜色代表着传统，也有特定的含义：白色代表纯洁童贞，美国和英国常用的黄色，是爱神和富足的象征。新娘子在婚礼当天佩戴头饰的习俗由来已久,古时的女子在适婚年龄都会头戴花环,以区别于已婚妇女,并象征着童贞。起初新娘戴面纱是作为年轻和童贞的象征,信奉天主教的新娘戴面纱代表纯洁。因此,许多新娘在赴教堂举行婚礼的时候都选择戴双层面纱,新娘的父亲将女儿交给新郎以后,由新郎亲手揭开面纱。鲜花代表激情和奖赏,并传达出繁荣富饶和出类拔萃的信息,有幸接到新娘花束的人将有好运气,也会是下一个喜结良缘的人。

(五)其他的玄机

在教堂举行的西方婚礼上,当神父在致新婚词时,新娘站在新郎的左边。这个习俗礼仪起源于抢婚盛行的年代,由于担心新娘的家人会在婚礼上将新娘抢回去,新郎必须空出右手来随时应战。根据习俗礼仪,婚礼是以新人的互吻而宣告结束的。这一吻有着深刻的含义:通过接吻,一个人的气息和部分灵魂就留在了另一个人的体内,爱使他们合二为一。婚礼最后新郎抱着新娘入洞房,这一习俗礼仪是从一些土著部落的婚俗演变而来的,由于这些部落里的单身女子太少,所以男子们要到邻近的村落去抢亲,并将她们扛走,免得她们一沾地就会逃走。今天,人们认为,新娘不能用左脚迈进新房的门,所以最好让新郎将新娘抱进房。当新婚夫妇乘车出发度蜜月时,汽车的后面会拴上许多易拉罐,这起源于古代扔鞋子的习俗,参加婚礼的宾客们向新人身上扔鞋子,认为如果有鞋子击中了新人乘坐的车子,那么就会带来好运。跟在新人汽车后面的车队须一路不停地鸣笛,以驱走恶魔。

第三节 中西方礼仪文化差异

一、中国礼仪文化中折射出优良的中华文明

(一)以"礼"服人

中国作为礼仪之邦,自古至今。孔子说过:"夫礼,先王以承天之道,以治人之情,故失之者死,得之者生。是故,夫礼必达于天,于地,列于鬼神,达于丧、祭、射、御、冠、昏(婚)、朝、聘,故圣人以礼示之。故天下国家可得正也。"礼是古代中国治国之本;大至朝拜祭祀、互派使臣、两国交战,小至人的成年、结婚、安葬,无不以礼作为标准,并要遵循各种礼仪。

在这种礼尚往来的社会氛围中,人们的社会交际行为也形成遵礼、守礼、重礼、行礼的观念并沿袭至今。在社会交际的语言互动中,人们遵循这种传统文化观念,采用各种敬称语,以显示对别人的敬重和礼貌。在表示对方的或与对方有关的人、物、事的名词前,都加上特定的褒扬词,如"令尊、令堂;大名、大作;贵姓、贵府;高见、高足"等。在表示对方对自己进行的行为的动词前,也

加上特定的褒扬词，如"惠顾、惠存、海涵、光临、高抬"等。另外，在表示自己对对方进行的行为的动词前，加上特定的敬仰词，如"拜会、拜托；久仰、久违；奉送、奉献"等。

（二）以"谦"为尚

我们的先辈创造了灿烂的华夏文化，也形成了富有鲜明民族特色的中国伦理道德传统。这些道德传统，通过历代思想家的理论加工和系统阐发，形成了丰富繁杂的中国伦理思想学说；同时，也通过一代又一代人的口传心授和身体力行，积淀为跃动在众多民族成员心中的传统道德情操。

谦虚不张扬成为中华儿女的行事原则。在表示自己的或与自己有关的人、物、事的名词前，一般都要加上特定的贬抑词，如"小弟、愚兄、舍妹、敝人、拙文、寒舍、管见"等。众多自谦称谓的使用，反映了中华民族自我贬抑的社会文化心态。在中国传统的文化意识中，十分强调群体精神，认为只有群体的存在才有个体的活动，人只是作为整体的一分子。

中华民族向来以自我贬抑的谦谦君子作为楷模，这完全符合儒家"中庸之道"的原则。"中"是儒家追求的理想境界，"不及"和"过"都要加以反对。对"过"的贬斥表现在处世哲学方面，即反对过分地显露聪明才智，提倡"大智若愚"、"谦恭虚己"。像"枪打出头鸟"、"满招损，谦受益"等古训，至今仍被奉为至理名言。当别人赞扬自己时，人们总是谦让否认，说："我做得很不够"，或说"过奖了"、"不敢当"、"哪里哪里"。报告总结时，总要来几句谦辞套语："本人才疏学浅，刚才总结必有不周之处，请各位多多指教。"

（三）以"和"为贵

中华民族作为一个延续五千多年的伟大民族，必定有一个在历史上起主导作用的基本立世精神，它集中表现于《周易》中的两个命题上："天行健，君子以自强不息"；"地势坤，君子以厚德载物"。"厚德载物"是一种比喻的说法，中国传统哲学认为，大地德性是博大宽厚的，它能负载万物、生养万物，人也应该效法大地，具有一种宽厚的德性，能够包容万物。在这里，"厚德载物"的立世精神得以发扬光大：要原谅，不计较或尽量少计较他人的过失，言语行为不要伤害他人，要给别人留面子。因此，在指出别人的不足或批评别人的时候，以免伤了和气往往采取委婉的方式，通常的做法是：指出别人不足之前先肯定别人的优点，批评别人之前先进行表扬。

中华民族与西方民族相比，性格和气质比较内向、隐蔽，在人际交往中提倡稳健、含蓄、"以和为贵"；不像西方人那样外露、好斗、好表现自己。因此，别人有事求助于你或就某些问题征求你的意见时，如果直接拒绝，在中国人看来，容易产生"不和"，且直接拒绝不够礼貌，违反了汉民族待人处世的准则。为了不使对方产生不快，就用那些含蓄的、模糊的、礼貌的话语去"间接"地拒绝对方,让对方"知难而退"。我们司空见惯的"研究研究"、"考虑考虑"、"再说吧"等,翻开《现代汉语词典》查找,都没有"拒绝"的意思,但在人际交往中,这些词语却是间接地拒绝或是将问题不了了之的"缓兵之计"。

(四) 亲情至上

中国是个重血缘关系的国度。我们的上古祖先主要生活在华北平原,那里的土壤很适宜农业耕作,这使中国成为农业文明发达很早的国家。农民不像牧民和商人那样迁徙不定,往往是祖祖辈辈定居在一个村落里,因而华夏民族很早就形成了一种安土重迁的心理。一个宗族长期生息在一个地域,为了自助自卫,血缘关系的纽带很自然地将人们联结起来,并成为一种宗族自治体。因此,受中国传统的影响,中国人很重视宗族、血缘和亲情。

不仅如此,中国人还把这种亲情的外延给扩大化了,"老吾老以及人之老,幼吾幼以及人之幼"的观念左右着人们的思想。因此,中国人之间形成了一种互敬互爱、亲如一家的氛围,反映出中国几千年农业社会安土重迁、同居一地的人关系亲密的社会面貌。

亲属称谓本只是用于亲属关系的人们之间,然而在汉民族的礼貌用语中,亲属称谓却扩大到非亲属的人与人之间,并成为社会上广泛使用的通俗社交称谓。这种现象,在其他语言中是极为少见的。在现代社会交际中,人们称年纪大的老人为"大爷"、"大娘"、"大妈";活泼可爱的孩子们只要见到年长的成年男性,便要亲热地喊一声"叔叔好",见到年长的成年女性也要甜美地喊一声"阿姨好"。在中国人的心灵中,家庭有着极其重要的地位,亲属称谓被当作亲切、珍贵的称呼。人们用亲属词相称,传达了一种异常浓郁的情感。

二、中西方礼仪文化差异比较

中西方礼仪文化脱胎于不同的文化背景而表现出很大的差异性。总的来说,中国礼仪具有重视血缘和亲情、强调共性、无私奉献、谦虚谨慎、含蓄内向、礼尚往来等几个特点;而西方礼仪则强调个性、崇尚自由、尊重妇女、女士优先、创新精神、讲究平等、淡薄家庭、自由开放等特点。

(一) 人际交往方面的差异

东西方文化都非常重视人际交往,但在交往的观念、方式、语言等方面都有着明显的差别,因此,在人际交往礼仪方面表现出很大不同也在情理之中。

人际交往的空间距离可以分为亲密距离、个人距离、社交距离、公共距离四种。中国人的空间距离相对较近。我们在大街上经常可以看到两个中国女孩挽臂亲昵而行,而在西方则很少见到。西方人觉得中国人过于亲近;而中国人又会觉得西方人过于冷淡、傲慢,过分疏远,是不友好的表现。如果中国人发现交际对方的衣服上有根线头,他会很自然地帮助对方摘掉;而在西方人眼里,这是不礼貌之举。中国人看到朋友穿了件非常漂亮的衣服，会上前摸一摸，询问价钱或质地；而西方人则不会这样做，他们更多的是羡慕，并直接赞美。

在中国，一般只有彼此熟悉亲密的人之间才可以"直呼其名"。但在西方，"直呼其名"比在中国的范围要广得多。在西方，常用"先生"和"夫人"来称呼不知其名的陌生人，对十几岁或二十几岁的女子可称呼"小姐"，结婚了的女性可称"女士"或"夫人"等。在家庭成员之间，不分长幼尊卑，一般可互称姓名或昵称。在家里，可以直接叫爸爸、妈妈的名字。这在我们中国是不行的，必须要分清楚辈分、老幼等关系，否则就会被认为不懂礼貌。在现代社会，中国人见面一般行握手礼，而西方人见面多施拥吻礼。

（二）饮食着装方面的差异

中西方的宴请礼仪各具特色。在中国，从古至今大多都以左为尊，在宴请客人时，要将地位很尊贵的客人安排在左边的上座，然后依次安排。而在西方则是以右为尊，男女间隔而坐，夫妇也分开而坐，女宾客的席位比男宾客的席位稍高，男士要替位于自己右边的女宾客拉开椅子，以示对女士的尊重。另外，西方人用餐时要坐正，认为弯腰、低头、用嘴凑上去吃很不礼貌，但是这恰恰是中国人通常吃饭的方式。吃西餐的时候，主人不提倡大肆饮酒；而中国的餐桌上酒是必备之物，以酒助兴，酒满为诚，劝酒、敬酒是对对方的尊重。

（三）对待女性和婚姻态度方面的差异

西方国家尊重女性是国际公认的一条准则，"女士优先"在西方国家已经深入人心，每时每刻、随时随地地被绅士们实践着。按照西方人的习惯，在社交场合，男子处处都要谦让妇女、爱护妇女。步行时，男子应该走在靠马路的一边；入座时，应请女子先坐下；上下电梯，应让女子走在前边；进门时，男子应把门打开，请女子先进；但是下车、下楼时，男子却应走在前边，以便照顾女子；进餐厅、影剧院时，男子可以走在前边，为妇女找好座位；进餐时，要请女子先点菜；同女子打招呼时，男子应该起立，而女子则不必站起，只要坐着点头致意就可以了；男女握手时，男子必须摘下手套，而女子可以不必摘下；女子的东西掉在地上时，男子不论是否认识她，都应帮她拾起来；在发表演说、讲话时，如果需要同时称呼许多人，也要注意"女士优先"，合乎礼仪的称呼方法是"女士们、先生们"，或是"玛丽小姐、威廉先生"，而不允许颠倒这一顺序。男士在同女士交谈时，言辞必须文明高雅，表达必须把握分寸。切不可当着女士的面大讲脏话、粗话、黑话，或是乱开低级下流的玩笑。若因为施词唐突，而使女士难堪，则男士必须为此而郑重地向女士道歉。而在中国，男尊女卑的传统思想在人们头脑里根深蒂固，虽然改革开放以后，这种观念有所改观，但还有很多人在奉行着"男女有别"、"男主外、女主内"、"男人是家里的顶梁柱，是一家之主"等一系列男女不平等的思想。

西方人的婚姻观与中国人的婚姻观有着极大的不同，因为他们认为：婚姻纯属个人私事，任何人不能干涉；同时婚姻不属于道德问题。一个人有权选择和他/她最喜欢的人生活在一起，一旦发现现有的婚姻是一个错误，他/她有权作第二次选择。如果夫妇一方爱上了第三者，任何一方都不会受到谴责。在他们看来：强迫两个不相爱的人生活在一起是残忍的。中国人的婚姻相对来说比较稳定，这是因为中国人把婚姻当作人生的头等大事，每个人都谨慎对待，认真选择，一旦决定了，就不会轻易改变。而且中国人一向把婚姻当作一个严肃的道德问题，喜新厌旧或是第三者插足都被认为是极不道德的。

（四）中西方欢乐礼仪文化方面的差异

欢乐是人类的普遍情绪，是人类的共同心理体验。然而，千百年来，世界各地的人们通过各种不同的欢庆活动体验欢乐的感觉、表达欢乐的情绪。日积月累，在人们年复一年的欢庆活动中，逐渐积淀形成了内涵丰富的欢乐礼仪文化。欢乐礼仪文化作为社会礼仪文化的一部分，包含着一个民族历史形成的性格、心理、信仰、观念、思维方式、审美情趣以及价值取向，带着深深的民族礼仪文化烙印。

首先，中西方欢乐礼仪文化蕴涵的心理期盼不同。中国人通过节庆活动企盼丰收、享受喜悦，而西方人则更偏向借此发泄个人情绪、张扬个体人格。

其次，中西方欢乐礼仪文化的表达方式不同。中国人喜欢采用家族团圆、和谐、温和的方式表达欢乐之情，而西方人则更强调个体的舒适和满足，表达欢乐的方式多为直接、纵欲、粗放的风格。中国人向来讲究含蓄深沉，"温柔敦厚"，"发乎情，止乎礼"，"乐而不淫，哀而不伤"，提倡以克制的心态发泄欢乐情绪。中国人还强调"有福同享"、"独乐乐不如众乐乐"，注重多人之间分享欢乐、传播欢乐。西方的欢乐礼仪文化，十分注重个人性格的张扬与个人情感的表达。

第三，中西方欢乐礼仪文化所追求的理想不同。中国人的欢乐，是建立在民族国家的命运和前途之上的，以实现全民族的幸福为理想。在宗教尤其是基督教的影响下，西方人追求欢乐，更多的是通过忏悔、内省和宣泄，以求个体灵魂的洁净和个人感情的升华，更重视个人价值的实现和个人幸福的追求。

中西方礼仪文化方面的差异并不限于以上几点，比如在时间观念、对人承诺以及商务谈判等方面也都存在着差异，在此就不一一列举了。

第四节　如何审视中西方礼仪文化差异

一、中西方礼仪文化差异的必然性

概括起来说，中西方不同的地理环境、历史背景、文化底蕴、宗教思想、民族信仰、传统哲学等的影响造成了中西方人不同的价值观、世界观、人生观、思维方式以及不同的生活方式，进而形成了中西方不同的礼仪文化。

比如，中国地域广阔，环境多样，历史屡现富饶稳定的局面，这导致了中国人的故步自封、安土重迁，并造就了中国人重视亲情和血缘、家庭观念强、集体意识强等特点；中国儒家中庸思想的影响，造就了中国人重情重义、内敛含蓄、不张扬、谦虚谨慎、保守、万事和为本的性格特征；漫长的封建社会造成了人们心目中磨灭不掉的男尊女卑、等级观念；源远流长的古代文明发展史带给中国人谦逊有礼、无私奉献、礼尚往来的美德。西方国家受古代扩张文化的影响造就了人们勇于冒险、敢于创新的性格；受基督教文化的影响，西方形成了自由主义思潮，这使西方人具有自由开放、家庭观念淡薄、追求个人独立、以自我为中心的价值观念；当然，西方发展历史进程中的文明也养成了西方人尊重妇女、讲求平等的优良传统。

中国是具有五千年历史的多民族的国家。中国传统文化的历史渊源是以儒家为主、兼有诸子百家各学派的文化。这种传统文化的特点之一是强调整体的定性思维方式，这与西方文化强调个体局部的实证思维方式大不一样。西方主要是基督教文化。儒家哲学体系里强调的是"修身、齐家、治国、平天下"，其中，修身是第一位的，也就是首讲道德文化；西方的哲学思想强调的是分析。这就分别形成了侧重整体思维或个体思维的差异。

总之，中西礼仪文化差异的形成是必然的，是在历史进程中中国文明与西方文明碰撞的必然结果。

二、正确审视中西方礼仪文化差异

（一）审视中找准出发点

在人际交流中，礼仪既是一种语言，也是一种工具，更是一种交流的规则。由于形成礼仪的重要根源——宗教信仰的不同，使得世界上信仰不同宗教的人们遵守着各不相同的礼仪。中国是四大文明古国之一。中国的礼仪，始于夏商周，盛于唐宋，经过不断的发展变化，逐渐形成体系。西方社会，是几大古代文明的继承者，曾一直和东方的古代中国遥相呼应。经过中世纪的黑暗，最终迎来了文艺复兴，并孕育了资本主义和现代文明，产生了现代科技和文化。由此可见，中国礼仪文化和西方礼仪文化都是在一定的社会历史条件下产生和发展的，存在的都是合理的，没有孰优孰劣的问题。

（二）审视中发现问题

礼仪作为一种文化，具有纵向传承和横向借鉴与融合的特征。在世界全球化、一体化步伐不断加快以及经济、文化高速碰撞融合的大背景下，西方文化大量涌进中国，中国传统礼仪也不断冲击西方礼仪文化。而在中西礼仪文化的碰撞和交融的过程中,中国人似乎有些盲目热衷于西方。比如,拿西方的礼仪取代我们中华民族的传统礼仪;又如,在中国青年人中,举行外国式婚礼、过西方节日等,都是不容忽视的倾向。不可否认,当今国际通行的礼仪基本上是西方礼仪。这种现象的原因并不仅仅是西方的实力强大,深层的原因在于西方人价值观的统一,在于西方人对自身文化的高度认同和深刻觉悟。正是西方人的自信与优越感赋予了西方文化强大的感染力,使其礼仪文化被视为世界标准。因此,如何保护中华民族传统礼仪并与西方礼仪兼容并蓄、求同存异就成为今天人们研究的一个崭新课题。

(三)审视中找准方向

中西方礼仪文化的融合,在我们今日中国,更多的还是借鉴西方。但无论是借鉴西方的礼仪,或者是我们自创一套自己的礼仪系统,这在形式上都不难。难的是我们能否有一个完整的价值体系,能否对自身文化有高度认同和深刻觉悟。我们借鉴西方礼仪,不仅仅是要借鉴它的形式,更应当借鉴其内在的灵魂,只有这样,我们才能建立起自己的自信和优越感,才能确立我们的感染力。民族的复兴不仅是实力的复兴,而且更是一种文化的复兴。只有别人也认同我们的文化,才能真正使我们的礼仪行于世界。

人无礼则不立,事无礼则不成,国无礼则不宁。一个礼仪缺乏的社会,往往是不成熟的社会。而一个礼仪标准不太统一甚至互相矛盾的社会,往往是一个不和谐的社会。礼仪,是整个社会文明的基础,是社会文明最直接、最全面的表现方式。创建和谐社会,必须先从礼仪开始。中国今天面临前所未有的挑战,无论是物质、精神还是文化方面,都急迫地需要一套完整而合理的价值观进行统一。而礼仪文化无疑是这种统一的"先行军",只有认清中西礼仪文化的差异,将二者合理有效地融合,方能建立适合中国当代社会的礼仪文化体系,从而达到和谐社会的理想。

中西礼仪文化的差异不能说谁优谁劣,这是客观形成的,它们的存在必将引起人类礼仪文化的继续发展,在当今世界,任何民族和国家都不可能丢掉或摆脱自己的传统礼仪文化。因此,来自外部的强加或内部的叛离,都不利于国家的发展和社会的进步。让我们共同来维护各种礼仪文化的发展,维护国家的安定,使中西方的礼仪文化互相促进、互相借鉴,只有这样,人类的礼仪文化历程才会走得更好。

(四)审视的最终目的——跨文化交流

了解中西方文化差异对于提高跨文化交流能力有着极其重要的意义,它能帮助我们正确理解西方人的言行,在交流过程中,充分了解对方,尊重对方的习俗,以取得最佳的交际效果。往大处来讲,一个国家无论是在政治上,还是在经济贸易中,了解对方国家的礼仪习惯,将有利于各国之间的交往;从小处来说,一个人了解对方的礼仪民间习惯，是对对方的尊重，容易给对方留下一个好印象，以便交往的顺利进行。在跨文化交流中，由于文化障碍而导致的信息误解，甚至伤害对方的现象屡见不鲜。有时善意的言谈会使对方尴尬无比，礼貌的举止会被误解为荒诞粗俗。因此，学习中西方礼仪文化差异、研究正确的跨文化交流行为已成为不可忽视的问题。

中西方之间有各自的文化习惯，由此也产生了不少不同的交往习惯。因此，随着中国经济的发展和对外交流、贸易的不断增加，我们不但有必要在与外国人交往或者前往别的国家去之前了解对方国家的礼仪习惯，而且必须加强专业礼仪人才的培养，并提高全民礼仪意识，这不仅是对对方的尊重，而且会给我们自己带来便利，不但能避免不必要的麻烦与误会，而且还能在现代社会的多方竞争中争取主动，从而取得良好的结果或效益。

三、涉外导游人员在中西方文化交流中应注意的礼仪问题

在国际交际中，礼宾是一项很重要的工作，许多外事活动，往往是通过各种交际礼宾活动进行的。一般来说，各种交际活动，国际上都有一定惯例，但各国往往又根据本国的特点和风俗习惯，有自己独特的做法，导游作为民间外交大使和本国的形象大使所进行的对外接待活动属于民间外交活动。因此，在与西方宾客交往中除应发扬中国礼仪之邦的优良传统并注意礼貌、礼节之外，还应尊重各国、各民族的风俗习惯，了解它们不同的礼节、礼貌的做法，从而使得我们在对外接待活动中真正做到不卑不亢、以礼相待。

（一）注意言谈举止

在与外宾交谈时，表情要自然，态度要诚恳，用语要文明，表达要得体。别人在与他人个别交谈时，不要凑前旁听。若有事需与某人谈话，应待别人说完。交谈中若有急事而要离开时，应向对方打招呼，并表示歉意。在与外宾交谈时，不要打听对方的年龄、履历、婚姻、薪金、衣饰价格等私人生活方面的情况。同外国人交谈，最好选择喜闻乐道的话题，诸如体育比赛、文艺演出、电影电视、风景名胜、旅游度假、烹饪小吃等方面的话题，大家都会感兴趣。这类话题使人轻松愉快，受到普遍欢迎。如果外国人主动谈起我们不熟悉的话题，我们应该洗耳恭听、认真请教，千万不要不懂装懂，更不要主动同外国人谈论自己一知半解的话题。

在外事活动中，举止要落落大方、端庄稳重，表情要自然诚恳、和蔼可亲，不能不拘小节。和人见面打招呼要自然亲切，不要不理不睬，更不要热情过度。站时，身体不要东歪西靠，不要斜靠在桌面或椅靠上；坐时，姿势要端正，不要跷脚、摇腿，也不要显出散漫的样子，女同志不要支开双腿；走时，脚步要轻，如遇急事可加快脚步，但不要慌张奔跑；说话时，手势不要过多，也不要放声大

笑或高声喊人。

（二）注意手势运用

手势是体态语言之一。在不同的国家、不同的地区手势有不同的含义。在用手势表示数字时，中国伸出食指表示"1"，欧美人则伸出大拇指表示"1"；中国人伸出食指和中指表示"2"，欧美人伸出大拇指和食指表示"2"，并依次伸出中指、无名指和小拇指表示"3"、"4"、"5"。中国人用一只手的5个指头还可以表示6～10的数字，而欧美人表示6～10要用两只手，如展开一只手的五指，再加另一只手的拇指为"6"，以此类推。在中国，伸出食指、指节前屈表示"9"。表示"10"的手势是将右手握成拳头，在英美等国则表示"祝好运"或示意与某人的关系密切。伸出一只手，将食指和大拇指搭成圆圈，美国人用这个手势表示"OK"，是"赞扬和允诺"之意；在法国，表示"微不足道"或"一钱不值"；在巴西、希腊和意大利的撒丁岛，表示这是一种令人厌恶的污秽手势；在马耳他，则是一句无声而恶毒的骂人语。中国人表示赞赏之意，常常翘直大拇指，其余四指蜷曲；跷起小拇指则表示蔑视。在英国，翘起大拇指是拦路要求搭车的意思。在英美等国，以"V"字形手势表示"胜利"、"成功"。在欧洲，人们相遇时习惯用手打招呼，正规的方式是伸出胳膊，手心向外，用手指上下摆动。美国人打招呼是整只手摆动；如果在欧洲，整只手摆动表示"不"或"没有"之意；在希腊，一个人摆动整只手就是对旁人的污辱，那将会造成不必要的麻烦。

总之，导游在接待西方国家、地区、民族的游客时，需懂得他们的手势语言，以免闹出笑话，并造成误解。

（三）遵守国际惯例

接待文化背景、风俗习惯、社会制度与自己大有差别的西方人时，一条行之有效的方法，就是要在与对方进行交往和沟通时，遵循国际社会中约定俗成的交际惯例。一般而论，在接待西方友人时，要遵循以下几条国际惯例：

1. 信守时约

在人际交往中，"言必信，行必果"，是做人应有的基本教养。与西方朋友打交道，小到约会的时间，大到生意往来，都要讲信用、守承诺，不随便许愿，这样才能巩固双方的友谊。因此，导游在接待西方朋友时必须做到谨言慎行，做有把握的事，不要乱夸海口；同时，时间观念要强，不要迟到早退，始终做到言行一致。

2. 热情有度

中国人在人际交往中，一直主张朋友之间应当"知无不言，言无不尽"，并且提倡"关心他人比关心自己为重"，"你的事就是我的事"。但是在国外，人们普遍主张个性至上，反对以任何形式干涉个性独立、侵犯个人尊严。对他人过分关心，或是干预过多，则会令对方反感。所以与外国友人打交道时，既要热情友好,又要以尊重对方的个人尊严与个性独立为限,不要自来熟,不把自己当外人。

3. 尊重隐私

外国人普遍认为,要尊重交往对象的个性独立、维护其个人尊严并尊重其个人隐私。即使是家人、亲戚、朋友之间,也必须相互尊重个人隐私。所以与外国友人相处时,应当自觉回避对对方个人隐私的任何形式的涉及。不要主动打听外国朋友的年龄、收入、婚恋、家庭、健康、经历、住址、籍贯,以及宗教信仰、政治见解、正在忙什么等,而应该多谈一些大家共同感兴趣的话题。

4. 女士优先

在西方国家的人际交往中,人们讲究女士优先,因此,涉外导游在接待外国友人时,应多照顾关心女性朋友,这样会赢得所有游客的赞同。

5. 切忌过谦

在西方人看来,做人首先要有自信。对于个人能力、自我评价,既要实事求是,也要勇于大胆肯定。不敢承认个人能力,随意进行自我贬低的人,要么事实上的确如此,要么便是虚伪做作、别有用心。所以在与西方朋友打交道时,千万不要过分谦虚,特别是不要自我贬低,以免被人误会。涉外导游员作为中国的形象大使尤其应该自信,以自己丰富的知识来征服领队和全体游客,而不应瞻前顾后、缩手缩脚,新导游员要克服这一点;要自信,但不能过于自信,甚至自负、瞧不起别人,老导游要克服这一点,遇事要多与全陪和领队商量。有的时候,在同西方朋友进行接触之中,难免会碰上一些本人尚未经历的场面或是难以处置之事,此时此刻最好的方法,就是静观一下他人的做法,努力"从众",并与大家保持一致。

在与西方游客交流过程中,除了遵守以上国际惯例以外,还有其他一些国际惯例需要遵守,如相互谅解、求同存异、入乡随俗等,在此就不一一介绍了。

复习思考题

1. 什么是礼仪?礼仪的基本原则和主要功能是什么?礼仪有哪些类型?
2. 中国礼仪文化是怎样形成的?中国礼仪文化有哪些表现?
3. 中国古今结婚礼仪在演变过程中发生了哪些变化?
4. 西方社交礼仪文化有哪些具体表现?西方的礼仪禁忌有哪些?西方的结婚礼仪有哪些讲究?
5. 为什么说中国礼仪文化中折射出优良的中华文明?
6. 举例分析中西方礼仪文化的主要差异并说明原因。
7. 如何正确审视中西方礼仪文化之差异?
8. 涉外导游人员在跨文化交流中应注意哪些问题?

案例分析：微妙的礼仪

不同的地域、不同的历史、不同的文化创立了不同的礼仪。懂文明、讲礼仪是搞好人际关系的前提条件，一个讲礼仪的人，不仅要遵守自己的礼仪，更应该遵守交往对象的礼仪。在遵守对方礼仪的同时，不仅尊重了对方，而且实际上也赢得了自尊。在跨文化交流中，我们要注意因人而异、因地制宜，充分了解中西方礼仪文化的差异，做到区别对待、有的放矢。

小张是北京某国际旅行社的导游员，自觉深谙礼仪之道，但带团实践中难免忙中失措、顾此失彼、美中不足。对于领导安排的欧美团的接待任务是异常兴奋的，因为作为"谦谦君子"的他终于有了用武之地。领队玛丽亦是知书达理之人。

当天接站时，小张欲以西方的拥吻礼招呼玛丽，而机灵的玛丽却迅速地伸出右手与小张行了握手礼。共进晚餐时，小张身穿干净利落的休闲装第一个来到餐厅等待客人，待客人全部到齐，小张招待所有客人一一落座，并亲自拉开玛丽的椅子请其坐下，自己最后一个落座。餐桌上小张给客人们介绍中国的美食，滔滔不绝，如数家珍。玛丽伸出大拇指夸小张是一个美食家，小张忙谦虚道："不敢当，不敢当，你太过奖了。"高兴之余，小张不忘招呼大家品尝美食。为了避免饭菜滑落，小张始终保持身体前倾，尽量把嘴往前凑。但由于说话太急，小张嘴里的食物呛了一下，差点喷出来，幸亏用餐巾纸捂住了，自知失态，起身说了一句"对不起，失陪一下"便匆匆地去了洗手间。当第二天小张来到酒店时，看见玛丽在大厅等待，小张凑上前在玛丽的肩膀上拍了一下。"Why"，玛丽一怔。小张忙解释："一根线头，我帮你拿下去。"玛丽愕然……

这个欧美团在京停留了三天，小张感到已极尽礼仪之能事：热情有度，落落大方；换位思考，关心备至；含蓄内蕴，谦虚谨慎……但他是否也有不符合西方礼仪规范的做法呢？

案例思考题：
1. 案例中小张和玛丽的言行是否符合礼仪规范，并说明原因。
2. 结合案例分析跨文化交流中应如何对待礼仪差异问题。

第七章

民俗文化

第一节 中国民俗文化概况

一、民俗文化的基本概念

（一）民俗文化的概念界定

民俗，作为人们日常生活中靠口头和行为传承的一种文化模式，作为一种社会的物质和文化现象，为广大民众所创造的同时也供他们所享用。民俗，是依附人民的生活、习惯、情感与信仰而产生的文化。事实上，从经济基础到上层建筑的各个领域、在人民生活的各个角落之中，都普遍存在着民俗世相。

所谓的民俗文化，就是广大劳动人民所创造和传承的民间文化，它是民族文化的重要组成部分，普遍存在于社会生活中，是人们在社会发展和日常生活中长期沿袭下来的礼节、风尚、习俗、节庆、传统等文化的总和，如社会政治生活方式，饮食、居住、交通等习俗，婚姻、丧葬、宗教、节庆等礼俗，以及日常生活中人们相互关系的方式等构成的一种相沿成习的行为方式等。民俗文化的外延极其广泛，几乎涉及人们的食、住、行、游、购、娱等各个方面。

民族风俗是各民族在社会发展中长期沿袭下来的礼节、风尚、习俗的总和。由于居住的社会环境和自然环境不同，各民族在长期的历史发展中形成了具有本民族特点的风尚和习俗。它是随着社会的发展变化而发展变化的。随着社会的发展进步，各民族总是改变那种陈旧的习俗，提倡新的健康的风尚，进而不断提高本民族的道德风貌。每个民族所独具的健康的风俗习惯，都是其民族的宝贵的精神财富。

民俗文化可分为物质民俗、社会民俗和意识民俗。物质民俗是中华民族在物质生产、消费和流通中所形成的文化传承，系中国民俗的多层次结构中的基础层面。社会由人组成，人与人之间通过生产、生活形成各种各样的群体，群体的结合和交往便产生了社会民俗。意识民俗是一种深层次的民俗事象的总和。它体现的是人们以信仰为核心的心理活动和操作行为。中国较为流行的民俗观念首先是民间风俗,如四时八节:春节、元宵、清明、端午、重阳、中秋等,还有婚丧嫁娶等;另外一种观念是把民俗看成民间文艺、民间文学,比如传说故事、神话、歌谣之类;还有一类是把民俗看成古代文化在今天的残留物,如祭祖等。而国际上普遍认为民俗是一个学科,是指有关民众或人民的一种文化智慧。

(二) 民俗文化的社会功能

民俗文化是物质文明和精神文明相结合的产物,民俗文化多元化的社会功能在一定程度上决定和影响了整个社会文明的形成。

1. 教育功能

人是文化的产物。民俗作为一种文化现象,在个人社会化过程中占有决定性的地位,从出生的诞生礼、结婚的喜庆礼到死去的丧葬礼,它始终与每个人相依相伴。民俗作为民族的文化传统,对民族心理的影响是十分深远的。所谓的夜不闭户、路不拾遗,是在良好的民俗文化教育环境中形成的,不无道理。其实民俗文化的这种教育功能是在潜移默化中进行的,靠口头和行为方式,一辈一辈地将那些好的习俗传承下去。民俗文化是社会、集体的创造,具有教育功能。由于民俗文化的集体性,说到底,民俗培育了社会的一致性。民俗文化增强了民族的认同、强化了民族精神、塑造了民族品格、激发了民族自豪感和凝聚力,集体遵从、反复演示、不断实行,这是民俗得以形成的核心要素。民俗文化的教育功能,主要在于培养人们的道德情操,增强人们对生活的勇气和热爱以及民族感和爱国心。比如,在中国各民族中都有敬老爱幼、公而忘私、乐于助人的美德,这些道德观念都表现为具体的民俗事象。

2. 规范功能

民俗文化就其实质而言,是语言和行为模式,是民众共同创造和遵守的行为规范。民俗学专家通常把社会规范分为四个层面:第一层是法律;第二层是纪律;第三层是道德;第四层是民俗。而且认为民俗是产生最早、约束面最广的一种深层行为规范。民俗像是一只看不见的手,无形中支配着人们的所有行为,从吃穿住行到婚丧嫁娶、从社会交际到精神信仰,人们都在不自觉地遵从着民俗的指令,民俗对人的控制,是一种"软控",但却是一种最有力的深层控制。

3. 娱乐功能

在众多的民俗事象中,传承于民间的大部分民俗活动都带有浓厚的娱乐性质,可以想象,当一天繁重的劳动生活结束后,人们会聚一起,或对歌起舞、或谈天说地,民俗文化的娱乐功能在休憩歇息之余得到了扩展与延伸。从傣族的泼水节、蒙古族的那达慕等民俗节日盛会活动到斗鸡、斗蟋蟀等民间游戏,所有娱乐功能的民俗都是和广大人民的审美意识结合在一起的,它们是各民族民众创造的精神产品,集中体现了集体的智慧、创造,体现出了积极、健康、向上的精神和情趣，具有一种崇高的精神美。

二、中国主要民俗文化

（一）中国节日习俗

1. 中国传统节日的形成历史

中国的传统节日形式多样、内容丰富，是我们中华民族悠久的历史文化的一个组成部分。传统节日的形成过程，是一个民族或国家的历史文化长期积淀凝聚的过程。节日的起源和发展是一个逐渐形成、潜移默化地完善、慢慢地渗入到社会生活各方面的过程。它和社会的发展一样，是人类社会发展到一定阶段的产物。

中国古代的节日，大多和天文、历法、数学以及后来划分出的节气有关，这从文献上至少可以追溯到《夏小正》、《尚书》，到战国时期，一年中划分的二十四个节气，已基本齐备，后来的传统节日，全都和这些节气密切相关。节气为节日的产生提供了前提条件，大部分节日在先秦时期，就已初露端倪，但是其中风俗内容的丰富与流行，还需要有一个漫长的发展过程。最早的风俗活动是与原始崇拜、迷信禁忌有关的；神话传奇故事为节日平添了几分浪漫色彩；宗教对节日也有冲击和影响；还有一些历史人物被赋予永恒的纪念渗入节日……所有这些，都融合凝聚在节日的内容里，使中国的节日有了深厚的历史感。到汉代，中国主要的传统节日都已经定型，人们常说这些节日起源于汉代，汉代是中国统一后第一个大发展时期，政治经济稳定，科学文化有了很大发展，这对节日的最后形成提供了良好的社会条件。节日发展到唐代，已经从原始祭拜、禁忌神秘的气氛中解放出来，转为娱乐礼仪型，并成为真正的佳节良辰。从此，节日变得欢快喜庆，丰富多彩，许多体育、享乐的活动内容出现，并很快成为一种时尚流行开来，这些风俗一直延续发展，经久不衰。在漫长的历史长河中，历代的文人雅士、诗人墨客，为一个个节日谱写了许多千古名篇，这些诗文脍炙人口、广为传颂，使中国的传统节日渗透出深厚的文化底蕴，精彩浪漫，大俗中透着大雅，雅俗共赏。中国的节日有很强的内聚力和广泛的包容性，一到过节，举国同庆，这与我们民族源远流长的悠久历史一脉相承，是一份宝贵的精神文化遗产。

2. 中国汉民族的主要传统节日习俗

（1）春节。是农历正月初一，又叫阴历年，俗称"过年"。这是中国民间最隆重、最热闹的一个传统节日。春节的历史很悠久，起源于殷商时期年头岁尾的祭神祭祖活动。按照中国农历，正月初一古称元日、元辰、元正、元朔等，俗称大年初一。千百年来，人们使年俗庆祝活动变得异常丰富多彩，每年从农历腊月二十三日起到年三十，民间把这段时间叫做"迎春日"，也叫"扫尘日"，在春节前扫尘搞卫生，是中国人民素有的传统习惯。然后就是家家户户准备年货，节前十天左右,人们就开始忙于采购物品,年货包括鸡鸭鱼肉、茶酒油酱、南北炒货、糖饵果品,都要采买充足,还要准备一些过年时走亲访友时赠送的礼品,小孩子要添置新衣新帽,准备过年时穿。在节前要在住宅的大门上粘贴红纸黑字的新年寄语,也就是用红纸写成的春联。屋里张贴色彩鲜艳寓意吉祥的年画,心灵手巧的姑娘们剪出美丽的窗花贴在窗户上,门前挂大红灯笼或贴福字及财神、门神像等,福字还可以倒贴,路人一念"福倒"了,也就是福气到了……所有这些活动都是要为节日增添足够的喜庆气氛。春节的另一名称叫"过年"。在过去的传说中,年是一种为人们带来坏运气的想象中的怪物。年一来,树木凋敝,百草不生;年一过,万物生长,鲜花遍地。年如何才能过去呢?需用鞭炮轰,于是有了燃鞭炮的习俗,这其实也是烘托热闹场面的又一种方式。

　　春节是个欢乐祥和的节日,也是亲人团聚的日子,离家在外的孩子在过春节时都要回家欢聚。过年的前一夜,就是旧年的腊月三十夜,也叫除夕,又叫团圆夜,在这新旧交替的时候,守岁是最重要的年俗活动之一。除夕晚上,全家老小都一起熬年守岁,欢聚酣饮,共享天伦之乐。北方地区在除夕有吃饺子的习俗,饺子的做法是先和面,"和"字就是"合";饺子的"饺"和"交"谐音,"合"和"交"有相聚之意,又取更岁交子之意。在南方有过年吃年糕的习惯,甜甜的黏黏的年糕,象征新一年生活甜蜜蜜、步步高。待第一声鸡鸣响起,或是新年的钟声敲过,街上鞭炮齐鸣,响声此起彼伏,家家喜气洋洋,新的一年开始了,男女老少都穿着节日盛装,先给家族中的长者拜年祝寿,节中还要给儿童压岁钱、吃团圆饭,初二、初三就开始走亲戚看朋友,相互拜年,道贺祝福,说些恭贺新禧、恭喜发财、过年好等话,并进行祭祖等活动。节日的热烈气氛不仅洋溢在各家各户,也充满各地的大街小巷,一些地方的街市上还有舞狮子、耍龙灯、演社火、游花市、逛庙会等习俗。这期间花灯满城,游人满街,热闹非凡,盛况空前,一直要闹到正月十五元宵节过后,春节才算真正结束了。春节是汉族最重要的节日,但是满、蒙古、瑶、壮、白、高山、赫哲、哈尼、达斡尔、侗、黎等十几个少数民族也有过春节的习俗,只是过节的形式更有自己的民族特色,更加韵味无穷。

　　(2) 元旦。"元旦"一词最早出自南朝梁人萧子云《介雅》诗:"四气新元旦,万寿初今朝。"元是开始、第一的意思;旦是会意字,上面的"日"表示太阳,下面的"一"表示地平线。太阳从地平线上升起,象征一天的开始。元旦,就是一年的第一天。公历1月1日,是当今世界公认的元旦节。中国历代的元旦,日期并不一致。例如,夏代是正月初一;商代在十二月初一;周代在十一月初一,等等。1949年9月27日,中国人民政治协商会议第一届全体会议通过使用"公元纪年法",将公历1月1日定为元旦。

　　(3) 元宵节。阴历正月十五日是元宵节。它是中国一个重要的传统节日。在古书中，这一天称为"上元"，其夜称"元夜"、"元夕"或"元宵"。"元宵"这一名称一直沿用至今。由于元宵有张灯、看灯的习俗，民间又习称为"灯节"。此外，还有吃元宵、踩高跷、猜灯谜等风俗。中国古代历法和月相有密切的关系，正月十五，人们迎来了一年之中第一个月满之夜，这一天理所当然地被看做是吉日。早在汉代，正月十五就已被用作祭祀天帝、祈求福佑的日子。后来古人把正月十五称"上元"，七月十五称"中元"，十月十五称"下元"。最迟在南北朝早期，"三元"已是要举行大典的日子了。"三元"中，上元最受重视。到后来，中元、下元的庆典逐渐废除，而上元经久不衰。

（4）清明节。阳历4月5日（或6日）是清明节，这是中国的传统节日，也是最重要的祭祀节日，是祭祖和扫墓的日子。扫墓俗称上坟，是祭祀死者的一种活动。汉族和一些少数民族大多都是在清明节扫墓。按照旧的习俗，扫墓时，人们要携带酒食果品、纸钱等物品到墓地，将食物供祭在亲人墓前，再将纸钱焚化，为坟墓培上新土，折几枝嫩绿的新枝插在坟上，然后叩头行礼祭拜，最后吃掉酒食回家。唐代诗人杜牧的诗《清明》："清明时节雨纷纷，路上行人欲断魂。借问酒家何处有？牧童遥指杏花村。"此诗写出了清明节的特殊气氛。清明节，又叫踏青节，按阳历来说，它是在每年的4月4日至6日之间，正是春光明媚草木吐绿的时节，也正是人们春游（古代叫踏青）的好时候，所以古人有清明踏青并开展一系列体育活动的习俗。

（5）端午节。阴历五月初五日为"端午节"。"端午"本名"端五"，端是初的意思："五"与"午"互为谐音而通用。它是中国的一个古老节日。中国古代最早的爱国诗人屈原遭谗言被放逐后，目睹楚国政治日益腐败，又不得实现自己的政治理想、无力拯救危亡的祖国，于是自投汨罗江以殉国。此后，人们为了不使鱼虾吃掉其尸体，纷纷用糯米和面粉捏成各种形状的饼子投入江心，这便成为后来端午节吃粽子、炸糕的来源。这风俗已传到了国外。

（6）七夕节（亦称乞巧节或女儿节）。阴历七月初七的晚上称"七夕"，七夕节是中国的情人节，或者更准确地说是"中国的爱情节"。七夕坐看牵牛织女星，是民间的习俗，相传，在每年的这个夜晚，是天上织女与牛郎在鹊桥相会之时。织女是一个美丽聪明、心灵手巧的仙女，凡间的妇女便在这一天晚上向她乞求智慧和巧艺，也少不了向她求赐美满姻缘，所以七月初七也被称为乞巧节。七夕节最普遍的习俗，就是妇女们在七月初七的夜晚进行各种乞巧活动。乞巧的方式大多是姑娘们穿针引线验巧，做些小物品赛巧，摆上些瓜果乞巧……各个地区乞巧的方式不尽相同，各有趣味。直到今日，七夕仍是一个富有浪漫色彩的传统节日。但不少习俗活动已弱化或消失，唯有象征忠贞爱情的牛郎织女的传说一直流传民间。其实，不仅仅是汉族，壮族、满族、朝鲜族等也有过"七夕节"的习俗。

（7）中秋节。阴历八月十五，这一天正当秋季的正中，故称"中秋"。到了晚上，月圆桂香，旧俗人们把它看作大团圆的象征，要备上各种瓜果和熟食品，是赏月的佳节。中秋节还要吃月饼。据传说，元朝末年，广大人民为了推翻残暴的元朝统治，把发起暴动的日期写在纸条上，放在月饼馅子里，以便互相秘密传递，号召大家在八月十五起义。终于，在这一天爆发了全国规模的农民大起义，推翻了腐朽透顶的元朝统治。此后，中秋吃月饼的风俗就更加广泛地流传开来。原来还有"烧斗香"、"走月亮"、"放天灯"、"树中秋"、"点塔灯"、"舞火龙"、"卖兔儿爷"等节庆活动。此节被海外游子更为重视，不少少数民族也过此节。

（8）重阳节。阴历九月初九是重阳节。中国古代以九为阳，九月九日正是阳月阳日，故名"重阳"。相传，古时汝南人桓景，听到费长房对他说，九月九日汝南将有大灾难，赶快叫家里人缝制小袋，内装茱萸，缚在臂上，登上高山，饮菊花酒，借以避难。桓景这一天全家登山，晚上回家，果然家里的鸡、狗、羊全部死掉。从此，民间就有在重阳节做茱萸袋、饮菊花酒、举行庙会、登高等风俗。这一传说，当然不可信。但此所表达的中国人民的美好的期盼和愿望，是显而易见的。因"高"与"糕"同音，所以重阳节又有吃"重阳糕"的习俗。唐代诗人王维有《九月九日忆山东兄弟》一诗："独在异乡为异客，每逢佳节倍思亲。遥知兄弟登高处，遍插茱萸少一人。"此诗记载了当时的风俗习惯。由于该诗感情真挚，至今脍炙人口。重阳节颇受老年人喜爱，所以也叫"老年节"。

除此以外，中国的传统节日还有很多。中国先民在几千年的繁衍生息中创立了许多民俗节庆，既包括生产方面的，也包括生活方面的，既有饮食文化，也有礼仪文化，还有朴素神奇的科学思想，给我们留下了宝贵的精神遗产，很值得我们去发扬和传承。

3．中国少数民族的主要传统节日习俗

中国少数民族众多，每个民族都有自己独特的传统节日习俗，这使中国的少数民族节日民俗文化成为展现在世人面前的一道亮丽的风景线。

（1）古尔邦节。它是中国回、维吾尔、哈萨克、乌孜别克、塔吉克、塔塔尔、柯尔克孜、撒拉、东乡、保安等少数民族共同的节日。古尔邦节在阿拉伯语中称作"尔德·古尔邦"，也称"尔德·艾祖哈"。"尔德"的意思是节日，"古尔邦"和"艾祖哈"都含有"宰牲、献牲"之意。因此，通常把这一节日的名称汉译为"宰牲节"，即宰牲献祭的节日。在我国新疆的维吾尔、哈萨克、柯尔克孜等民族将其音译为"库尔班节"。古尔邦节的时间定在伊斯兰教历的十二月十日。过节前，家家户户都把房舍打扫得干干净净，忙着精制节日糕点。节日清晨，穆斯林要沐浴熏香，严整衣冠，到清真寺去参加会礼。新疆的维吾尔族在古尔邦节时，无论是城市或农村的广场上都要举行盛大的麦西来甫歌舞集会。古尔邦节这一天清晨的礼拜，是一年中规模最大的一次礼拜，所有的成年男人都得去当地的礼拜寺参加聚礼，场面蔚为壮观。最著名的有喀什艾提尕尔清真大寺前的大聚礼，广场四周色彩缤纷的伞棚、布棚、布帐、夹板房内，铺设着各式各样的木桌、板车、地毯、毛毯、方巾，上面备有花式繁多的食品小吃。在新疆的哈萨克、柯尔克孜、塔吉克、乌兹别克等民族，节日期间还举行叼羊、赛马、摔跤等比赛活动。聚礼之后，乐师们登上艾提尕尔清真大寺的门顶，敲起纳格拉（铁壳鼓）、吹起苏奈依（唢呐），大寺前广场上的男子们就跳起了热情奔放的萨满舞。

（2）那达慕大会。它是内蒙古、甘肃、青海、新疆的蒙古族人民一年一度的传统节日，在每年七八月这一水草丰茂、牲畜肥壮、秋高气爽的黄金季节举行。七八月的草原总是沉醉在鲜花绿草的恋情里。这时，成千上万的蒙古族牧民，就会穿起节日的盛装，不顾旅途的遥远，男女老少，乘车骑马，云集到绿海如茵的草原上。那达慕，蒙古语是"娱乐"或"游戏"的意思，是蒙古民族传统的游艺活动。那达慕历史悠久，据历史记载，千年前就有那达慕活动。过去，那达慕大会期间要进行大规模祭祀活动，喇嘛们要焚香点灯，念经诵佛，祈求神灵保佑，以消灾除难。现在，那达慕大会的内容主要有摔跤、赛马、射箭、赛布鲁、套马、下蒙古棋等民族传统项目，有的地方还有田径、拔河、排球、篮球等体育竞赛项目。此外，那达慕大会上还有武术、马球、骑马射箭、乘马斩劈、马竞走、乘马技巧运动、摩托车等精彩表演。参加竞走的马，必须受过特殊训练，四脚不能同时离地，只能走得快，不能跑得快。其中赛马、摔跤、射箭是传统项目，历来称为蒙古族男儿三技。

（3）泼水节。泼水节是傣族最隆重的节日，也是云南少数民族节日中影响面最大、参加人数最多的节日。泼水节是傣历新年，相当于公历的4月中旬，节日一般持续3天至7天。第一天傣语叫"麦日"，与农历的除夕相似；第二天傣语叫"恼日"（空日）；第三天是新年，叫"叭网玛"，意为岁首，人们把这一天视为最美好、最吉祥的日子。节日清晨，傣族男女老少就穿上节日盛装，挑着清水，先到佛寺浴佛，然后就开始互相泼水，互祝吉祥、幸福、健康。泼水节期间，傣族青年喜欢到林间空地做丢包游戏。花包用漂亮的花布做成，内装棉纸、棉籽等，四角和中心缀以五条花穗，是爱情的信物，青年男女通过丢包、接包，互相结识。泼水节期间还要进行划龙舟比赛。比赛在澜沧江上举行。放高升和孔明灯，也是傣族地区特有的活动。"高升"是一种用火药、竹筒、竹竿等制成的土火箭。大的重数十斤、长7~8米；小的重几两，长1米多。放时，将高升缚在发射架上，点燃导火线，即飞上高空。所谓"放高升"就是用整个的大竹子，在竹节里装上火药，点燃以后可以把整个大竹子崩上天空百十丈，成为名副其实的"高升"。此项活动多在节日里进行。放孔明灯，多在入夜时分，人们在广场空地上将灯烛点燃，放到自制的大"气球"内，利用热空气的浮力，把一盏盏

"孔明灯"放飞上天,以此来纪念三国时期杰出的人物孔明。此外,放河船、跳象脚鼓舞和孔雀舞、斗鸡等,也是泼水节期间的活动内容。近几年来,还增加了民俗考察、经贸洽谈等内容,使泼水节的活动更加丰富多彩。泼水节每年在西双版纳州和德宏州同时举行。如今,泼水节的规模越来越大,每年都有数以万计的中外游客参与其中并视为一生中最难忘的经历。泼水节曾经是印度婆罗门教的一种宗教仪式,其后为佛教所吸收,经缅甸传入云南傣族地区,时间约在13世纪末至14世纪初,距今有700多年历史。随着南传上座部佛教在傣族地区影响的增大,泼水节的习俗也日益广泛流传。

丰富的少数民族传统节日举不胜举,详见表7-1。

表7-1 部分少数民族节日一览表

民族	节日	时间	活动内容
彝族	火把节	农历六月二十四	耍火把、摔跤、斗牛、歌舞表演
彝族	插花节	农历二月初八	插花、对歌
彝族	赛衣节	农历三月二十八	歌舞、鲜艳服饰展示
彝族	虎节	农历正月初八至正月十五	跳虎笙、虎舞
白族	大理三月街	农历三月十五至二十一	物资交流、赛马、歌舞表演
白族	绕三灵	农历四月二十三至二十五	祭祀、栽秧
白族	栽秧会	芒种节令	祭祀、栽秧、对歌
白族	火把节	农历六月二十五	树火把、赛龙舟、唱大本曲
白族	石宝山歌会	农历七月底	庙会、对歌
白族	梨花会	每年梨花盛开时节	梨园里野餐
白族	本主会	各村寨不同	祭祀、歌舞、演奏洞经音乐
傣族	泼水节	阳历4月中旬	赛龙舟、泼水、歌舞
傣族	送龙节	公历1月	祭祀、歌舞
傣族	关门节	阳历7月中旬	琰佛塔、歌舞
傣族	开门节	阳历10月中旬	串寨、放高升、歌舞
哈尼族	阿玛突	农历二月属龙日	祭祀、歌舞、摆街宴
哈尼族	苦扎扎(六月年节)	农历六月二十四	打秋千、摔跤、歌舞
哈尼族	里玛主节	阳春3月	歌舞、摔跤
哈尼族	捉蚂蚱节	农历六月二十四	捉蚂蚱来食用
哈尼族	姑娘节	农历二月初四	打秋千、歌舞
哈尼族	祭龙日/新米节	农历二月初二	打铓锣、牛皮鼓、弹巴乌、四弦琴

续表

民族	节日	时间	活动内容
哈尼族	苗爱拿节	农历五月上旬	篝火、歌舞
苗族	花山节	农历正月	爬花秆、芦笙、歌舞
傈僳族	澡堂会	农历正月初二	温泉沐浴、赛歌
傈僳族	"盍什"节	农历正月初一至十五	吃团圆饭、射弩比赛
傈僳族	刀杆节	农历二月初八	爬刀杆、下火海、丢包、歌舞
纳西族	米拉会/棒棒会	农历二月初八	野炊、赛马、歌舞、农具交易
纳西族	三多节	农历六月二十五	祭祀、对歌、斗牛
纳西族	骡马大会	农历三月中旬/七月中下旬	物资交流、文体表演
纳西族	祭天	春祭在农历正月/秋祭在农历七月	祭祀
纳西族	七月会	夏历七月中旬	物资交流、文体表演
纳西族	祭龙节	农历正月十五	物资交流、文体表演
拉祜族	库扎节（年节）	傣历三月底或四月初	象脚鼓舞、对歌
拉祜族	葫芦节	农历的十月初十	篝火、歌舞
拉祜族	祭太阳神	立夏日	祭祀、歌舞
佤族	木鼓节	佤历"格瑞月"/公历12月	祭祀、歌舞
布朗族	冈永节	傣历四月和九月	祭祀、歌舞
独龙族	卡雀哇（年节）	农历腊月或正月	祭祀、剽牛、歌舞
景颇族	目脑纵歌	农历正月	祭祀、歌舞
怒族	年节	农历十二月至次年正月初十	敬祖、祭土、歌舞
怒族	鲜花节	农历三月十五	采集鲜花、歌舞
阿昌族	会街	农历九月中旬	耍白象、跳象脚鼓舞
普米族	"大年"节	农历腊月初六	荡秋千、赛马、歌舞
普米族	转山会	农历五月五、七月十五	游山、歌舞
藏族	草地藏民节	农历正月	赛马、野餐、跳锅庄
藏族	"花儿"会	农历六月十四	对歌
藏族	跳神法会	藏历除夕	祭祀、歌舞
藏族	赛马会	农历五月初五	赛马
回族	古尔邦节	伊斯兰教历十二月初十	团拜、宰牲
回族	开斋节	伊斯兰教历六月	礼拜、诵经、歌舞
回族	肉孜节	回历五月二十三	减食
基诺族	特懋克节	基诺历法一月	歌舞、串寨、打陀螺
瑶族	盘王节	农历五月二十九	祭祀、歌舞

续表

民族	节日	时间	活动内容
瑶族	"干巴"节	农历十二月下旬	跳铜鼓舞
瑶族	"达努"节	农历五月二十九	歌舞、武术、球赛
瑶族	"歌堂"节	农历十月十六	男女谈情说爱、唱歌求偶
瑶族	"赶鸟"节	农历二月初一	对歌
瑶族	姑娘街	农历四月初八	物资交流、民间歌舞表演
壮族	陇端节	农历六月	戏剧、杂耍、歌舞
壮族	六郎节	农历六月初一或七月初一（根据地域不同）	表达的意思和春节差不多
布依族	跳月	农历二月十三至十五	物资交流、民间歌舞表演
布依族	三月三	农历三月初三	物资交流、民间歌舞表演
布依族	六月六	农历六月初六	物资交流、民间歌舞表演
布依族	跳花会	每年农历正月初一至二十一	吹嘞友、弹月琴、吹木叶
德昂族	泼水节	清明节后7天	泼水、歌舞
满族	颁金节	农历十月十三	祭祖、歌舞
蒙古族	鲁班节	农历四月初二	祭祀、歌舞
维吾尔族	萨依勒节	农历五月间；农历六七月间；农历八月间	游玩
锡伯族	西迁节（锡伯语叫杜因拜扎坤节）	农历四月十八	聚会、盛装、歌舞

（二）中国传统戏曲文化

中国地域广阔、民族众多，戏曲文化百花齐放、异彩纷呈，不同的地方形成了自己鲜明的地方特色。现存的地方戏曲剧种有260多种，下面就几种有代表性的、大家喜闻乐见的中国传统的地方戏曲剧种作一简单介绍：

1．昆曲

昆曲，又称"昆腔"、"昆剧"，是一种古老的戏曲剧种。它源于江苏昆山，明中叶后开始盛行，当时的传奇戏多用昆曲演唱。除了保持早期昆曲特色的南昆外，还在全国形成许多支脉，如北方的昆弋、湘昆、川昆等。昆曲的风格清丽柔婉、细腻抒情，表演载歌载舞、程式严谨，是中国古典戏曲的代表。

2．梆子腔

梆子腔，是对一种戏曲声腔系统的总称。它源出于山西、陕西交界处的"山陕梆子"，特点为唱腔高亢激越，以木梆击节。然后，它向东、向南发展，在不同地区形成不同形式的梆子腔，如山西梆子、河北梆子、河南梆子、山东梆子等。

3. 京剧

京剧，也称"皮黄"，由"西皮"和"二黄"两种基本腔调组成其音乐素材，也兼唱一些地方小曲调（如柳子腔、吹腔等）和昆曲曲牌。它形成于北京，时间是在1840年前后，盛行于20世纪三四十年代，时有"国剧"之称。现在它仍是具有全国影响的大剧种。它的行当全面、表演成熟、气势宏美，是近代中国戏曲的代表。京剧是中国的国粹。

4. 评剧

评剧，清末在河北滦县一带的小曲"对口莲花落"基础上形成的，先是在河北农村流行，后进入唐山，称"唐山落子"。20世纪20年代左右流行于东北地区，出现了一批女演员。20世纪30年代以后，评剧在表演上受京剧、河北梆子等剧种影响下日趋成熟，出现了白玉霜、喜彩莲、爱莲君等流派。1950年以后，以《刘巧儿》、《花为媒》、《杨三姐告状》、《秦香莲》等剧目在全国产生很大影响，出现新凤霞、小白玉霜、魏荣元等著名演员。现在评剧仍在河北、北京一带流行。

5. 秦腔

秦腔，陕西省地方戏，也叫"陕西梆子"，是最早的梆子腔，约形成于明代中期。其表演粗犷质朴，唱腔高亢激越，其声如吼，善于表现悲剧情节。剧目有《蝴蝶杯》、《游龟山》、《三滴血》等。

6. 沪剧

沪剧，是流行于上海一带的地方剧种，是源于上海浦东的民歌，后形成上海滩簧调，又受到苏州滩簧的影响。20世纪30年代，以文明戏的形式在上海演出，并定名为沪剧。剧目多为现代题材，如《啼笑姻缘》、《罗汉钱》、《芦荡火种》等。

7. 豫剧

豫剧，又称"河南梆子"。明代末期由传入河南的山陕梆子结合河南土语及民间曲调发展而成，现流行于河南、河北、山西、山东等省份。原有豫东调、豫西调、祥符调、沙河调四大派别，现以豫东、豫西调为主。出现过常香玉、陈素珍、崔兰田、马金凤、阎立品等著名旦角演员。剧目有《穆桂英挂帅》、《红娘》、《花打朝》、《对花枪》和现代戏《朝阳沟》等。

8. 山东梆子

山东梆子，是山东省地方剧种，流行于山东菏泽一带，因其地古称"曹州"，故又名"曹州梆子"。此梆子系由山陕梆子经由河南再传入山东，历经变化而形成。主要剧目有《墙头记》等。

9. 吕剧

吕剧，山东省地方剧种，流行于山东中部及江苏、河南一带。20世纪初由民间说唱艺术"山东琴书"发展而成，1950年定名为"吕剧"。吕剧表演富于生活气息，通俗质朴，唱腔曲调简单，易学易唱。所以吕剧在广大农村影响很大。剧目有《王定保借当》、《小姑贤》和现代戏《李二嫂改嫁》等。

10. 滑稽戏

滑稽戏，是流行于江苏、上海、浙江等地的戏曲剧种。源于上海的"独角戏"，后发展为滑稽戏，曲调驳杂、表演滑稽。主要剧目有《三毛学生意》、《一二三齐步走》等。

11. 越剧

越剧，是流行于浙江一带的地方剧种。它源出于浙江嵊县的"的笃班"，1916年左右进入上海，以"绍兴文戏"的名义演出。先以男演员为主，后变为以女演员为主。1938年后，使用"越剧"这一名称。1942年，以袁雪芬为首的越剧女演员对其表演与演唱进行了变革，吸收话剧、昆曲的表演艺术之长，形成柔婉细腻的表演风格。出现袁（雪芬）派、尹（桂芳）派、范（瑞娟）派、傅（全香）派、徐（玉兰）派等众多艺术流派。越剧剧目有《祥林嫂》、《梁山伯与祝英台》、《红楼梦》、《五女拜寿》、《西厢记》等。

12. 黄梅戏

黄梅戏，是起源于安徽的戏曲剧种，流行于安徽、江西及湖北地区。它的前身是黄梅地区的采茶调，清代中叶后形成民间小戏，称"黄梅调"，用安庆方言演唱。20世纪50年代在严凤英等人的改革下，表演日趋成熟，发展成为安徽的地方大戏。著名剧目有《天仙配》、《牛郎织女》、《女驸马》等。

13. 湖南花鼓戏

湖南花鼓戏，是对湖南各地花鼓、花灯戏的总称，其中包括长沙花鼓、岳阳花鼓、常德花鼓、衡阳花鼓、邵阳花鼓等，它们各有不同的舞台语言，形成了各自的风格。花鼓戏的表演朴实、欢快、活泼，行当以小生、小旦、小丑为主，长于扇子、毛巾的运用。剧目有《打鸟》、《刘海砍樵》等。

14. 皮影戏

皮影戏，也叫"影戏"、"灯影戏"、"土影戏"。是用灯光照射兽皮或纸板雕刻成的人物剪影以表演故事的戏剧。剧目、唱腔多同地方戏曲相互影响，由艺人一边操纵一边演唱，并配以音乐。中国影戏距今已有一千多年的历史。由于流行地区、演唱曲调和剪影原料的不同而形成许多类别和剧种，以河北唐山一带的驴皮影和西北的牛皮影最为著名。其中，唐山皮影已发展成为具有精美的雕刻工艺、灵巧的操纵技巧和长于抒情的唱腔音乐的综合艺术。

（三）中国传统民俗工艺

作为四大文明古国的中国，经历了几千年的灿烂文明，民俗工艺种类齐全、技艺精湛，极大地丰富了中国民俗文化的内容。概括起来，大概有剪纸、布艺、蓝印花布、钩针、竹编、提线木偶戏、酿酒、石雕、木雕、玉雕、牙雕、面人、景泰蓝、漆器、银器、宣德炉、刺绣、鼻烟壶、陶瓷、蜡染等。中国的汉族民俗文化通古至今，源远流长，传统工艺如数家珍，少数民族工艺更是绚烂多彩，下面就几种少数民族传统工艺作一简单介绍：

1. 竹编

傣族竹编工艺是傣族的传统工艺美术形式，历史悠久，造型古朴，美观实用。在傣族地区，人们的各种生活用具多用竹篾编制而成。上好的竹编工艺品，有的通体髹漆，内饰红色，外漆金色，并压印出孔雀羽纹饰，有的还镶嵌五彩的琉璃图案，富丽堂皇，专供佛寺祭扫之用。各种精美的竹编小物品则是男女青年表达爱情的信物。傣家竹编，既为人们生产生活所必需，也给人以美的享受，是民族工艺百花园的一朵奇葩。

2. 刺绣

白族刺绣是白族妇女的一种手工艺，流行于大理白族聚居区各县城乡，广泛运用于服饰、头饰、鞋帽、裹背、针线包、枕套、帐帘等日常生活用品。常用图案有牡丹、佛手、石榴、菊、桃、梅、竹等花果及狮、虎、龙、凤、金鱼、公鸡、松鼠、蝴蝶等动物和几何图形。刺绣前或是直绘图样，或是剪纸做底，再用各色彩线配绣。绣硬件绣品时，可把绣品直接置于手上；绣软件大物时，则用花绷作圈架。图案以洱源、剑川最繁富，色彩则以大理下关山区最艳丽。在农村，刺绣水平如何是衡量一位少女才智聪颖与否的重要标志。布依花包是布依族刺绣工艺品，又称"糠包"，流行于布依族聚居区，用布或绸缎制作。它呈方形，绣上色彩艳丽的图案，一般都以花草、蝶、鸟、几何纹样为主。布依姑娘根据自己喜好设计绣制。其中有以一朵大花为主的画面，有的四角绣小花，也有团花等，构图形式多种多样。包内装有米糠或棉花籽。花色四角垂挂料珠和彩色丝穗作装饰。一般在农历正月过年、六月六和七月半等布依族喜庆节日，青年男女聚集一起进行丢花包娱乐活动，常用作定情之物。

3. 蜡染

蜡染是蜡画和染色的合成。其传统的制作方法是用特制的蜡刀，蘸上熔化适度的蜂蜡在一块块大小不等的白布上画出各种花纹图案，然后将画好的白布浸在染缸里染色，再将染了色的布经沸水去蜡清水漂洗摊平晾，便成一幅幅多姿多彩的蜡染花布。由于蜂蜡附着力强，容易凝固，也易龟裂。因此，蜡染时，染液便会顺着裂纹渗透，留下人工难以描绘的自然冰纹，展现出清新自然的美感。布依族的蜡染，图案有几何纹样，也有自然纹样，有的还可以从铜鼓纹样上找到彼此的渊源关系。自然纹样十分生动传神，采用最多的是石榴、牡丹、蕨草等各种花草以及蝴蝶、蝙蝠、喜鹊等。不论是哪样图案，布局大都对称而又多变，构图大多夸张而又得体，线条十分流畅而又自然，充满了浓郁的生活气息，寄寓着人们的美好愿望，显示出人们的丰富想象和独具匠心。布依族蜡染的传统染色，以蓝靛液浸染，呈蓝白相间的效果。由于点、线、面配合有致，宾主、大小蓝白疏密得当，自然生成冰纹虚实变化，使白底蓝花或蓝底白花看起来更加显得清秀淡雅、更加显得富有韵味。

4. 剪纸

傣族剪纸是傣族民间的传统艺术形式。一般认为，剪纸艺术在 15 世纪左右传入傣族地区，与佛教有着密切联系。傣族日常生活中的枕、被、褥、帽、鞋、包等物品上都普遍使用剪纸图样。其构图巧妙，往往一图多景，一幅画面中之禽、兽、虫、草、人物等各有自己的故事内容，但又组合串联为一体，疏密得当，对称和谐，既有连环画体的风格，又有明显的装饰性质，民族风格浓郁，是中国民族艺术宝库中的瑰宝之一。

5. 银器

彝族银器使用的广泛程度仅次于漆器，种类与漆器差不多，有餐具、酒器、马具等，有的则是将漆器包上一层银皮或镶嵌银片，以增加漆器的美观和价值。银器胜于漆器的则是大量的佩饰，如头饰、领饰、胸饰、背饰、手饰等。银器的餐具、酒器基本同于漆器，只是餐具除了小巧的银碗外，大的银盘、银盆之器甚少。银器的纹饰早期纹样与漆器相同，手刻画，稚拙朴实。纹样有太阳、月亮、羊角、飞鸟、虫蛀、叶片等。后期银器虽也保留了少许动植物的模拟，但绘图趋于动植物的全貌。更多的图案是用点、线所组成的几何纹样装饰器皿，且雕刻细腻，明暗效果强烈。花纹繁简依不同器型而定。其纹饰手法有阴刻、镂空、镶嵌，较之漆器有了很大的进步。银器中佩饰占了相当部分。彝族喜打扮，以戴金佩银为贵。《雷波县志》载："夷妇首戴网罩，金银器满头，耳轮悬珊瑚玛瑙珠粒，累累然，以多为贵。"银亮闪光的银头饰、领牌、戒指、手镯、耳环等，与色彩艳丽的服装相辉映，青年女子华美俊俏，中、老年妇女典雅庄重，男子佩银饰则显威武富贵。

6. 鼻烟壶

鼻烟壶是装鼻烟的用具。藏族的鼻烟壶小巧精致，做工细致，一般都是就地取材，大多用牛羊犄角制成。具体做法是，截取一段牛羊犄角掏空，泡在水中，软化后压成扁形晾干，然后用木片将满截面堵上，一侧堵死，另一侧可自由启闭，用作壶盖。壶盖穿一羊皮绳，并系上小铜铃，铃上刻有各种精美的花纹。出鼻烟的小圆孔是单独钻的，一般靠近堵死的一侧。有的壶体还嵌有一两道铜箍，使半透明的角质配金黄色的铜箍，显得格外雅致。鼻烟壶的色彩以黑、白、灰居多，人们尤其钟爱白色的。

7. 木雕

傣族彩绘木雕是傣族传统工艺，具有显著的民族特色。其取材方便。雕琢用具多为一把刀子及一些形状各异的小凿。其工艺精巧，雕绘图像以龙、麒麟、孔雀、人物、佛像及花卉为主。其应用广泛，龙舟上的龙头翅尾、佛寺的门窗柱饰、牛车前直立的鹤头、屋架上悬挂的鱼鸟乃至盛水用的竹瓢木桶也常雕绘有精美的图案。彩绘栩栩如生、古朴大方，有着极高的艺术想象力和创造才能。

（四）熙攘热闹的庙会习俗

庙会，又称"赶山"、"赶会"、"逛庙会"，原为祭奠庙观神佛而举行的定期的集会。会间，善男信女摩肩接踵，人流不绝，商贩吆喝、艺人耍唱连声不断，形成了祭神、游乐、贸易三位一体的大众性民俗活动。如安徽九华山庙会、北京白云观庙会和地坛庙会、苏州玄妙观庙会、南京夫子庙庙会、开封相国寺庙会、丽江龙王庙庙会、湖南衡山庙会、曲阜孔林林门会等，都具有浓郁的地方气息、很强的感染力。庙会在新中国成立以前比较普遍，新中国成立后一度大为减少，近年又逐渐地恢复起来，但性质已经发生了改变，已经从以前的以祭神为主转变为以游乐、贸易为主的民俗活动。会间，地方特色小吃、古今服饰、传统手工艺品及现代化的商品等琳琅满目，传统与现代相结合的演出活动此起彼伏，这种集食、住、行、游、购、娱于一体的民俗活动对中外旅游者及当地居民的吸引程度正在日益增大。

开发庙会作为一种民俗旅游项目，将极大地促进旅游业特别是旅游娱乐、旅游购物的发展。例如，北京昌平区妙峰山庙会是华北地区著名的传统庙会，展现了昌平地区浓厚的民俗风情，吸引了八方的来客。1985年，北京为发展旅游，恢复了妙峰山庙会。1995中国旅游文化学会与北京市旅游局等单位主办的首届中国民俗文化节，将参观、考察妙峰山庙会作为旅游节的四大主要内容之一。庙会期间，有四十余档民间表演，游客达10多万。庙会不仅是游客怀旧的场所，而且是增长知识、休闲、娱乐、购物的好去处。但值得注意的是，开庙会要切忌搞封建迷信，坚决杜绝借庙会之便宣传封建迷信的一切活动；同时，要彻底防止庙会期间因拥挤而衍生的偷盗、抢劫、破坏等不法行为。只有这样，才能使庙会在健康的环境中发展，才能促进庙会旅游健康发展。

三、中国民俗文化与旅游

民俗文化范围很广，民族成员的居住习惯、建筑形式、音乐舞蹈、戏曲艺术、雕塑绘画、民族工艺、饮食服饰、生产方式、交通贸易、工艺美术、节庆娱乐、文娱体育、婚丧嫁娶、道德礼仪、禁忌习俗、宗教信仰、审美情趣、集市贸易、传统节日、神话传说等方方面面，都反映了各个民族的特点。各地的民俗对游客有一种新奇感，原因就是民俗与生活贴近，十分有趣，最易使游客产生认同，便于他们亲身参与、体验异地的文化特征。如何使民俗成为最活跃的旅游资源并真正发挥民俗中食、住、行、游、购、娱的综合作用，是办好旅游业的重要方面。昆明世界园艺博览会的成功召开就是一个很好的例子。

民俗与旅游的完美结合在实践得到了很好的认证。对于身居异域的旅游者而言，他们来旅游，除了欣赏旅游地的自然风光、文物古迹外，大都抱有认知异地民俗风情的愿望和好奇心，希望利用一切机会"入乡随俗"、"入境问俗"，到浓郁的民俗氛围中去感受异域风情，比较居住地与旅游地人民生活方式的差异，或达到文化上的共鸣。

从旅游和民俗的发展历史上看，民俗与旅游有着密不可分的联系。旅游既传承了民俗资料，又丰富了民俗内容；反之，民俗也充实了旅游内容，为旅游景点、旅游目的地的开发提供了第一手资料。旅游在发展，民俗在演进，我们更应重视发挥民俗在旅游业中的重要作用。民俗与旅游最佳的结合点就是发展民俗旅游。以民俗为内容，开展各项旅游活动，已经成为中国旅游界的一大热点。对民俗旅游的研究也被提到议事日程上来。陆景川认为，民俗旅游是一种高层次的文化型旅游，它欣赏的对象为人文景观，而非自然景观，任何一个国家、地区和民族的传统节日、婚丧嫁娶、建筑风格、民间歌舞等都是民俗旅游的珍贵资源与欣赏对象。民俗旅游以其特有的迷人情趣风靡全球，已经走进千家万户。民俗旅游具有地域性、生活性、情趣性、经济性、文化性和可操作性的特点，随着旅游业的发展，民俗旅游在中国旅游事业中的地位将越来越重要。

中国历史悠久，民族众多，民俗资源丰富多彩，发展民俗旅游的潜力十分巨大。无论是各具特色的民族节日、异彩纷呈的民族服饰、风味独具的饮食习俗、风格各异的地方戏曲，还是地域性、民族性很强的传统手工艺品、民族手工艺品、民俗商品……这些民俗的组成元素已经完全融入旅游的六大要素之中。民俗文化还带有浓厚的娱乐性质，其中以传统节日和游艺活动尤为突出，可供人们享受和利用。在中国，近些年的民俗娱乐旅游活动繁多，诸如杂技、灯会、庙会、园艺博览会、放风筝、扭秧歌、划旱船、抢婚、火把节、泼水节等，都具有很大的娱乐性，许多旅游者外出旅游就是为了去观看或参加某一民俗娱乐节目，并"放松"自己。因这一动机的缘故，此类旅游者在旅游过程中舍得花钱，十分强调舒适、方便、兴致。发展娱乐民俗旅游，强调游客的参与性，势必大大增强民俗旅游地的吸引力并提高经济效益。现代旅游的重要特征在于娱乐，并追寻异域文化的情和趣。节庆凝聚着一个地区或民族的民俗风情精华，是该地区或民族民俗化的集中展现，旅游者参与其中，不仅能便捷地了解和考察异地他乡的民俗文化，而且在大众性的狂欢中能够受到感染和熏陶，从而获得情感上的共鸣、交流，使其身心愉悦。在现代旅游开发中，利用节日形式，注入现代生活内容，举办各种艺术节、文化节、旅游节已成时尚；当然，购物型民俗旅游的发展也是民俗旅游发展的一个重要方面。

第二节 西方民俗文化概况

一个国家、一个民族，其民俗的集中反映就是它的岁时节庆，节庆以它丰富的内容、深刻的寓意向人们集中展示了各民族的民俗特征。西方民俗的神秘在其不同节庆里可窥一斑。本节主要针对西方几个有代表性的节日进行介绍。

一、古老绚丽的圣诞节

（一）圣诞节的由来

12月25日，是基督教徒纪念耶稣诞生的日子，称为圣诞节。据《圣经》记载，耶稣于公元1世纪初，生在耶路撒冷城外的伯利恒。耶稣是为救人类、赎人类的罪而降世为人的，所以又称救世主。耶稣的母亲叫玛利亚，因"圣灵感孕"而生耶稣。公元354年，世界各地的基督教徒公认12月25日为耶稣的生日。公元440年，罗马教皇正式宣布这一天为圣诞节，并举行庆祝活动加以纪念。据说选择这一天，是为了与世俗的祭祀太阳的农神节相一致，意在表示耶稣的降生就是太阳的再生。

从12月24日至翌年1月6日为圣诞节节期。节日期间，各国基督教徒都举行隆重的纪念仪式。圣诞节本来是基督教徒的节日，由于人们格外重视，它便成为一个全民性的节日，是西方国家一年中最盛大的节日，可以和新年相提并论，类似中国过春节。"圣诞节"这个名称是"基督弥撒"的缩写。弥撒是教会的一种礼拜仪式。圣诞节是一个宗教节。我们把它当作耶稣的诞辰来庆祝，因而又名耶诞节。12月24日晚圣诞前夜，世界所有的基督教会都举行特殊的礼拜仪式。基督徒们走进教堂作弥撒、唱圣诞歌、诵赞美诗等，以庆贺耶稣诞生、圣诞节到来。但是有很多圣诞节的欢庆活动和宗教并无半点关联。交换礼物、寄圣诞卡……这都使圣诞节成为一个普天同庆的日子。

（二）圣诞节习俗

西方人以红、绿、白三色为圣诞色，圣诞节来临时家家户户都要用圣诞色来装饰。红色的有圣诞花和圣诞蜡烛。绿色的是圣诞树。它是圣诞节的主要装饰品，用砍伐来的杉、柏一类呈塔形的常青树装饰而成，上面悬挂着五颜六色的彩灯、礼物和纸花，还点燃着圣诞蜡烛。红色与白色相映成趣的是圣诞老人，他是圣诞节活动中最受欢迎的人物。西方儿童在圣诞夜临睡之前，要在壁炉前或枕头旁放上一只袜子，等候圣诞老人在他们入睡后把礼物放在袜子内。

1. 圣诞树

据称，圣诞树最早出现在古罗马12月中旬的农神节，德国传教士尼古斯在公元8世纪，用枞树供奉圣婴。随后，德国人把12月24日作为亚当和夏娃的节日，在家放上象征伊甸园的"乐园树"，上挂代表圣饼的小甜饼，象征赎罪；还点上蜡烛，象征基督。到16世纪，宗教改革者马丁·路德，为求得一个满天星斗的圣诞之夜，设计出在家中布置一棵装着蜡烛的圣诞树。不过，西方关于圣诞树的来历流行着另一种说法：有个善良的农民，在圣诞节那天，热情地招待了一名流浪的孩子，临别时，孩子折下一树枝插在地上，树枝立即长成大树，孩子指着这树对农民说，每年今日，树上都长满礼物，以报答你们的盛情。所以，今天人们所见的圣诞树上总是挂满了小礼物。

2. 圣诞歌

长期以来，一直流行的圣诞歌主要有三个：第一个是《平安夜》；第二个是《听，天使报佳音》；第三个是《铃铛儿响叮当》。

3. 圣诞老人

圣诞老人原指公元4世纪时小亚细亚专区的主教尼古拉，他因和蔼可亲、慷慨济贫而万里闻名。到了6世纪，东方把他尊称为圣尼古拉。由于民间有关尼古拉的传说中，都联系到少年儿童和礼物，从此圣诞老人便成为专门在圣诞节向孩子们送礼物的慈祥老人的形象。到了18世纪，通过文学和绘画，圣诞老人逐渐成为身穿红外衣的白胡子、白眉毛的老人形象。

4. 圣诞卡

寄圣诞卡是亲朋好友之间节日相互祈愿的一种最佳方式。世界上第一张圣诞卡是1843年英国人亨利·高乐爵士提议，并由约翰·卡尔葛荷斯利设计的。卡片上画的是一个贵族家庭，三代人一齐举杯对一位不在场的亲友表示祝贺。当时他印了1000张，没有用完的，印刷厂就以每张1先令的价钱卖出。

5. 圣诞礼物

据《圣经》记载，来自东方的圣人在耶稣降生的时候赠送礼物，这就是圣诞老人为儿童赠送礼品习俗的由来。英国少年儿童在圣诞前夕把长筒袜子放在壁炉旁，相信圣诞老人在夜里会从大烟囱下来，给他们带来满袜子的礼物。法国的少年儿童把鞋放在门口，让"圣婴来时把礼物放在鞋里面"。

6. 圣诞大餐

正像中国人过春节吃年饭一样，欧美人过圣诞节也很隆重，全家人围坐在圣诞树下，共进节日美餐。圣诞大餐吃火鸡的习俗始于1620年，这种风俗盛行于美国。在多数国家的圣诞宴会上，当全家人围桌而坐时都必须多放一把椅子、空一个座位，因为这是给"主的使者"耶稣准备的。宴会结束后，人们便围着象征吉祥快乐、生命永恒的圣诞树尽情唱歌跳舞。不同国家的圣诞宴会时间不一样，有的在圣诞前夕，有的在圣诞节这一天举行。如法国、意大利是在圣诞节前夜举行，而英国是在圣诞节中午举行。

（三）西方不同国家的圣诞节习俗

法国中部的色日尔斯地方，每年圣诞节前后几天必降大雪，白雪皑皑，令人耳目一新。在西方人眼里，白色圣诞是一种吉祥。在法国，马槽是最富有特色的圣诞标志，因为相传耶稣是诞生在马槽旁的。人们大唱赞颂耶稣的圣诞歌之后，必须开怀畅饮，香槟和白兰地是法国传统的圣诞美酒。法国是于圣诞前夜举行家庭宴会，类似于中国的"年夜饭"。法国人是去教堂作弥撒结束后才回家慢慢享用圣诞晚餐的，主要食品有鹅肝酱、栗子火鸡、松露菌和蛋糕、香槟酒等。

芬兰在12月圣诞节前后，漫山遍野都是怒放的紫罗兰，掩映在白色的大地上，望去一片紫红色，紫色圣诞使人心旷神怡。

英国人和德国人一样，圣诞节喝啤酒、吃烤鹅，他们更喜欢利用圣诞节假日外出旅游。英国的圣诞宴会是在圣诞节中午举行的。

美国人过圣诞节着重家庭布置，安置圣诞树，在袜子中塞满礼物，吃以火鸡为主的圣诞大餐，并举行家庭舞会。

瑞士人在圣诞节前4个星期，就将4支巨型的蜡烛点燃，放在由树枝装饰成的一个环里，每周点1支，当点燃第4支后，圣诞节就到了。

澳大利亚是南半球的国家之一。12月底，正当西欧各国在寒风呼啸中欢度圣诞节时，澳大利亚正是热不可耐的仲夏时节。因此，在澳大利亚过圣诞节，到处可以看见光着上身汗水涔涔的小伙子和穿超短裙的姑娘，与商店橱窗里精心布置的冬日雪景、挂满雪花的圣诞树和穿红棉袄的圣诞老人，构成澳大利亚特有的节日图景。这种酷暑和严冬景象的强烈对比，恐怕在西方国家是独一无二的。父母给子女最好的圣诞礼物，莫过于一副小水划。圣诞节弄潮是澳大利亚的一大特征。节日晚上，澳大利亚人带着饮料到森林里举行"巴别居"野餐。人们用石头垒的露天灶中用枯树枝生火，上面架一块铁板，把香肠、牛肉、鲜鱼等放上去煎，吃饱喝足后，就跳起"迪斯科"或"袋鼠舞"，一直闹到深夜才结束。喝醉了的，便往草地上一躺，在如雷的鼾声中迎接圣诞老人的莅临。

波兰圣诞节于每年12月25日、26日举行，家家户户都要装饰圣诞树，大街小巷都有圣诞树上的装饰品出卖。节日里亲友之间相互祝贺、互赠礼品，表示友好。晚间吃饭时，桌布下边要放一些草，以示耶稣的降生。晚饭很丰富，但不能吃肉。夜间12时后，全家去教堂礼拜。圣诞节期间，一般不到别人家中做客，但主人盛情邀请者例外。

据保加利亚的历法，圣诞节是灵魂出没、妖邪猖狂的日子。因此，人们要借助火来驱妖镇邪。圣诞节前夜，家家都燃起火堆，一直燃到天亮，不得熄灭，否则会招来横祸。由男人取圣诞木点火进屋并高声念道："圣诞节降临，牛、羊、猪、马长满圈,麦苗出满垄,人人走好运。"在屋里等候的人则齐声回答:"阿门!"

二、神秘多彩的复活节

(一) 复活节的由来

复活节是基督教为纪念耶稣"复活"而设的节日,是西方国家仅次于圣诞节的第二大节日,时间大多在阳历 4 月。据《圣经》记载,耶稣在去耶路撒冷参加犹太教逾越节时于星期五被钉死在十字架上,到第三天即星期日便复活升天了。基督教教会为此设立复活节以示纪念,并在公元 325 年,由罗马帝国的尼西亚教士会议明确规定其时间为每年春分月圆后的第一个星期日,即阳历的 4 月中。由于复活节是教会为纪念耶稣而设的,因此节日前夜或当天都有宗教纪念活动,不仅在教堂举行弥撒,有的城市还举行盛大的宗教游行。

(二) 复活节习俗

在其习俗中,既有宗教仪式,也有特殊的节日食品——彩蛋。彩蛋是复活节中最具代表性的吉祥物。鸡蛋在西方国家被认为是象征着死后又要复苏的生命,是新生命和兴旺发达的象征,把鸡蛋染成红色则象征基督用自己的鲜血为人类赎罪,因此许多家庭的复活节早餐少不了彩蛋。在复活节当天,西方国家人们所赠礼品主要是鸡蛋。教堂、学校或大户人家在这天一清早就把煮熟的鸡蛋藏在树穴、草丛或山石后面,邀请前来聚会的孩子们四处寻找,并成为一天的主要活动。最初的彩蛋是真鸡蛋煮熟后染成的,后来更多的用巧克力制成,大而空,中间装有巧克力或其他糖果。彩蛋的吃法有两种:一是直接食用,以崇敬的心情缅怀基督;另一种更受欢迎,是通过滚彩蛋比赛食用,将食与乐与纪念结合在一起。例如,在英国北部及苏格兰等地,人们把彩色煮鸡蛋做上记号从斜坡上滚下去。谁的蛋先破,就被别人吃掉,谁就认输。若彩蛋完好无损,则预示主人会有好运。在这项活动中,输赢并不重要,重要的是人们的精神。

复活节也是向所关怀的人送鲜花、盆景、胸花等的节日。许多去做礼拜的人这天也向教堂献上花束。成人们则往往互赠贺卡或小件礼品。礼物大多与再生有关系,如巧克力彩蛋、复活节小兔子(圣诞节吉祥物)、带绒毛的小鸡等。最传统的复活节馈赠风俗是,人们在复活节时给孩子们送去活的小鸡、小鸭、小兔子等,但有的孩子太小往往不能细心地喂养这些小动物,所以变通的做法是,送孩子这些小动物的布绒玩具或其他替代品。

三、激情澎湃的狂欢节

在西方国家,狂欢节是基督教"谢肉节"的世俗化称呼,时间大多在阳历 2 月中,一般开始于封斋节的前三天,节期为三天。其习俗主要是举行各种宴饮娱乐活动，尽情狂欢。最初，教会规定封斋期间禁止食肉和娱乐，教徒们便自发地在封斋开始之前举办各种宴饮娱乐活动，以此宣布即将暂时告别肉食，称为"谢肉"。"谢"即为辞别、告别之义。由于人们在宴饮活动中可以尽情狂欢，故又称此活动为"狂欢"活动。到公元15世纪，罗马教皇保罗二世下令于封斋节前三天举行庆祝活动。从此，狂欢节便作为一个节日被正式确定下来，并逐渐在西方及其他国家流传开来。如今，狂欢节已成为世界上众多国家和民族不可缺少的盛大节日。由于狂欢节的缘起与教会封斋时禁止肉食和娱乐的规定密切相关，加上2月正是冬去春来、值得庆贺之际，因此其习俗便离不开肉食和娱乐两方面。但对于大多数国家而言，其习俗是以娱乐为主、饮食为辅，并且随着时间的推移，宗教色彩日益淡化，世俗的庆贺色彩不断增强。例如，在意大利的威尼斯，人们不但在家中宴饮欢歌，而且穿着奇特的服装，脸上戴着面具或涂着各种色彩，踩着高跷到大街上尽情欢乐。许多点心店则特别制作一些面具糕点；一些饭店、酒吧还制作各种面具饼干挂在墙上，象征生活开始新的起点。

　　欧洲和南美洲地区的人们都庆祝狂欢节。但各地庆祝节日的日期并不相同，一般来说，大部分国家都在2月中下旬举行庆祝活动。各国的狂欢节都颇具特色，但总的来说，都是以毫无节制的纵酒饮乐著称。其中最负盛名的要数巴西狂欢节。在巴西，狂欢节当天，人们一大早就蜂拥到里约热内卢的大街上，加入到热情的桑巴舞大游行中。专业的舞蹈家乘着游行的花车在人潮中缓慢行进，为人们领舞。许多支乐队分散在大街各处，演奏节奏明快的传统音乐。狂欢的人们不需要有太专业的舞蹈动作，只是情不自禁地跟着音乐和节奏随意舞动，但每个人看起来都像是舞蹈家。在数万人组成的游行队伍中，有不少人穿着白底黑色圆点的服装，这是巴西狂欢节的传统——"黑球大游行"。在1918年，一群人穿着这种黑白两色的服装加入桑巴舞游行，从此就把这种传统延续了80多年。现在，参加游行的服装已经是千奇百怪了，但很多年纪大些的巴西人还是最爱穿这黑白两色的衣服来跳舞。

　　威尼斯狂欢节起源于公元12世纪，狂欢活动到18世纪盛极一时。当时欧洲各国的王孙贵族都赶到威尼斯观看演出并参与街头和广场上的民众狂欢，由于他们不想暴露身份，戴面具和乔装打扮就成了一直延续的传统。

四、意义深远的感恩节

　　感恩节是美国特有的最古老的节日，由移居北美大陆的第一批英国清教徒所创，时间为11月的最后一个星期四，主要节日食品有火鸡和南瓜馅饼等。

　　美国的感恩节（Thanksgiving）是美国国定假日中最地道、最美国式的节日，而且它和早期美国历史最为密切相关。1620年，一些朝拜者乘坐"五月花"号船去美国寻求宗教自由。他们在海上颠簸两个月之后，终于在酷寒的11月里，在现在的马萨塞州的普里茅斯登陆。在第一个冬天，半数以上的移民都死于饥饿和传染病，活下来的人们在第一个春季开始播种。整个夏天他们都热切地盼望着丰收的到来，他们深知自己的生存以及殖民地的存在与否都将取决于即将到来的收成。后来庄稼获得了意外的丰收，所以大家决定要选一个日子来感谢上帝的恩典。多年以后，美国总统宣布每年11月的第四个星期四为感恩节。

在感恩节这一天，人们在餐桌上可以吃到苹果、橘子、栗子、胡桃和葡萄，还有葡萄干布丁、碎肉馅饼、红莓苔汁和鲜果汁以及各种其他食物，其中最美妙的大菜是烤火鸡（roastturkey）和南瓜馅饼（pumpkinpie），这些菜一直是感恩节中最富于传统和最受人喜爱的食品。这些食品作为感恩节的节日食品始终是不可缺少的，因为它们不仅能使人追忆祖先创业的艰辛，感谢上帝恩泽，还能激励今人进一步创造更加幸福美好的生活。今天的感恩节，是美国一个不折不扣的法定假日。在这一天，具有各种信仰和各种背景的美国人，共同为他们一年来所受到的上苍的恩典表示感谢，虔诚地祈求上帝继续赐福。

五、深情厚谊的母亲节

（一）母亲节的由来

古母亲节起源于希腊，古希腊人在这一天向希腊神话中的众神之母赫拉致敬。在17世纪中叶，母亲节流传到英国，英国人把四旬斋（指复活节前夕之前，星期天除外的40天）的第四个星期天作为母亲节（Mothering Sunday），人们在这一天回家探视双亲，并致礼表示敬意。当时，有许多的穷人被迫离家出走，在富人家里帮工，但在母亲节这一天，主人们会给他们放假并鼓励他们返家与妈妈团聚。随着基督教在欧洲的扩散，这个节日转为对教会的崇敬：表达人们对赋予他们生命、保护他们免于伤害的精神力量的感谢。从此，教会的仪式便与母亲节的庆祝活动相结合，以同时传达人们对母亲与教会的感恩。

现代意义上的母亲节起源于美国，由安娜·贾维斯（Amanm Jarvis，1864-1948）发起，她终生未婚，一直陪伴在她母亲身边；在母亲于1905年去世后，安娜悲痛欲绝，两年后（1907年），为了使母亲节成为一个法定的节日，安娜和她的朋友开始写信给有影响的部长、商人、议员以寻求强有力的支持。安娜认为，子女经常忽视对母亲的感情，她希望母亲节能够让人想起母亲为家庭所付出的一切。第一个母亲节，于1908年5月10日在西弗吉尼亚和宾夕法尼亚州举行，在这次节日里，康乃馨被选中为献给母亲的花，并以此流传。1914年5月7日，美国国会通过决议，规定每年5月的第二个星期日为母亲节，由威尔逊总统5月9日颁布施行。自此之后，母亲节即成为美国全国性的节日。美国母亲节创立后，也得到了全世界各国人民的支持；现在，该节日已成为一个国际性的纪念节日。安娜·贾维斯在世时，设立母亲节的国家已达43个；时至今日，欢庆这个节日的国家就更多了。敬母、弘扬母爱的母亲节，至今已几乎成为一个约定俗成的国际性节日。

虽然，有一些国家是在一年中不同的时节庆祝属于他们的母亲节，也有确定为每年的5月11日的。然而，多数国家如丹麦、芬兰、意大利、土耳其、澳大利亚和比利时等，都是在5月的第二个星期日庆祝母亲节的。

（二）西方不同国家的母亲节

美国：每年5月的第二个星期日为母亲节。这天，人们向母亲赠送各种各样的礼物，青年人手持一束康乃馨花献给母亲，一些远离母亲的人则打电话向母亲问候，以表达对母亲的崇敬与感激。

法国：每年5月29日是法国的母亲节。节日这天，全球各地的妈妈都怀着喜悦的心情接受孩子们"节日愉快"的美好祝愿。法国首次庆祝母亲节是1928年，当时的法国总统为此颁布了一项法令：母亲节是国家的正式节日。

加拿大：每年5月的第二个星期日为"母亲节"。在这天，家庭成员除向母亲送礼物外，还要做各种让母亲欢喜的事情，以表示敬爱之情。

瑞士：每年的1月1日至4日为"妇女掌权日"。在这4天里，家庭一切大权由妇女掌管，男人甘愿听从摆布，以示对妇女的尊重。

希腊：每年的1月8日是英诺克莱西亚镇的"妇女接管日"。这一天，妇女接管镇上的领导权，而男人们则代替他们待在家里干家务活。在希腊，每年逢除夕的第二天，为"主妇休息日"，妇女们丢下家务，尽情吃喝玩乐。

德国：在每年的狂欢节里，另有妇女们的专门活动——"女人节"。这天，妇女们冲进市政大厅，闯入办公室，坐上办公桌，以表示妇女接替政权。8月是汉堡市的"太太节"，节日里，由妇女组织的艺术团分别在全市各家剧院演出，节目内容大都是男女平等。

英国：英格兰为表达对母亲们的敬意，乃定四旬斋的第四个星期日为"Mothering Sunday"，人们在这一天回家探视双亲，并致礼表示敬意。

墨西哥：每年的12月12日是墨西哥的"圣母节"，以此纪念一位心地善良、乐于救人的圣母。这天，人们身穿民族服装，高举圣母像旗帜，在老人的带领下载歌载舞。

六、浪漫温馨的情人节

公元3世纪时，古罗马有一位暴君叫克劳多斯（Claudius）。离暴君的宫殿不远，有一座非常漂亮的神庙，修士瓦沦丁（Valentine）就住在这里。罗马人非常崇敬他，男女老幼，不论贫富贵贱，总会群集在他的周围，在祭坛的熊熊圣火前，聆听瓦沦丁的祈祷。古罗马的战事一直连绵不断，暴君克劳多斯征召了大批公民前往战场，人们怨声载道，男人们不愿意离开家庭，小伙子们不忍与情人分开。克劳多斯暴跳如雷,他传令人们不许举行婚礼,甚至连所有已订了婚的也要马上解除婚约。许多年轻人就这样告别爱人,悲愤地走向战场。年轻的姑娘们也由于失去爱侣,抑郁神伤。瓦沦丁对暴君的虐行感到非常难过。当一对情侣来到神庙请求他的帮助时,瓦沦丁在神圣的祭坛前为他们悄悄地举行了婚礼。人们一传十,十传百,很多人就都来到这里,在瓦沦丁的帮助下结成伴侣。消息终于传进了宫殿,并传到了暴君的耳里。克劳多斯又一次暴跳如雷,他命令士兵们冲进神庙,将瓦沦丁从一对正在举行婚礼的新人身旁拖走,将其投入地牢。人们苦苦哀求暴君赦免瓦沦丁,但却无济于事。瓦沦丁终于在地牢里受尽折磨而死。悲伤的朋友们将他安葬于圣普拉教堂。那一年是公元270年的2月14日。于是,后来人们为纪念这位基督教殉难者瓦沦丁,把这一天定为"情人节"。

在西方,情人节不但是表达情意的最佳时刻,也是向自己心爱的人求婚的最佳时刻。随着时间的演变,情人节的浪漫气氛越来越浓厚,醉人的香槟、娇艳的玫瑰、宜人的巧克力……这一切都化成了浪漫的音符,向自己心爱的人倾吐自己内心的爱慕。

第三节 中西方民俗文化差异

一、中国民俗文化的主要特点

民俗文化是在特定的历史发展中形成的,与自然、人文环境、民族、地域特色紧密相关。中国脱胎于传统的以农耕生产为主的社会,因而围绕着农耕生活累积形成的中国民俗文化具有一种大农业的特点;中国地域广阔、环境多样,这使中国的民俗文化带上了区域特色;中国是一个多民族国家,中国民俗文化必然具有独特的民族气质;中国历史悠久,几千年的文明传承孕育了中国民俗文化有一定的时代特征。简而言之,中国民俗文化有以下几方面的特点:

(一)多元性与复合性并存

中国民俗因为民族文化的关系呈现出多元性特征。中国自立国之始,就是一个多民族的国家,从而形成今天56个民族共处的状态。在中华各民族的不断融合中,民族习俗被接纳到中华文化体系之中,但程度不一地保存着各自的民俗特性,从而丰富了中国的民俗文化。中国民俗的多元特性不仅体现在各民族的不同习俗上,而且还表现在不同历史阶段的民俗共存上。既有繁华的都市民俗,又有古朴的乡村民俗,还有部分地区不同程度地保持着原始的民俗生活形态。在中国统一的地域空间内共存着不同性质的民俗文化,体现了中国民俗的多元特性。与此同时,汉族习俗中也复合了一些少数民族习俗,而现存的各少数民族也程度不一地受到汉俗影响。

（二）地方性与民族性同现

地方性，是就民俗的区位性特点而言的。地方性是民俗在空间上所显示出的特征。这种特征也可以叫做地理特征或乡土特征。俗语说的"百里而异习，千里而殊俗"、"十里不同风，百里不同俗"，正是这种地方性特征的很好说明。总之，民俗文化的发生、发展、演变是在一定的地域空间内进行的，民俗的地方性具有十分普遍的意义，无论哪一类民俗，都会受到一定地域的生产生活条件、地理环境、谋生方式、历史传统以及地缘关系等的制约，都会不同程度地染上地方色彩，从而显现出浓郁的地方特色。

中国民俗，自古代民族形成以来就是多民族的民俗结构。早在司马迁的《史记》中就可以看到像《匈奴列传》里所描述的古代北方民族与中原汉民族几乎完全相异的风俗习惯。经过古代民族的发展，形成了现代的民族共同体。民俗，总是受到民族经济生活、民族社会结构、民族心理、信仰、艺术、语言等文化传统的多方面制约，从而形成了民族民俗的特点。比如婚俗，中国东北满族的下茶、插车、坐帐，蒙古族的奶茶会、骑马迎娶时的男女双方答辩，女方老人的祝福赐装，朝鲜族的迎娶、男方到女方家"接大桌"……都各有本民族的风情和惯例。另外，中国西南少数民族还有"抢婚"、"偷亲"仪式，拦路开路、对歌跳舞，以及"不落夫家"、"从妻居"、"试婚"等多种多样的习俗。总之，中国56个民族的不同节日、民俗都各具自己独特的民族特色。

（三）神秘性与实用性共生

神秘与实用，是中国传统民俗的一大特性，这是就民俗事象本身的性质来说的，在中国传统社会里，民众的实用目的，大多依靠神秘的民俗行为来促成，神秘性事象无论怎样复杂，目的也只有一个，即服务于人们的生活需要。民间传承着大量古老风习，"万物有灵"的原始观念依然浓烈，民俗事象大多蒙上了神秘色彩。儒、释、道的传播与流行，尤其是道教对民俗生活的介入，使中国传统民俗的神秘色彩更为浓厚。实用性是中国民俗最本质的特点，民俗服务于人们的生产与生活，人们依赖民俗开展生产，繁衍后代，寻求精神寄托。民众创造了民俗，民俗服务了民众。民俗信仰的直接功利性是它区别于一般宗教信仰的根本特征之一。当然，中国民俗的实用性，不仅仅表现在信仰心理方面，更重要的是许多民俗活动在民众实际生活中发挥着效用。

（四）历史性与传承性相融

历史性是民俗发展在时间上或特定时代里显示出的外部特征。这个特征也可以叫做时代标志的特征。因为这种特征是在民俗发展的特定历史中构成的，所以叫做民俗的历史性。以发式习俗而言，全蓄发、簪发为髻置于头顶，这是明代男发式；前顶剃光，后脑梳单辫，是清代男发式；分发、背发、平头、剃光，是辛亥革命后的男发式……直至今日，这便展示出几百年间发式的历史特征。又如，日常礼仪中的叩头跪拜、作揖拱手等礼节，都是旧时代的产物，随着新时代的变革，逐渐被鞠躬、握手等新礼节所取代。封建婚俗的六礼：问名、订盟、纳彩、纳币、请期、迎娶，父母之命、媒妁之言，几乎束缚了中国古代婚姻制度长达数千年。它们十分典型地标志了婚俗的封建历史性。随着封建制度的瓦解，在新的社会主义历史时期，文明婚礼与自由恋爱、自己做主结婚的新式婚俗，逐渐取代了旧式婚俗，标志着新历史时期的特征。再如，唐代服饰，经过了五代，到了北宋、南宋时代，便有了较大的历史变化，基本上由宽肥趋于窄瘦了。

传承性是民俗发展过程中显示出的具有运动规律性的特征。这个特征对民俗事象的存在和发展来说，应当说是一个主要特征，它具有普遍性。民俗，是世代相传的一种文化现象，因此，在发展过程中有相对稳定性。好的习俗以其合理性赢得广泛的承认，代代相传，不断地继承下来，这种传袭与继承的活动特点正是民俗的传承性标志。比如，元宵灯会和吃元宵，清明节的祭祖扫墓与踏青郊游，端阳节的菖蒲艾叶、赛龙舟及吃粽子、饮雄黄酒，中秋节赏月和吃月饼，除夕辞岁的年祭和吃团圆饭……都是传袭了千年以上的岁时习俗。不论各代各地有多少差异，标志这些节日的主要内容和形式却大都被承袭下来。

（五）稳定性与变异性同在

稳定性，是中国民俗性格的突出表现之一。中国经历了几千年的农业社会，虽然发生了几十次大规模的王朝更迭的战争，但农业社会的基础并未动摇，几千年一以贯之的农业宗法社会性质没有发生大的改变，由此围绕着农耕社会所形成的大农业民俗得到相对稳定的传承。这种稳定性主要有以下体现：家族观念的稳定性、节俗传统的稳定性以及人生仪礼习俗的稳定性。但是，中国民俗性格的稳定性只是相对而言的，我们在讨论民俗的稳定特性时更应强调其变异的特性。

变异性是中国民俗的显明特征之一。民俗在传承中变异，在变异中传承。民俗的变异性从总的方面看，与历史性、地方性相关联，同类民俗在不同时代、不同地区都会有各自的特点。比如，从新中国成立前的清明祭祖上坟，到新中国成立后祭扫烈士墓，在清明节日传承中表现出许多变异；从古代婚礼用五谷杂粮撒向新娘，做驱邪祝吉仪式，到当代用五彩纸屑撒向新娘以致庆贺，同样也可以看到古代信仰、仪礼在传承过程中的变异轨迹……民俗的变异性，一般来说有以下几种情况：一是民俗表现形式的变化；二是民俗性质的变异；三是旧俗的消亡。民俗的变异性特征为移风易俗提供了科学的依据，人们可以依据民俗变异的规律，删繁就简，推陈出新，从而为建设中华民族的新文化服务。

二、中西方民俗文化差异比较

从民俗文化的外延我们可以看到，民俗文化内容广泛，几乎涉及食、住、行、游、购、娱各个方面，而且囊括了宗教习俗、建筑习俗、饮食习俗、服饰习俗、礼仪习俗、节日习俗等各个方面,在前面章节中我们就不同方面的中西方文化之差异问题做了比较详细的阐述与分析,在本节内容中就不再赘述,下面就中西方节日民俗的差异性问题作一简单介绍。

节日,是指一年中被赋予特殊社会文化意义并穿插于日常生活之间的日子,是人们丰富多彩生活的集中展现,是各地区、民族、国家的政治、经济、文化、宗教等的总结和延伸。节日民俗,是指在节日里出现的风俗习惯。节日民俗常因节日体系及更深层次的自然与社会环境的差异而有所不同,而造成这些差异的更深层的原因则是植根于不同历史、传统文化中的不同思想意识和价值观念。

(一)中西方节日民俗的历史起源不同

由于各国有着不同的发展历史和不同的国情,其传统节日的起源和形成也存在很大的差别。中国的主要传统节日都是由岁时节令转换而来的,具有浓厚的农业色彩,如中国的春节、元宵节、清明节、端午节、七夕节、中秋节、重阳节等;而西方的传统节日的起源都带有浓厚的宗教色彩,如圣诞节、情人节、感恩节、复活节、狂欢节等。

1. 中国节日民俗源于岁时节令

岁时节令由来已久,岁时源于古代历法,节令源于古代气候,简单地说,是由年月日和气候变化相结合排定的节气时令。早在殷墟甲骨文中就已看到古代完备的历法纪年。中国的封建社会绵延上千年,"男耕女织"的农耕生活方式源远流长,中国传统节庆活动都是依照农历的节令产生的,人们通过丰收农闲时的这些欢庆活动,祭祀日月星辰,庆祝五谷丰登,祈求来年风调雨顺。长期以来,中国以农为本,在生产力和科学技术不发达的情况下,农作物的耕种与收获有着强烈的季节特征,于是十分重视季节气候对农作物的影响,在春种、夏长、秋收、冬藏的过程中认识到了自然时序变化的规律,总结出四时、二十四节气学说,并形成了以岁时节日为主的传统节日体系。

中国主要的传统节日都是岁时节日,是受天候、物候、气候的周期性转换影响、在人们的社会生活中约定俗成并具有某些特定风俗活动内容的节日。中国的主要传统节日,都与中国作为农业社会所遵从的历法和中国历法中所规定的节气密切相关,具有浓厚的农业色彩。

2. 西方节日民俗源于传统宗教

在西方,人类社会早期的节庆活动也具有企盼丰收的性质。后来,由于基督教等宗教的兴起和普及,也由于工业社会商品经济取代了农业经济,敬奉土地、祈求丰收的传统节庆习俗逐渐被人们淡忘,取而代之的是从各种宗教意识衍生出来的节日。西方国家,最初多以畜牧业为主,尽管后来农、工、商都有较大发展,但农业大多没有成为立国之本,因此人们对季节气候的重视程度不及中国,他们最注重的是基督教。西方国家大部分都是先形成一种宗教、一个民族,然后才各自形成传统意义上的国家，这使得西方国家的传统节日在起源时期就带有宗教色彩并在后来的发展过程中不断得以强化。

与中国相比，西方的传统节日的起源都带有浓厚的宗教色彩。自从欧洲大陆被基督教文明浸染后，西方几乎所有影响最大的传统节日都与基督教有关。如圣诞节、复活节、狂欢节、情人节、感恩节等。

(二) 中西方节日民俗的庆祝方式不同

每个节日都有自己的一些独特的庆祝活动，中国与西方国家在节日习俗上有着一个很明显的差异，那就是：中国传统节日的习俗主要以饮食为主题，而西方国家传统节日的习俗则主要以娱乐为主题。

1. 中国节庆活动以饮食为主题

中国讲究饮食，体现了"民以食为天"的文化传统。中国饮食文化的民族特色在于，饮食文化不仅仅是关于饮食本身的文明成果，而且内化为一种具有信仰、禁忌等文化意义的民族心理，并成为文化的隐喻象征符号体系。这种隐喻和象征性在节日风俗的饮食中得到了最集中的体现。

春节是中国最为重要的传统节日，除了拜年、贴春联等习俗外，饮食也是一项重要的习俗。全国各地习惯各异，较为一致的食俗有：一是糖瓜。祭灶前后，大街小巷的食摊上最具节令特色的食品就是糖瓜。二是团圆饭。除夕谢年，吃年夜饭、喝团圆酒，为南北汉族人民的共同食俗。三是饺子。除夕之夜，新旧交替的子时（即午夜十二时），全家人都要吃"长岁饺子"。四是年糕。年糕由糯米制成，吃法多样。另外，吃元宵是元宵节的主要习俗，清明节的冷食与雄黄酒，中秋节的月饼，重阳节的重阳糕与菊花酒……这些都可以看出，中国的传统节日文化主要以吃喝饮食为主题。中国人对生命的追求以健康长寿、吉祥幸福为目的，并主要通过饮食来实现，即《管子》所言"民以食为天"、《尚书·洪范》中把"食"列为"八政"之首，加之其哲学观点讲究顺应自然的"天人相应"，使得中国人的饮食观特别重视人体、饮食与自然时序想对应，认为只有如此，作为自然一部分的人才会健康长寿。

2. 西方节庆活动以娱乐为主题

西方人对生命的追求是以健康快乐、放松身心为目的的，除必需的饮食营养外，更主要的是通过宗教和娱乐活动来实现，认为人生来有原罪，必须通过信仰上帝、参加宗教仪式和不断忏悔等才能赎罪，从而得到心灵的净化和快乐，因此西方的节日习俗不仅具有浓厚的宗教色彩，而且十分注重宗教仪式后的一种身心解脱式的愉悦和快乐。

西方最重视圣诞节，每年的圣诞前夕，各教派的教堂都要举行礼拜仪式，由教堂的圣诗班为大家演唱颂诗。许多家庭也有在圣诞节前夕进行祈祷、齐唱颂歌的习俗。人们在圣诞之日会集在广场，围着那里的高大圣诞树齐唱颂歌；此外，还有热闹非凡的圣诞晚会。狂欢节，从规模上讲，仅次于圣诞节，可称得上世界上最大的传统节日。在狂欢节里，人们要"狂乐"三天，尽情地吃喝、歌舞、恶作剧，不分种族肤色，不分富贫贵贱，全都汇入了欢腾的海洋。目前，尤以巴西的狂欢节著称于世，被人们赞为"地球上最伟大的表演"。节日期间，大街小巷和广场披着节日盛装，满城彩旗飘扬，彩灯闪烁，人们如痴如醉地跳着巴西最流行的传统桑巴舞，并组成舞蹈队伍游行，簇拥着节日"国王"、"王后"以及红影星、红歌星的彩车。人们通宵达旦地狂歌劲舞，整个国家沉浸在欢乐的海洋里。在复活节期间，伦敦要举行盛大的化装游行；感恩节期间，美国的乡村市镇举办规模庞大的化装游行、戏剧表演和体育比赛，等等。西方的传统节日习俗都表明了西方的节日文化主要以娱乐为主题。

总之，中西民族在节日活动中表现出巨大的文化差异：中国讲究饮食，体现了"民以食为天"的文化传统；西方则偏好交往，具有游牧文化的遗风和商业文明的特色。

（三）中西方节日民俗的开放程度不同

1. 中国的节日民俗带有明显的家族烙印

中国的传统节日，基本上都是封建社会时期形成并流传下来的，不可避免地打着封建的烙印：等级制、封闭式、家族式，各节日无不以家族、家庭内部活动为中心。节日里，年轻人必须礼拜老人，全家要吃团圆饭，要阖家共庆。即使是春节的互相串门拜年，也基本是在亲属之间。

中国的节日体现着中国人的美德和风尚，尊老爱幼，互叙亲情，这是我们民族的优良传统，应该继续发扬，所以中国人一直坚守着这些中国节的好习俗、好风气。即使喜欢过洋节的人，也没有谁想要摒弃中国节。中国传统节日强调家庭团圆、社会和谐、老幼皆有所乐、人与自然和平共处等。比如中国的春节，在除夕夜，只是家人团聚，绝不会邀请外人，即使最知己的朋友也很知趣，不会在这一晚闯入别人的家宴，要拜年也得挨到正月初一，这几乎成为约定俗成的风俗，少说也得有几千年的历史了。

2. 西方的节日民俗带有明显的开放色彩

西方的节日比较强调个性。它更多的是表现出人们的互动性、众人的参与性、狂欢性、热烈情绪的发泄性等，以自我为中心，崇尚个性张扬，感恩节、圣诞节、情人节等莫不如此。这与中国节的封闭性、家族性恰好相反。而这些，正是体现了社会发展的需要、社会前进的必然，适应了现代社会人们渴望互相交流、群体参与、共同发泄情绪的愿望。它打破了封建的封闭形式，没有了上下级、老人与青年之间的等级束缚，体现了人人平等、自由表现自我的特点。比如在圣诞夜，西方人经常会邀请友人甚至外国朋友参加，共同欢乐。

第四节 如何审视中西方民俗文化差异

一、西方文化对中国民俗文化的影响

在国际社会逐步融合的大趋势下，中国民俗文化受西方文化的影响发生了民俗变迁，这种民俗变迁涉及礼仪、饮食、服饰、建筑等各个层面。下面就中国民俗文化变迁的一些方面作一简单介绍与总结：

（一）礼仪民俗的变迁

中国传统的社交礼俗、祭奠礼俗和见面礼等仍在社会上占据主导地位。人们见面要行作揖、拱手、跪拜、请安等礼。跪拜本是互相致意的姿势，以体现社会的等级尊卑。跪拜主要对尊长，最隆重的是行三跪九叩大礼，平辈之间一般用作揖、拱手方式即可。与此相适应，还有一套"大人"、"老爷"、"太太"、"老太太"等称谓。在西方文化进入中国后，受西方平等观念影响，中国逐渐采用握手、鞠躬等见面方式，并且用"先生"、"女士"、"小姐"、"同志"取代了先前的称谓。行鞠躬礼，使用"先生"、"女士"等称呼，反映出社会人与人之间的平等关系。脱帽、鞠躬、握手、鼓掌等新礼俗逐渐成为中国通常的"文明仪式"，接受并吸收西方"文明礼"，反映出中国社会礼俗的进步。

（二）服饰民俗的变迁

中国服饰习俗源远流长，服饰体现森严等级；近代中国服饰以长袍马褂为主，女子则穿旗袍。这些服饰的弊端与近代人的平等要求以及日益加快的生活节奏很不协调。中国人开始接受西式服饰。洋式衬衣、绒衣、针织衫、西裤、纱袜、胶鞋、皮鞋等都渐渐普及推广。总之，中国服饰中的西方因素不断增加。

（三）饮食民俗的变迁

中国是世界上饮食文化发达的国家，逐渐形成了各种菜系以及其他各种地方风味菜肴及小吃。在较长的一段时间里，中国社会的饮食习惯并未发生明显的变化，但随着西方文化的进一步渗入，西方的一些饮食也逐渐传入中国，具有西方风味的食品渐受中国人的欢迎，如啤酒、香槟酒、奶茶、汽水、冰棒、冰激凌、面包、西点、蛋糕等皆被国人接受。这说明西式饮食已引起了中国饮食习俗的较大变化，并丰富了中国人民的日常生活。

（四）建筑民俗的变迁

皇家建筑是中国古代建筑中的杰出代表，不过它与民居存在着明显的等级差别。北京的四合院、西北高原的窑洞、南方的天井院落、西南少数民族的吊脚楼和土楼、北方草原的毡包等，都是中国传统民居的典型形态。通常中国传统民居以平房为主，这主要与中国有广阔的土地以及建筑材料、建筑技术落后有关。由

于西式建筑的引进，钢铁、水泥、机制砖瓦、建筑五金、自来水、电灯等在中国大量应用，使近代中国居民尤其城市居民的居住习俗发生了重大变化。

（五）节日民俗的变迁

中华民族的节日习俗独具特色，近代的岁时节令从总体上仍然沿袭自古以来的民间形成的节庆习俗，这些节日是依据传统历法而来的，属于农业文明的产物，且多有传统民间信仰色彩；西方的节日文化，如圣诞节、情人节等，也逐渐在中国城市中普及，为中国的节日时令习俗增添了异彩。

（六）婚丧习俗的变迁

婚礼是标志与庆贺结婚的民俗形式。受男女平等观念以及西方婚俗的影响，中国传统的包办买卖婚姻退出了历史的舞台。自由文明的婚姻成为婚俗的主旋律，其形式基本上是西方化的，也代表着婚俗变化的方向。受西俗的影响，中国丧葬习俗也发生了一定的变化，如火葬时举行追悼会以寄托对死者的哀思等。

二、正确审视中西方民俗文化差异

（一）正确看待中国民俗文化

1. 中国民俗文化的地位

民俗文化是一个民族文化的支柱，是民族文化的根。民俗文化是民族文化的基础部分、是民族民间文化大系统的重要组成因素。民俗文化是一种生活文化，其中蕴涵了民族独特的性格与精神。民众在统一的意志和行为中所创造的民俗文化是服务于社会和民众的，在今天生活日益现代化、多元化及受异文化冲击的形势下，中国民俗文化体现出了自己的独特价值。

首先，民俗文化在旅游业中做出了卓越贡献。"旅游的灵魂是文化，文化的精华在民俗。"旅游活动的六大要素——食、住、行、游、购、娱几乎都与民俗文化有关，如饮食文化、服饰文化、礼仪文化等。民俗文化在旅游资源中具有无限的潜力。对民俗文化进行科学的发掘、建设、利用是旅游产业发展的必需，也是其成功的法宝。

其次，民俗文化在人的日常生活中举足轻重。以春节为例，春节是中国最为传统的民俗节日，它延续几千年至今，依然在人们生活中占据着相当重要的地位。传统的春节仪式主要包括三方面内容：节前忙年、除夕过年、节日拜年，时间持续大约在一个月。今天，随着社会现代化进程的加快，春节仪式和内容发生了重大变化，信仰成分淡化，娱乐成分加重，春节晚会成为除夕夜大餐，电话拜年、短信拜年成为新的时尚……尽管如此，春节在人们的心目中已经根深蒂固，永远无可取代。

2. 中国民俗文化的继承与保护

民俗文化是靠口头和行为传承的，是承自上辈的文化，这种文化存在一定的脆弱性，当社会向前发展时，它极容易消失，所以，人们应该自觉地成为优秀民俗文化的"保护者"、"受传者"和"传播者"。

民俗文化是民族整体文化的基础部分，是极其重要的文化遗产。民俗几千年来，就和人们的日常生活紧密地联系在一起。中华文化在很大程度上是通过民俗得以流传和保存的。比如中秋节，是我们民族传统上合家团圆的节日，蕴涵着丰富的人文精神，因此我们要大力挖掘和弘扬，使之成为维护中华文化的重要内容并得以延续和传承。

（二）明辨西方民俗文化中的科学成分

西方民俗文化作为西方文化的一个重要组成部分，在很大程度上体现了西方国家、民族的历史及其文化渊源，并且每一个民族在其发展的历史进程中都形成了各自不同的民俗文化。这些民俗文化中所蕴涵的哲理和观念是人类的共同精神财富，其中的科学成分是值得全人类借鉴的。

众所周知，中华民族的传统节日民俗，如春节、中秋节、清明节等，都具有凝聚亲情的文化特点，但是在友情的凝聚方面显得较为欠缺；而西方的一些节日则在一定程度上弥补了这个缺憾。例如，许多中国的年轻人借圣诞节之机互赠礼品、聚会畅饮，使人之友情得以融合与升华。所以说，人们对圣诞节的热情实际上是外来文化对中华文化补充的结果，这种补充对中华文化的发扬是有益的。中国的传统民俗文化中的家族观念、等级观念在一定程度上制约了文明的发展进程；而西方民俗文化中传承的开放、自由、人人平等观念，的确是值得我们借鉴的。

（三）加强中西方民俗文化的交流与融合

1. 中西方民俗文化融合的前提

中西方民俗由于不同的自然环境和文化背景，存在着明显的差异性。但是民俗具备十分广泛而深刻的属性。各个民族的民俗，在其形成过程中，都有许多相似相近的因素，也都是人类文化发展的结果。它们往往具有人类共通的深刻内容，有着诸多的天然相通之处。

中西方民俗传承负载着共同的文化内涵：一是对美好生活的向往和热爱之情。例如，在西方的圣诞节中，人们听到最多的一句话就是"圣诞快乐"；而在中国的春节中，人们则见面就是"福禄寿禧"的祝词。二是传承尊老爱幼、景仰历史人物及忠于爱情的文明。中国有敬老节重阳节，而西方亦有父亲节、母亲节；西方有为忠于爱情的人们设立的情人节，而中国有牛郎织女鹊桥相会的七夕节……正因为两者之间的这些天然相同之处，在当今时代中西经济、文化交流日趋频繁之际，两种民俗文化互相渗透、彼此影响，就有了一个坚实的基础和可靠的前提。

2. 中西方民俗文化交流的根本

任何时代、任何民族的进步都需要兼收并蓄人类的一切文明成果，我们并不反对学习西方的先进民俗文化，但学习是有所选择的，并非盲目模仿。在借鉴西方先进民俗文化成果的同时，也万万不应忘记继承和发扬自己民族文化的精华，孰本孰末，不应倒置，因为人最容易在本民族民俗文化熏陶下对本民族产生认同感和自豪感，如果本民族的民俗文化衰落，那么年轻人的民族自豪感就会大大减弱，整个民族的凝聚力也会出问题。

西方民俗文化的确有很多地方值得我们借鉴，但我们必须意识到，任何民族都有自己独特的民俗文化，如果一个民族失去了自己的民俗文化，这个民族就有可能丧失其个性。中西方民俗文化毕竟是有差别的，中西方人民的性格也是有差别的，适合西方人的民俗并不一定就适合我们。就像鲁迅先生告诫国人的，要以"拿来主义"的态度对待外国的东西。而要做到这一点，我们就必须多了解中西方民俗的由来及其中蕴涵的文化底蕴，从而有选择地吸收和借鉴。

中国作为一个文明古国，拥有着丰富多彩的传统民俗文化。然而，在当今全球化、一体化的时代背景下，只有不断增强综合国力，包括增强文化竞争力并保持传统民俗文化的生命力，才能融入国际社会，稳住阵脚，从而立于不败之地。中西方因地域、历史、文化、思想等的差异造成了各自的民俗差异，但正是这样才使得人类的生活丰富多彩，也才使得各自拥有了吸引对方、尊重对方的独特魅力。从这个意义上说，盲目求同，不但会失去本真，也将使人类生活趋于单调、乏味。

3. 中西民俗文化的交流与融合是大势所趋

两种民俗文化各有所长，没有孰优孰劣之分。在经济全球化、一体化步伐加快的今天，我们不能闭关锁国，而应加强中西民俗文化交流，为构建和谐的多元世界文化做出努力，把我们中国最丰富的民俗文化资源，包装成让世界所有的消费者都认可的一种旅游商品，把中国的民俗文化传向世界；在发扬光大中国传统民俗文化的同时，也要汲取西方民俗文化中的精华部分为我所用。

目前，中国社会经济迅速发展，中西方经济文化交流日益频繁，中国传统民俗文化开始走出国门，向世界展示其独特的魅力；同时，中国老百姓也开始了解西方民俗文化的迷人之处。在国际文化交往日益频繁深入的今天，中西方的民俗文化的彼此渗透与相互融合必将是人心所向、大势所趋。

复习思考题

1. 什么是民俗文化？民俗文化有哪些社会功能？
2. 中国传统节日形成的主要影响因素是什么？汉族有哪些主要的传统节日？影响面较大的少数民族节日有哪些？

3. 中国有哪些传统地方戏曲？少数民族有哪些传统民俗工艺？
4. 何谓庙会？如何客观评价庙会文化？
5. 举例说明中国民俗文化与旅游的关系。
6. 西方有哪些传统节日？各有什么习俗？
7. 中国民俗文化有什么特点？
8. 举例分析中西方节日民俗的主要差异并说明原因。
9. 西方文化对中国民俗文化产生了哪些影响？如何正确审视中西方文化之差异？

案例分析：家的向往

中国传统节日积淀了中国几千年的文化底蕴，形成了自己一成不变的特色，其观念已深入人心。这种根深蒂固的节日特色吸引了众多的西方游客，让他们产生了一睹为快的向往与憧憬。现代国际旅游大军中以参与节日活动、体验民俗文化为主要动机的旅游者已不计其数。

余×是土生土长的山东青岛市人，是青岛某国际旅行社的涉外导游员，在这个行业已经摸爬滚打五年多了，积累了丰富的导游经验。由于平时业绩突出，社里领导曾给予他高度评价。

2007年春节期间，社里应北京某国际旅行社的委托，负责一个欧美团除夕前后在青岛地区的地接工作。这个欧美团在春节期间来华旅游主要是想体验中国的传统节日民俗。社里把这个任务交给了余×。接团后，余×把旅游团安排在临海的一家花园式酒店里。等安顿好客人后，余×便跟外国领队和中国全陪商量起如何安排这顿中国特色的"年夜饭"。

晚上7点多钟，大家都如约来到餐厅，为了增加春节的喜庆气氛，余×特意把大家安排在最大的一个中餐厅里就餐。一进餐厅，一派喜庆气象尽收眼底，餐厅里贴满了春联和倒贴的"福"字，大红灯笼已经高高挂起。所有的餐桌上已经摆满了糖果、年糕等食品，并且每个人的座位上都放了一个寓意吉祥如意的中国结，这是餐厅送给每一位就餐客人的新年礼物。工夫不大，所有的餐桌均已客满，大家团团围坐，喜悦心情溢于言表。除了旅游团，其他每桌都是以家庭为单位，一家老小谈论着、欢笑着。年幼的给年长的拜年以示尊敬，年长的送给晚辈红包来压岁。大家你来我往，推杯换盏，好不热闹。当餐厅的服务员开始上菜时，余×告诉大家说："中国的年夜饭是中国一年一度最大的团圆饭，是一家团聚团圆的日子，也是尊老爱幼的日子，更是祈福一年好运的日子，这种美好的愿望通过各种美食体现出来。比如，糖果寓意'甜甜蜜蜜'，生活甜甜蜜蜜，感情甜甜蜜蜜；'年糕'谐音'年高'寄托人们对健康长寿的希冀；春节吃鱼寓意

'年年有余'，因为'鱼'与'余'谐音；吃长岁饺子，'饺子'谐音'交子'，预祝新的一年幸福顺利。每逢过年，一家大小在家里团圆围坐，喜庆祥和。如今，人们的生活水平都提高了，很多家庭的年夜饭由家里搬到了餐厅，就像大家现在看到的这种场景。"说话间，饭菜已经上满桌子，鸡鸭鱼肉样样俱全。当服务员把热气腾腾的饺子端上来的时候，余×招呼大家吃团圆饺子，她饱含深情地说："缘分让我们走在了一起，我们就是一个和睦的大家庭，愿大家的中国之行充满欢乐和幸福！"

案例思考题：
结合案例，分析中国岁时节日民俗的最大特点是什么。

参考文献

[1] 李健，等．中国文化简论．成都：四川大学出版社，2001．
[2] 胡兆量，等．中国文化地理概述．北京：北京大学出版社，2001．
[3] 韦政通．中国文化概论．长沙：岳麓书社，2003．
[4] 方汉文．西方文化概论．北京：中国人民大学出版社，2006．
[5] 潘宝明．中国旅游文化．北京：中国旅游出版社，2005．
[6] 尹华光．旅游文化．北京：高等教育出版社，2003．
[7] 崔进．旅游文化纵览．北京：中国旅游出版社，2000．
[8] 国家民族事务委员会．中国共产党关于民族问题的基本观点和政策．北京：民族出版社，2002．
[9] 中国社科院世界宗教研究所佛教研究室．佛教文化面面观．济南：齐鲁书社，1996．
[10] 中国社科院世界宗教研究所基督教研究室．基督教文化面面观．济南：齐鲁书社，1996．
[11] 赵林．西方宗教文化．武汉：武汉大学出版社，2005．
[12] 沈祖祥．旅游宗教文化．北京：旅游教育出版社，2000．
[13] 陈志华．外国建筑史．第三版．北京：中国建筑工业出版社，2004．
[14] 侯幼彬．中国建筑美学．哈尔滨：黑龙江科技出版社，1997．
[15] 潘谷西．中国建筑史．第五版．北京：中国建筑工业出版社，2004．
[16] 楼庆西．中国传统建筑．北京：五洲传播出版社，2001．
[17] （挪）舒尔茨著．西方建筑的意义．欧阳恬之，李路珂译．北京：中国建筑工业出版社，2005．
[18] 汝信．全彩西方建筑艺术史．银川：宁夏人民出版社，2002．
[19] 毛坚韧．西方建筑这棵树．上海：上海书店出版社，2004．
[20] 赵荣光．中国饮食文化概论．北京：高等教育出版社，2003．
[21] 王仁湘．饮食与中国文化．北京：人民出版社，1994．
[22] 臧迎春．中国传统服饰．北京：五洲传播出版社，2003．
[23] 杜莉，孙俊秀．西方饮食文化．北京：中国轻工业出版社，2006．

[24] 白洁. 西方饮食文化. 北京：中国轻工业出版社，2006.

[25] 孙世圃. 中国服饰史教程. 北京：中国纺织出版社，1999.

[26] 孙世圃. 西洋服饰史教程. 北京：中国纺织出版社，2000.

[27] 包铭新. 西方服饰这棵树. 上海：上海书店出版社，2004.

[28] 包铭新等. 中国服饰这棵树. 上海：上海书店出版社，2004.

[29] 刘军. 中国少数民族服饰. 北京：中央民族大学出版社，1999.

[30] 王维堤. 中国服饰文化. 上海：上海古籍出版社，2001.

[31] 杨培玉. 导游技能. 天津：南开大学出版社，2005.

[32] 刘玉学，刘振强. 涉外礼俗知识必读. 北京：中国旅游出版社，1990.

[33] 张国洪. 旅游公共关系. 天津：南开大学出版社，2004.

[34] 周增文，石运芳. 现代礼仪. 济南：济南出版社，2004.

[35] 曹明逸. 体验西方礼仪. 上海：上海社科出版社，2003.

[36] 王淼洋，范明生. 东西方哲学比较研究. 上海：上海教育出版社，1994.

[37] 朱希祥. 中西旅游审美文化差异. 杭州：浙江师范大学出版社，1999.

[38] 李晓东. 全球化与文化整合. 长沙：湖南人民出版社，2003.

[39] 乌丙安. 中国民俗学. 沈阳：辽宁大学出版社，2002.

[40] 巴兆祥. 中国民俗旅游. 福州：福建人民出版社，1999.

[41] 耿卫忠. 西方传统节日与文化. 太原：书海出版社，2006.

[42] 石应平. 中外民俗概论. 成都：四川大学出版社，2002.

[43] 张宪周，张泽琪. 中外节庆大观. 南昌：江西高校出版社，1996.

[44] 王德刚，等. 旅游资源开发与利用. 济南：山东大学出版社，1997.

[45] 钟敬文. 民俗学概论. 上海：上海文艺出版社，1998.

[46] 许果，梅林. 文化差异与跨文化交际能力的培养. 重庆大学学报：社科版，2002（6）.

[47] 廖文丽. 比喻中的中西方文化差异. 湘潭大学社会科学学报，2001（3）.

[48] 加润国. 宗教分类与儒教的类型特征. 中国社会科学院院报，2006（9）.

[49] 李当岐. 中西方服饰文化比较. 装饰，2005（10）.

[50] 林一心. 社交礼貌用语与民族文化心态. 教育评论，1997（1）.

[51] 中西方欢乐文化的差异. 人民网，2005－04. http：//www.art.people.com.cn/GB/41389/3301748.html.

[52] 耿大鹏，周彩伶. 逝去与回归共同演绎的存在——摭论民俗文化的"绝对定位"与传承保护. 北京市非物质文化遗产保护工作论文汇编，2006－10.

http://www.bjfwzwhyc.com/lwhb-Detail.asp?newsid=6.

［53］人民视点．寻踪曾经耀眼的传统节日．人民网，2004-06-28. http://www.people.com.cn/GB/guandian/183/6103/6104/2602530.html.

后 记

　　承载着编者辛勤的耕耘，在苦与乐的交错中，本书终于付梓了。本书的完成，实践了编者的初衷，倾注了编者的心血。在全书的编写过程中，编者始终把读者的需求放在第一位，理论紧密联系实际，力求做到理论上的创新性与实践上的实用性。

　　本书是编者在长期的教学理论研究和涉外导游实践的基础上得以完成的。本书在编写过程中参阅了大量的书籍，汲取了众多中西方文化比较及旅游文化等方面专家、学者研究成果的丰富营养。在此，对给予编者支持和帮助的旅游教育出版社的编辑以及各位专家、学者和旅游界同仁们一并表示衷心的感谢！

　　编者期望本书可以为读者提供一种理论参考和实践指导。由于编者水平所限且时间仓促，书中缺陷和错误在所难免，恳请各界朋友不吝指正，并提出宝贵意见。

编　者